Egon J. Lechner

weltweit

*Gewidmet meinen Freunden
und Begleitern in aller Welt,
die mit mir stets eine weitere Meile
gingen, um Erfolg zu haben.*

Egon J. Lechner

JAGD REISEN

weltweit

Fink-Kümmerly+Frey

CIP-Titelaufnahme der Deutschen Bibliothek
Lechner, Egon J.:
Jagdreisen weltweit / Egon J. Lechner
1. Auflage – Ostfildern
Fink-Kümmerly + Frey 1993
ISBN 3-7718-0710-7

© Verlagsgruppe Fink-Kümmerly + Frey,
Zeppelinstraße 29, D-73760 Ostfildern, 1993

Das Werk einschließlich aller seiner Teile ist urheberrechtlich geschützt. Jede Verwertung außerhalb der engen Grenzen des Urheberrechtsgesetzes ist ohne Zustimmung des Verlags unzulässig und strafbar. Das gilt insbesondere für Vervielfältigung, Übersetzungen, Mikroverfilmungen, die Einspeicherung und Verarbeitung in elektronischen Systemen.

Gesamtherstellung:
J. Fink, 73760 Ostfildern (Kemnat)
Printed in Germany ISBN 3-7718-0710-7

Abbildungen/Seite

IFA-Bilderteam / Memminger, 48
Demuth W., 72
Gürster H., 101
Lechner A., 119
Meyers S., 123, 153
Belling H., 140
Seltenreich W., 163
IFA-Bilderteam / Reinhard, 181
Leis D., 191
Wenkheim L., 199

alle übrigen vom Autor

Karten: Kümmerly + Frey, Bern

Wirklichkeit und Illusion

Ein neues Buch mit Jagdgeschichten aus aller Welt? Wozu? Ist Jagd, insbesondere Auslandsjagd, heutzutage überhaupt noch zu verantworten?
Nun, dieses Jagdreisenbuch ist zunächst für jene Grünröcke geschrieben, die durch jagdliche Betätigung zu Hause oder jenseits der Grenzen unseres Landes laufend beweisen, daß moderne Jagd heute weltweit ein unverzichtbarer Teil des Natur- und Wildschutzes ist.
Gerade in einer Zeit des Überlebenswettlaufs der Natur und aller Tiere und Pflanzen, ist insbesondere Gastjagd in bezug auf Umwelterhalt und Artenschutz, insbesondere in den Drittländern, zur Schicksalsfrage geworden. Unvoreingenommene akzeptieren längst, daß Jagd oder internationaler Jagdtourismus heute nirgendwo etwas mit »Abknallen«, schon gar nicht mit Illegalität oder Bedrohung und Ausrottung von Arten zu tun haben. Der Umfang und die Qualität legaler Auslandsjagd – und nur von ihr ist in diesem Buch die Rede! – wird, ob das einem paßt oder nicht, die Geschichte der freilebenden Wildtiere dieses Planeten ganz wesentlich mitschreiben. Solange die »Weltmacht Hunger« überall, insbesondere in den unterentwickelten Staaten Asiens, Afrikas und Südamerikas herrscht und sich rasant ausbreitet, werden Flora und Fauna gerade in diesen meist letzten Rückzugsgebieten der Erde nur überleben, wenn sie im Bewußtsein der Einheimischen mehr sind, als kurzlebige Konsumware.

Mit den Einheimischen

Da die ökonomische Aufholjagd der Drittländer meist zwangsläufig zum ökologischen Niedergang der letzten unberührten Lebensräume führt, kann wirksam nur »vor Ort« gegengesteuert werden! Erst wenn der Viehzüchter Argentiniens den Puma nicht mehr nur als »Schädling« sieht, sondern Gastjäger mit legalen Abschüssen ihm den Schaden für gerissene Kälber und Schafe ersetzen, werden diese »Räuber« auf Privatland geduldet. Das gleiche gilt für die Nomaden Zentralasiens oder die »Local chiefs« in Afrika. Sie schwören auf ihrem »angestammten, ererbten Land« einem Steinbock- oder Antilopenbraten nur dann ab, wenn ihnen durch lukratives, finanzielles Zubrot aus der Gastjagd bewiesen wird, daß »ihr« Wild eine umsichtig zu behandelnde, »wertvolle«, natürliche Ressource ist. »Sustainable use and development«, nachhaltige, bestandserhaltende Nutzung – »schützen und nützen!« – heißt heute die Parole! »Jagdtourismus ist umweltverträglich ... die wichtigste Einnahmequelle der Wildschutzbehörden«, so Rolf D. Baldus nach einer internationalen Tourismuskonferenz in Lusaka.
Mit Geld, »Aladins Wunderlampe« in unserer Zeit, läßt sich Bewußtseinsänderung und Artenschutz jedenfalls wirksamer betreiben als mit hehren Appellen der »hochzivilisierten« Welt oder mit Gesetzen und Verordnungen eifriger Parlamentarier. Es gibt kein zurück ins Schlaraffenland, solange in den Entwicklungsländern die Menschen mit drei Dollar am Tag auskommen und sich 76% der Weltbevölkerung mit einem Fünftel der Weltwirtschaftleistung begnügen müssen. Die allgemeine Finanzverknappung schlägt außerdem voll auf die weltweit laufenden Wild- und Naturschutzbestrebungen durch. »Die Ursachen dieses Teufelskreises liegen zum Teil in den konventionellen Naturschutzstrategien«, schreibt Günther Merz im WWF-Journal, »diese gehen auf ein absolutes Schutzdenken zurück«. Er beklagt, daß »bis heute das Konzept einer pfleglichen und nachhaltigen Nutzung der natürlichen Ressourcen zu wenig bekannt (ist)« und kaum »Rücksicht auf die Bedürfnisse der ländlichen Bevölkerung genommen (wird)«, wobei andererseits »...den

Naturschutzbehörden Geld und Personal (fehlt), um diese Gebiete umfassend vor dem Zugriff der Bevölkerung zu schützen«. Hier sind Umweltbildung, Bewußtseinsveränderung und langer Atem gefragt – sonst »spannt man die Ochsen hinter den Pflug«!

Eine Schutzgarantie

»Besondere Bedeutung erhält die Trophäenjagd dadurch, daß zunehmend Teile der Einnahmen der ländlichen Bevölkerung zufließen«, so Rolf D. Baldus in seinem Konferenzbericht, »die Dörfer haben dadurch erstmals ein materielles Interesse am Erhalt des Wildes, was auch zur Verringerung der Wilderei führt. Umfassender Natur- und Wildschutz hat mittelfristig nur dann Erfolg, wenn er«, wie Arndt Wünschmann vom WWF erst kürzlich feststellte »...die Nöte und Lebenswünsche der Menschen einschließt!« Das gilt bei uns ebenso wie in den Drittländern, deren Regierungen weder die finanziellen noch die gesetzlichen Möglichkeiten, vor allem nicht die moralische Autorität besitzen, zukunftsbezogenen, nachhaltigen Artenschutz zu betreiben. Resignation ist die häufig spürbare Folge. Wer jedoch »...die Umwelttragödie für unausweichlich hält, der kann keine rettenden Kräfte im Menschen entfesseln«, so Friedbert Pflügler.

Da weder ein weltfremdes »Zurück zur Natur«, noch ein selbstsüchtiges »Weiter so« global den Konflikt zwischen Ökologie und Ökonomie lösen kann, leisten die Jäger – sowohl im In- wie im Ausland – einen steten und wirksamen finanziellen Beitrag zur nachhaltigen Wildnutzung und Wildereibekämpfung. »Wir brauchen nicht weniger, sondern mehr Jagdgäste, um den Wildschutz bei uns finanzieren zu können«, erklärte der Direktor der Naturschutzbehörde Zimbabwes, Pangeti anläßlich der Lusaka-Konferenz. Eingedenk dieser Feststellung und vieljähriger persönlicher Erfahrung wage ich die Behauptung, daß in den meisten Wildnisgebieten die Auslandsjagd auch in Zukunft die einzig wirksame Schutzgarantie für die allseits bedrohten, freilebenden Wildtiere ist. Wer aus knallhartem, wirtschaftlichem Interesse den Lebensraum der Wildtiere und damit seine eigene, legale Konzession oder Existenz schützt, schafft Waffengleichheit und läßt den generell überlegenen Wildererbanden keine Chance!

Das Erlebnis zählt

Diese Einsichten und Zusammenhänge ziehen sich wie ein roter Faden durch die hier zu Papier gebrachten, akutellen Jagdreiseberichte aus allen fünf Erdteilen. Hier wird von persönlichen Erlebnissen in fernen und nahen Ländern, von Menschen und Wildtieren, auch von erfolgreichem und gescheitertem Wildschutz berichtet. Dabei wird stets und mit Bedacht der Jagdalltag in den wirtschaftlichen, politischen und sozialen Zusammenhang des besuchten Jagdlandes gestellt, immer vor dem Hintergrund dessen Geschichte und Kultur. Nicht vom Katheder herab oder aus »Zweiter Hand«, sondern aufgrund eigener Beobachtungen und Erfahrungen, meist fernab aller Zivilisation.

Dabei geht es keineswegs um eine Art wildschützerische Entwicklungshilfe! Gott bewahre! Jagdtourismus ist reine Privatsache, frei von jeder ideologischen Zielsetzung: Auslandsjagd bedeutet Tapetenwechsel und das Vergnügen, mit einheimischen Begleitern durch unbekannte Reviere zu pirschen.

»Die Sehnsucht ist es, die unsere Seele nährt, und nicht die Erfüllung«, sagt Arthur Schnitzler, der damit die Gesinnung des Auslandsjägers trifft. Der moderne, die Wälder und Steppen, die Hochgebirge und Sumpflandschaften der Erde durchstreifende Nimrod erfährt täglich, daß Weidwerk echten Natur- und Wildschutz bewirkt; insbesondere, daß zeitgemäßes Jagdverständnis und umfassendes Umweltethos einander bedingen und nicht ausschließen. Hier liegt die Trennlinie zwischen Illusion und Wirklichkeit!

Im übrigen halten wir es, wo immer wir durch Reviere streifen, mit Ludwig Thoma: »Ich hab' sonst nichts, drum' hab' ich's gern, ein schönes Jagderl meine Herrn!«

Weidmannsheil, zu Hause und in der Welt!
Dr. Egon Lechner

Inhalt

Zum Buch Wirklichkeit und Illusion	5
Brunftgeschrei und Kugelschlag Auf Maral und Sibirischen Rehbock in Tuva	8
Dann lacht man die Heiligen aus Auf Kaffernbüffel in Rwanda	22
Man nennt sie Arrui und Macho montés Auf Steinbock und Mähnenschaf in Spanien	30
Im arktischen Blizzard Auf Eisbär in den N. W. T.	48
Der Himmel ist hoch und Moskau ist weit Auf Braunbär in Kamtschatka	56
Buschabenteuer mit »Crocodile Dundee« Auf Büffel und Wasserwild in Australien	74
»Mayday« im Schatten des Himalaya Auf Bharal in Nepal	94
Haarscharf am Reinfall vorbei Auf Big Game und Hyäne in Zambia	104
Mein Schwedenbock – ein Regenbock Auf Rehbock in Schweden	122
Von allen guten Geistern verlassen Auf Argali und Gazelle in West-China	128
Mensch, wir stürzen ab! Auf »Big Five« in Zaire	152
Im wilden Reich des »Michail Iwanowitsch« Auf Braunbär im Kaukasus	162
Münchhausen läßt grüßen Auf Fuchs und Ente in Bayern	176
Als Gast des roten Adels Auf Saiga und Keiler in Kasachstan	182
Die Katze läßt das Mausen nicht Jagd auf Puma in Argentinien	192
Register	208

Brunftgeschrei und Kugelschlag

Auf Maral
und Sibirischen Rehbock
in Tuva

Es ist höchste Zeit! Nur noch zwanzig Meter und der Blätterschirm des Herbstwaldes schließt sich auf Nimmerwiedersehen hinter dem inzwischen flotter werdenden, nochmals kurz vermeldenden Hirsch. Da bricht der Schuß!

Bei Sonnenaufgang verwandelt sich die Welt um uns plötzlich in ein goldgleißendes Mirakel. Überzogen von Millionen Lärchen und Birken, erstrahlen Berge und Täler bis zum fernen Horizont in purem Goldorange. Man denkt unwillkürlich an den »Indian-summer« Nordamerikas. »Goldener Oktober« nennen die Sibirier diese kurze Pracht und wissen, daß sich damit tiefer Frost und der harte viermonatige Winter ankünden.

Als wir über zwei Täler hinweg erneut den eigenartigen, tiefen Ruf eines Maral hören, läßt Wolodi postwendend sein Horn sprechen. Der Freier bleibt ihm keine Antwort schuldig. Aufregend! Da reißt mich der Jagdführer unsanft zu Boden. Rechts von uns, aus schlechtem Wind heraus, tauchen ein Gabelhirsch, dann ein Spießer und noch ein Gabler auf. Sie äugen, keine 150 Schritt entfernt, sofort neugierig herüber. Drei junge Angeber, mehr nicht! Verschwindet!, denke ich gerade, als sich der Russe brühwarm erhebt. Lautlos und völlig entsetzt flüchten die jungen Aufreißer, quer durch einen Geröllhang, talwärts. Das ließ sich schon recht gut an. Tuva, tatsächlich das versprochene Maral-Land?

Jagdland der Extreme

Nun, es bedurfte allerhand akribischer Kartenstudien, bis im verwirrenden Durcheinander der zentralasiatischen Gebirgsmassive die nahezu unbekannte russische Republik Tuvinskaja (Tuva) mit ihrer Hauptstadt Kyzyl entdeckt war. Eingebettet zwischen dem nach Süden in die Äußere Mongolei weisenden Altai und dem über zweitausend Meter aufragenden Sayan, erwacht dieses Verwaltungszentrum nur schwer aus seinem Dornröschenschlaf. Kyzyl ist mit seinen schmucken Straßen und weitläufigen Grünanlagen eine sympathische, lebendige Stadt. Am Zusammenfluß des Großen und Kleinen Jenissej gelegen, wird sie von den Schneegipfeln des Altai und den meist laubwaldbedeckten, sanft ansteigenden Ausläufern des Sayan eingerahmt. Die Hauptstadt gilt – wie der mächtige Obelisk am Ufer des großen Stromes verkündet – als geographisches Zentrum Asiens. Hierher hatte

Kyzyl. Das geographische Zentrum Asiens.

sich, selbst im Frühherbst 1989, noch kaum ein Tourist verirrt, geschweige denn ein ausländischer Jäger. Eine aufregende Herausforderung, dank Perestroika, die sich mit Gorbatschows Ablösung und dem Ende der UdSSR im Januar 1992 sicherlich wieder anders darstellt: Die neugewonnene Selbstständigkeit und der unterschwellige Konflikt mit den eingeborenen Tuvenen muß erst gemeistert werden – auch jagdtouristisch.

Die kurzfristig ergangene Einladung zur »Beratung der organisatorischen und wirtschaftlichen Möglichkeiten des Jagdtourismus« war vielversprechend. Zur Tagesordnung gehörten nicht nur Preisgestaltung und Terminplanung für ausländische Gastjäger und deren Vorstellungen über Unterbringung, Verpflegung und Transfer, sondern auch die Theorie und Praxis der Jagd. In Tuva locken – die wahre Lust für's Jägerherz! – Braunbär, Sibirischer Steinbock, Moschustier, Sibirischer Rehbock und Wolf, sowie der Große und Kleine Hahn. Mein Interesse gilt vor allem dem mächtigen Maral, dem asiatischen Bruder des amerikanischen Wapiti. Ein einzigartiges Wildvorkommen! Neuland – ganz nach dem Gusto eines Jägers unserer Breiten. Später erfuhr ich so nebenbei noch von Argalivorkommen in den Grenzregionen zur Mongolei. Es war noch nicht einmal in der Wildbestandskartierung Tuvas eingezeichnet. Auch eine kleine Sensation! Die meisten dieser Wildarten konnten bisher nur in der Mongolei erbeutet werden. Tuvinskaja betrat jetzt auch die internationale Jagdbühne!

Die Republik, Teil der russischen Förderation, etwa so groß wie die Bundesrepublik, geprägt von fruchtbaren Talebenen und kargen Hochweiden, mit einzigartiger Bergtaiga und rauhen Steppen, ist ein Land der Extreme. Während das Land im Sommer unter Wind und Hitze bis +50 Grad stöhnt, wird es im Winter von Temperatureinbrüchen bis 45 Grad Frost heimgesucht.

Im Norden lebt das Wildren (Karibu), im Süden des Landes weidet das Kamel (Trampeltier) – voneinander nicht einmal 300 Kilometer entfernt.

Den knapp 300.000 Bewohnern des Landes, das unter Stürmen und Dauerfrost leidet, dessen Ernten oft von der Natur vernichtet werden und die ihr dennoch ein Leben abtrotzen, wird nichts geschenkt. Diese weitgehend unberührten Landschaften, die makellose Luft und die kristallklaren Flüsse versetzen den Betrachter in ein fast neidvolles Staunen. Selbst im Fährbereich des Jenissej, über den Tag und Nacht der Personen- und Lastverkehr zwischen Kyzyl und seinem Umland rollt, lassen sich die blitzenden Kieselsteine noch auf dem Grund des Flusses zählen. Eine agrarisch strukturierte, kaum belastete Umwelt, was von den meisten anderen Regionen der

Während in den Tälern Trampeltiere weiden, ziehen im fernen Sayan kapitale Marale ihre Bahn.

UdSSR, wo die Natur rücksichtslos ausgebeutet wird, leider nicht zu behaupten ist.

Als Kundschafter unterwegs

Der Flug von Abakhan führt uns bei einer Zwischenlandung nach Tschuschenskoje, wohin der Zar den Revoluzzer Uljanov, der sich später Lenin nannte, verbannt hatte. »Da hätte er bleiben sollen«, entfuhr es mir gegenüber meinem Dolmetscher, der dies selbst jetzt noch gar nicht gerne zu hören schien. Nachdem die kleine YAK 40 eine Stunde später vor dem höchst bescheidenen Flughafengebäude in Kyzyl ausgerollt war und jeder sein Gepäck selbst über das Flugfeld schleppte, umfing uns ein warmer Wüstenwind. Wir waren die einzigen Touristen! Das wird sich ändern, dachte ich, ab heute beginnt auch hier die touristische Zukunft – mit allen Risiken und Chancen! Der Empfang ist sachlich, abtastend. Trotzdem kommen wir schnell zur Sache, die Zeit drängt. Es steht uns insgesamt nur eine knappe Woche zur Verfügung; die will genutzt sein!

Bald darauf starten wir im großrädrigen Lkw zur Fahrt ins Jagdgebiet. Sie führt zunächst mit einer vorsintflutlichen Fähre, deren Lenker so betrunken war, daß er abgelöst werden mußte, über den Jenissej. Vorbei an großflächigen Kolchosen, entlang tief zerfurchter Wirtschaftswege, über breite Flüsse, durch morastige Tümpel und endlose Taigawälder, geht es in die Vorberge des Sayan. Da bleibt viel Zeit zum Gespräch und für eigene Gedanken. Jetzt waren also auch hier die »Kundschafter« unterwegs, die Idee »Veränderung« begann zu greifen. Das Land und seine Umwelt, die frei lebenden Wildtiere und auch die Menschen werden davon profitieren – sofern Vernunft waltet! Die Stimme des Jägers und Hegers besitzt durch den verlockenden Devisenzufluß aus dem Jagdtourismus plötzlich zunehmendes Gewicht. Das Wild hat deshalb, trotz der selbst in dieser Wildnis nicht zu leugnenden Verdrängungstendenzen, gute Chancen seinen Lebensraum zu behalten. Bei zurückhaltender Bejagung wird die natürliche Ressource »Wildtier« sogar mit der rapide vordringenden Holz-, Vieh- und Landwirtschaft konkurrieren können. Selbst die bisher achtlos weggeworfenen Geweihe der zur Fleischversorgung gestreckten Maral-Hirsche werden nach meiner Aufklärung einer profitbringenden Nutzung zugeführt, genauer gesagt, exportiert. Jetzt werden, wie überall in den GUS-Ländern zukunftsweisende Weichen gestellt!

Natürlich quält mich auch diesmal eine stille Hoffnung: Ob mir Diana, wie jüngst auf Marco Polo-Schaf im Pamir, erneut gewogen ist und mir als Fremden – nach über 70 Jahren Sperrung – auch hier den historisch ersten Zuschlag in moderner Zeit gibt? Eine aufregende Angelegenheit in einer Epoche, wo Reisen meist nur den Sinn hat, das zu erleben, was andere vorerlebt haben! Gerade deshalb ist der Jagdreisende, dieser letztlich vagabundierende Einzelgänger, vielen suspekt. Gerade für Jagdreisen gilt, was Oskar Maria Graf sagt: »Reisen sollte nur ein Mensch, der sich ständig überraschen lassen will«. Wahr ist, daß sich mancher Ignorant die vor Ort meist unvorhersehbaren Entscheidungen selbst nicht zutraut und deshalb – wobei für den Skiurlaub jährlich der gleiche Betrag hingeblättert wird – gegen diese »gekauften« Jagden und die ach so hohen Kosten polemisiert. Vielen ist Jagd, insbesondere die im Ausland, deshalb »... ein Greuel«, wie Franz v. Kobell in »Wildanger« schon vor 150 Jahren schrieb, »weil man sein Kapital auf einen Hirsch nicht so sicher anlegen kann, als auf einen Ochsen!« Auch recht. Meine Begleiter sind jedenfalls voll Zuversicht. Wir schreiben jetzt Anfang Oktober und die Maralbrunft ist in vollem Gang! Zunächst will ich aber, bitte vor Mitternacht, ins Camp.

Groteskes Brunftspektakel

Endlich, nach einer kleinen Ewigkeit, weitet sich der dichte Taigawald zu einer Lichtung. Das Jagdcamp ist erreicht. Ein eisiger Nachtwind erinnert uns, daß wir im tiefsten Süd-Sibirien sind. Warmes Licht aus Petroleumlampen erhellt eine alte, von den Sibiriaken bereits auf Vordermann gebrachte Blockhütte, unsere Behausung.

Warm, trocken, bequem. Hier läßt sich für den nächsten Tag gut auftanken.

Daneben steht ein geräumiges Hauszelt; Speisesaal, Küche und Vorratskammer in einem. Mit dem kurz vor Fertigstellung stehenden Neubau eines geräumigen Blockhauses und einer gepflegten Bade- und Saunahütte, wird alles Improvisieren bald ein Ende haben.

Während uns noch die neugierigen, den arktischen Huskies ähnlichen, aber höchstens ein Viertel so großen Laika-Hunde beschnüffeln, ertönt eine nie gehörte eigenwillig groteske Begrüßung: Wolodi, ein renommierter Bergjäger, fordert mit seinem selbstgefertigten Maralruf die im nahen und fernen Umkreis durch die Nacht ziehenden Brunfthirsche heraus. Und dann geschieht das Erstaunliche! Noch ehe wir unser Gepäck verstaut und den ersten Tee geschlürft haben, werden wir Zeugen eines einzigartigen Spektakels: Ein halbes Dutzend Maralhirsche antwortet, mehr oder minder gereizt, dem vermeintlichen Konkurrenten! Angestachelt durch den Erfolg will es der »Herausforderer« nun erst recht wissen! Er ruft ständig in eine andere Richtung, bläst einmal steil gegen den Himmel hinauf, dann flach über die Erde hinweg. Einmal stößt er die Brunftarie kraftvoll erregt durch das Horn, dann entfesselt er sein Furioso, indem er die Luft ungestüm von außen durch das Rohr nach innen, tief in seinen Leib saugt. Welche Lungen das braucht erfuhr ich am nächsten Tag, als ich zum Gaudium meiner Begleiter, trotz aller Anstrengung, nur einen kümmerlichen Piepser aus dem Lokker hervorbrachte.

Wolodi schwört auf seine beiden selbstgebauten, mit kleinem Metallblättchen-Mundstück versehenen, einer Eiswaffel nicht unähnlichen Hirschrufe. Er führt abwechselnd den aus simplem Schmalfilm-Zelluloid gerollten, ein andermal den in alter Tradition aus langem Pappelholzspan gewickelten Ruf an den Mund. Die Marale schert das nicht! Sie antworten immer wieder mit ihrem unvergleichlichen, mal quieksenden, dann wie eine Lokomotive pfeifenden, meist mit einem verunglückten Jodler endenden, langgezogenen Schrei: »... so gleicht der Ton einem andauernden, heiseren, pfeifenden Brüllen, das mit zwei- oder

dreimaligem Grunzen endet« (Roosevelt). Dabei kommt die Gereiztheit der Hirsche – trotz des zu ihrer Gestalt und Würde fast lächerlich wirkenden Rufes – dennoch deutlich zum Ausdruck. Dieses absonderliche Brunftgeorgel, das nur ganz entfernt an den überall beschriebenen Eselsschrei erinnert, irritiert zunächst den vom bombastischen Röhren der europäischen Hirsche verwöhnten Waidmann. Das verblüffte Erstaunen weicht jedoch schnell, wenn die sternklare, mondhelle Nacht vom zornigen Ruf brunftender Maralhirsche widerhallt oder sich, im wohligen Schlafsack verpackt, die eigene Phantasie auf Wanderschaft begibt.

Bald darauf ist das aufregende Begrüßungszeremoniell beendet, die Brunfthirsche sind bestätigt! Da ist es zumindest auszuhalten, daß einem während der Nacht laufend rotzfreche Mäuse übers Gesicht spazieren und trickreich versuchen, in den Schlafsack zu wischen. Nachdem sie uns fast die Nachtruhe raubten, rückten ihnen am nächsten Tag die durch Fangprämien scharfgemachten Pferdeburschen mit selbstgebauten, überdimensionalen Prügelfallen auf den Pelz. Die Tagesstrecke von 16 kleinen Plagegeistern war mir abends verständlicherweise eine Pulle Wodka wert.

Ich schwor, neben Flohpulver und Fliegentatscher, in Zukunft wieder ein paar schlichte Mausefallen einzupacken.

Unstete Bergvagabunden

Richtig aufregend ist der dritte Tag. Aufbruch ist um 5.00 Uhr. »Der frühe Vogel fängt den ersten Wurm!« Es ist noch stockdunkel. Mit gedämpftem Scheinwerferlicht holpert der Allrad ins einige Kilometer entfernte, für heute vorgesehene Revier. Die Tautropfen auf den modrig vergilbten Blättern des Taigawaldes glitzern wie aufgesprühte Glassplitter. Über den herbstlichen Talwiesen liegt ein erster, kalter Rauhreif. Da die dünn gefrorenen Pfützen entlang des alten Ziehwegs mit klirrendem Lärm zerbersten, befürchte ich, daß die Hirsche

Per Boot im »Steinbockland« am Jenissej/Tuva.

unsere Anfahrt schon meilenweit im voraus hören. Endlich sind wir am Ziel.
Der Wagen fährt zurück, wir sind alleine. Nach ausgedehnter Bergpirsch wollen wir gegen Mittag zurück im Lager sein, sofern . . . ja, sofern sich die Lage nicht »dramatisch« ändert, was mir natürlich recht wäre! Im arg verfilzten Taiga-Dschungel der langsam ansteigenden Vorberge geht es nur schleppend voran. Rein zufällig geraten wir auf einen breiten, abschüssigen Wildwechsel, auf dem die Steigerei etwas leichter wird. Bei jeder Rast versucht Wolodi mit verführerischen Schalmeientönen sein Glück. Ich schüttle vor Staunen immer wieder den Kopf, wie er mit seinen schlichten Maral-Lockern derart vertrackte, kurze und langgezogene, in die Höhe und Tiefe hüpfende Sequenzen nachahmen und damit ein so hochentwickeltes Wildtier zur Antwort bewegen kann. Doch es klappt immer wieder!

Nach einer Stunde Schinderei erreichen wir die vom Tal aus nicht einsehbaren, freien Hochalmen. Unter uns liegen, vom Dämmer des ersten Morgengrauens noch bedeckt, die dicht bewaldeten Ausläufer unzähliger, teils recht steil ansteigender Bergfalten. Durch sie rackern wir uns mühsam und wohlüberlegt, teilweise im Quergang und bei Steigungen bis zu 60 Grad, nach oben. Hier wird nichts geschenkt! Man muß Edison recht geben: »Genie ist ein Prozent Inspiration und neunundneunzig Prozent Transpiration«. Wir lassen uns trotzdem Zeit, wollen nirgends hineintölpeln.

Erstaunlich ist, daß die Hirsche – oftmals sogar der gleiche – immer wieder aus einer anderen Richtung vermelden. Der Jagdführer erläutert, daß Marale keineswegs, insbesondere nicht während der Brunft territorial sind. Der Hirsch versammelt sein Rudel nicht, wie bei uns, auf einem festen Brunftplatz sondern streunt mit seinem Weibervolk unstet durch die Gegend. Ein echter Bergzigeuner! Natürliches oder erzwungenes Verhalten? Vielleicht damit erklärbar, daß das Kahlwild hier etwas kurzgehalten wird und die Rudel deshalb extrem klein sind, so daß sie ständig vor einer Überzahl aufmüpfiger Nebenbuhler geschützt werden müssen. Die

Annahme scheint nicht abwegig, weil mir während vier Tagen Pirsch und dem Zusammentreffen mit etwa zwölf Brunfthirschen, nirgends ein Rudel mit mehr als vier Stück Kahlwild, immer umgeben von teils drei bis fünf aufdringlichen Beihirschen, begegnete. Ein – zumindest in dieser Gegend – vom europäischen Rotwild abweichendes Brunftgeschehen, das dessen feste Brunftplätze und erbitterte Einstandskämpfe scheinbar nicht kennt.

Seit einer Stunde schreit ein Maral ununterbrochen seinen sehnsüchtigen, ärgerlichen Kampfruf in den hellen Morgen. Einmal weiter entfernt, dann scheinbar ganz nahe. Jetzt läßt Wolodi seinen Ruf lieber in der Tasche. Da der Wind paßt, pirschen wir weiter vor. Zwischen uns und dem Hirsch liegt der brockenübersäte, deckungslose Hang; wenn wir nur den schon hinter uns hätten!

Ich traue dem Braten nicht. Die letzten Begegnungen mahnen zur Vorsicht. Wir mußten mehrfach das Fähnchen einrollen, da uns das ungemein aufmerksame Maralwild meist schon weg hatte, ehe wir es überhaupt bemerkten. Wo Wölfe und Bären lauern, döst kein Maral in den Tag hinein! Obwohl nach den Erfahrungen des großen Jägers Roosevelt »ein Stück Wapiti-Wild mehr Mut als ein Hirsch (hat)«, flieht es den Menschen hier fast in Panik. Jagddruck der heimischen Fleischbrigaden? Bereits am ersten Tag – es war gut, sich daran zu erinnern – gelang es uns, an einen ordinär laut schreienden Hirsch auf gute Schußnähe heranzukommen. Während wir noch versuchten, seinen Hauptschmuck zu entziffern – sechs Enden auf jeder Stange bestätigen in der Regel den kapitalen Maral, sieben Sprossen sind eine gefragte Rarität – warf sich der Recke, ohne daß wir uns überhaupt bewegt oder sich der Wind gedreht hatte, plötzlich in eine wilde Flucht: Entschlossen, sein Haupt hocherhoben, das mächtige Geweih auf den Rücken zurückgelegt, sprengte er davon. Ein Monument an Kraft und Schönheit. Unverständlich, wie Zeil um die Jahrhundertwende zu dem Urteil kam: »Der Wapiti ist bedeutend größer und stärker als unser Hirsch, sieht aber nicht so edel aus«.

Maralbrunft im Morgengrauen. Antwortet uns nur ein junger Heißsporn oder der Chef des Rudels?

Da führte wohl eher Unwissenheit als persönliches Erlebnis die Feder!
Minuten später, ohne ein einziges Mal verhofft zu haben, inzwischen gut 1000 Meter über einige Schluchten hinweg entfernt, tauchte der Freier in einem offenen Gegenhang auf; sein braves Kahlwild bereits wieder vollzählig um sich geschart. Das gab ausreichend Zeit, sich den Burschen genauer anzusehen. »Zwölfender«, signalisierte der Jagdführer. Trotz seiner höchstens acht Jahre, gewaltig anzusehen, wie er aufreizend, mit bebenden Flanken, breit in der Sonne stand, sein Haupt uns zugewandt: Besonders auffällig der mächtige Vorschlag, den eine dichte, schokoladenfarbene Halsmähne umgibt. Deutlich abgehoben vom schiefergrauen Wildkörper, dessen glattes Grannenhaar im vollen Sonnenlicht fast silbrig aufscheint, endet sie kurz am Halsansatz. Der Hirsch, insgesamt etwa ein Drittel größer als sein europäischer Vetter, war bald darauf, nicht ohne vorher noch lautstark Wolodis Ruf zu trotzen, vertraut zu Holz gezogen. Da wir uns nicht vom Fleck gerührt hatten und der Wind gut stand, konnte er nur durch die Nervosität einer übersensiblen Beobachterin aus seinem Harem gewarnt und argwöhnisch geworden sein. Also, vorsichtig!

Unverhofft kommt oft

Später, während des Abstiegs, am Rande des jetzt schon wieder fast geschlossenen Bergwaldes, überraschten wir auf einer Blöße zwei Sibirische Rehböcke. So schnell saß ich selten auf meinem Hosenboden. Bei diesem mistigen Wind mußt du ansprechen und sofort schießen, dachte ich noch, da warfen die »Sibirier« schon auf: ein Gabler, ein weibliches Stück und ... so ein Pech, ein knorriger alter Sechser, die linke Stange leider schon abgeworfen! Schade, schade!
Die Rehe, fast doppelt so groß wie die zu Hause, im dichten Winterkleid jetzt noch wuchtiger anzusehen, genießen hier kein zu großes Ansehen – was die Wilderer vermutlich zu schätzen wissen. Während die von mir angesprochene, durchgehend stark geperlte und im oberen Drittel zum imposanten Sechser vereckte, unterarmlange Stange bereits mein Blut in Wallung brachte, spielt bei den sibirischen Jägern die Trophäe bis heute keine große Rolle. Eher schon, beim Gedanken an die Bratpfanne, das Alter! Bleibt nur zu hoffen, daß meine stundenlangen Gespräche über Trophäenqualität, Altersaufbau und Geschlechterverhältnis etwas Erfolg zeitigen und sich im Jagdalltag der Sibirier niederschlagen: Bei »Dicken« bitte die Finger gerade lassen! Trotz der nach amtlichen Mitteilungen 15.000 Marale auf 17 Millionen Hektar.
Die Stimmung war zum Ende des ersten Jagdtages nicht gerade berauschend. Ein Maral vergrämt, einen Rehbock mit nur einer Stange im Visier, das reichte. Während des Abstiegs strich mehrmals, so wie die nächsten Tage auch, immer wieder Auerwild aus den buntgefärbten Wipfeln der Lärchen und Birken. Ein Fingerzeig auf die von den Jägern als wahrhaftes Spektakel beschriebene Balz des Großen Hahns in dieser Gegend. Beim Nachhauseweg durch tückische, meist morastige Talböden, hartnäckig verfolgt von mir bisher unbekannten, besonders gegen Mittag äußerst bösartigen Beißfliegen, sahen wir jedoch unzählige Fährten und Spuren, vor allem von Maralen und Schwarzwild, welches wegen der Unzulänglichkeit seiner Einstände kaum bejagt wird. Da hilft nur der Zufall oder eine kräftige, bisher aus Desinteresse unterbliebene Kirrung! Später begegnete uns noch die respekteinflößende Handschrift eines strammen Braunbären. Sie stammte von dessen Morgenpirsch und lief genau in Richtung Camp. Ein Grund, die Gewehre, insbesondere in den dichten Unterholzgestrüppen, etwas fester am Leib zu tragen: Unverhofft kommt oft! Die von einem aufrechtstehenden Bären stammenden, tief in die Rinde einer Kiefer eingegrabenen Schrammen waren beachtlich. Die untersten Eingriffe seines mißglückten Kletterversuchs konnten wir, auch auf Zehen stehend, nicht mit den Händen erreichen. Das war mehr als ein Siebenfuß-Brocken! Ein kleiner Hinweis, daß Tuva nicht nur hervorragende Maralvorkommen, sondern auch beste Bärenbestände besitzt. Diese Population wird bewußt niedrig gehalten.

Überraschende Begegnung. »Michail Iwanowitsch« ist jetzt den ganzen Tag unterwegs.

Im drei Millionen Hektar großen Gebiet meiner gastgebenden Jagdgenossenschaft werden jährlich über 40 Sohlengänger – die meisten, sagt man, in Notwehr (?) – gestreckt. Nähert sich der Bär nicht dem Menschen und seinen Behausungen, so ist er bei der Unzulänglichkeit seiner meist geheimen Wildnisreviere und dem großen Wildreichtum als Nahrungsangebot, kaum bejagbar. Am ehesten gelingt dies durch Ausfährten seines Winterlagers. Von dieser aufregenden Pirsch – unserem Fuchssprengen nicht unähnlich – wußten die Sibiriaken spannende Abenteuer zu erzählen.

Kirchgang auf sibirisch

Damit unterhielten uns dann auch gestern Abend die geselligen Sibiriaken. Ich mußte gerade an diesem strahlenden Morgen dieses dritten und vorletzten Jagdtages, den pausenlos vermeldenden Brunfthirsch vor mir, daran denken. Da war die Rede gewesen von Hunden, von Feuer und Rauch, von langen Stangen und wütenden Attacken gereizter Winterschläfer. Das erinnerte an Bilder von winterlicher Bärenhatz im Mittelalter bei uns zu Hause. Meine Jagdführer, die während des Essens Butter mit dem Suppenlöffel zu sich nehmen und erst anschließend das Brot dazu kauen, die keine Briefe schreiben, aber frostsichere Blockhütten und jede Falle bauen können, sind bereits die halbe Reise. Sie lesen keine Bücher, umso besser aber jede Fährte und vermögen jeden geknickten Zweig auszudeuten. Diese Rauhbeine, die ständig aus Zeitungspapier Gedrehtes rauchen und trotzdem nicht hüsteln, ihre Autoelektronik selbst reparieren und nebenbei wie die Teufel reiten, sind wie so oft bei den Jagden jenseits des eigenen Reviers, das »Salz in der Suppe«.

Nun, gedankenverlorene Philosophiererei bringt uns dem lautstark vermeldenden »Cervus elaphus maral« nicht näher! Wolodi pirscht bereits auf allen Vieren voraus: »Was man nicht erlaufen kann, läßt sich oft erschleichen«. Wir wissen nur zu gut, daß ein vergrämter Maral kaum einzuholen ist, sind deshalb voll bei der Sache. Vorsichtig tasten wir uns durch ein ausgedehntes Geröllfeld und haben bald – über einen flachen Kessel hinweg – den alten Schwerenöter im Glas. »Maral, choroscho«, flüstert der Jäger und aus der ehrfurchtsvollen Betonung merke ich, daß er den Geweihträger für reif und kapital anspricht. Ob er recht hat? Unruhig und unstet bummelt der Hirsch über die vom Bergwald begrenzte Alm, verhofft, zieht bergan, kommt wieder zurück und erwidert mit einigen kurzen Trensern den behutsamen, kurzen Ruf aus der »Filmtüte« des Russen. Obwohl mir Wolodi laufend und immer eindringlicher zunickt, zögere ich. Dieser Hirsch braucht gut ansprechen, noch dazu da mir mit diesem Wild jede Erfahrung fehlt! Vorsorglich habe ich mich bereits eingerichtet. Die Mauser 66, mit dem rasanten 7 mm Remington Magnum-Geschoß, liegt schußbereit auf dem Rucksack.

Doch es bleiben Zweifel. Alt oder jung? Ist das tatsächlich ein kapitaler, reifer Recke? Will Wolodi nicht nur seinem Chef endlich, am dritten Tag, »Jagd vorbei« melden? Wirkt die Figur des Hirschs nicht doch zu jugendlich? Ist der Widerrist schon von den Jahren gewölbt, der mürrische, sture Gesichtsausdruck tatsächlich Zeichen des Alters und der Heimlichtuerei? Kann der Hirsch als abschußwürdig betrachtet werden, und läßt sich unser Rothirsch-ABC überhaupt auf den Maral übertragen? Insbesondere während der Brunft? Mich plagen Zweifel! Steht vor mir der kleinere Kakhemski oder der stärkere Tanuol-Maral, die, ebenso wie die sechs amerikanischen Wapiti-Unterarten, oft Geweihgewichte bis

Waidmannsheil in der Bergtaiga.

über zwanzig Kilo hervorbringen und vor allem im Norden Sibiriens, bis hinauf zum 55. Breitengrad ihre Bahn ziehen sollen? Da treibt mich der Hirsch selbst zur Entscheidung. Plötzlich, ohne erkennbaren Grund, wendet er und schlendert zielstrebig dem nahen Bergwald zu. Kirchgang auf sibirisch!, denke ich leicht verärgert und ziehe die Büchse in die Schulter. Sofort taucht das Vierer-Absehen – dreihundert Meter? – über dem Schulteransatz in den Wildkörper. Doch dann – verflucht! – löst sich der Hirsch förmlich in gleißendem Licht auf! Die strahlende Morgensonne liegt voll auf meinem Zielfernrohr, ich bin total geblendet! Wolodi kapiert sofort, kriecht um mich herum, zieht seine Mütze vom Kopf und hält sie als Sonnenschild seitlich, halbschräg, vor das Objektiv. Das hilft. Es ist auch höchste Zeit! Nur noch gut zwanzig Meter und der Blätterschirm des Herbstwaldes schließt sich auf Nimmerwiedersehen hinter dem inzwischen flotter werdenden, nochmals kurz vermeldenden Hirsch. Da bricht der Schuß! Darauf folgt die lähmende Viertelsekunde zwischen Brunftgeschrei, Pulverblitz und Kugelschlag! Ohne zu zeichnen oder die sofort repetierte, zweite Kugel noch loszuwerden, verschwindet der Geweihträger in der undurchdringlichen Wildnis. Da fällt nur Roosevelts Erlebnis ein: »Beides waren tödliche Schüsse, aber – wie es bei dem Wapiti so oft vorkommt – keiner der beiden angeschweißten Hirsche verriet im nächsten Augenblick durch irgendein Zeichen, daß die Kugel saß«.

Wechselbad der Gefühle

Wolodi ist sich auch nicht sicher! Er schweigt. Auch mich würgen Zweifel, obwohl ich das Gefühl habe, gut abgekommen zu sein. Den Kugelschlag bilde ich mir vermutlich ein. Jetzt gehen wir beide durchs Fegefeuer der Ungewißheit und sind – obwohl zwei gänzlich verschiedene Menschen – als Grünröcke von den gleichen Gefühlen und Stimmungen bestimmt. Es ist alles möglich! Ein Sechs-Zentner-Hirsch braucht eben, insbesondere in der Brunft, eine absolut saubere Kugel!

Zweifel und Argwohn fressen an den Nerven. Nach einer guten halben Stunde ist unser Geduldsfaden gerissen. Am Anschuß finden wir weder Schweiß noch Schnitthaar. Da, ein paar tiefe Eingriffe! Wir sind unschlüssig, warten weitere zehn Minuten. In mir verfestigt sich allmählich die Gewißheit, doch »einigermaßen« abgekommen zu sein; auch deshalb, weil ich anhand des »inneren Films« glaube, der Hirsch sei arg zögerlich – offenkundig krank! – weggebrochen.

». . . doch der Optimist blickt heiter, und stiefelt voller Hoffnung weiter«, sage ich mir, als wir Schritt für Schritt ins windzerzauste Unterholz eindringen. Bald darauf finden wir hellen Schweiß. Jetzt ist es leicht, der kurzen, im Buschwerk deutlich abgezeichneten Taumelspur des getroffenen Hirsches zu folgen. Er liegt! Hingestreckt an einem umgestürzten Baum, ist er bereits verendet, als wir vor ihm stehen. Ein König des sibirischen Waldes! Inzwischen durchflutet eine helle Morgensonne den dünnstämmigen Galeriewald und unterstreicht mit ihrem Lichtspiel die

Selbsthilfe. Mäusefang nach Sibiriakenart.

Blick ins weite Land. Die ausgetrockneten Flachseen warten auf den längst fälligen Regen.

eigenartig feierliche Stille. Vermutlich ermißt nur ein Jäger die Gefühle eines solchen Augenblicks, diesen Wechsel aus Freude, Erstauntsein und Inbesitznahme. »Nur eines wird für mich immer unendlich faszinierend sein«, schreibt Oscar Wilde über solche Höhepunkte, »das Mysterium der Stimmungen. Herr über diese Stimmungen zu sein, ist köstlich, von ihnen beherrscht zu werden noch köstlicher«. Vielleicht ist es dieses innere Gepacktwerden und das Gefühl »gerecht« gejagt zu haben, was uns Jäger immer wieder hinauszieht und fasziniert.

Nach kurzer Wacht versorgen wir den Hirsch. Das Wildbret, zum Schutz vor den bereits über uns kreisenden Raben mit weißen Lappen gesichert, wird später mit Pferden abgeholt. Gegen Mittag geht es, mit dem abgeschärften Haupt auf Wolodis Rükken sowie zwei glattgeschliffenen, tiefbraun gezeichneten Grandeln im Hosensack, talwärts. Erst jetzt habe ich wieder ein Ohr für die vielen anderen Stimmen des Bergwalds. Jetzt genieße ich den wütenden Brunftschrei eines neu angetretenen Maral, der in unmittelbarer Nähe mit großer Anstrengung seine Gattenrechte verteidigt, doppelt. Meine Freude ist einfach riesig. Es bedarf auch nicht Wolodis behutsamer Rechtfertigung, daß »der erste Pfannkuchen« immer etwas schwieriger sei. Das war ein Jagdtag, der in die oberste Schublade meiner Erlebnisse kommt: Aufregend, anstrengend und voll Ungewißheit. Eine ordentliche Herausforderung.

Stunden später kommen uns – angelockt vom fernen Echo des Büchsenknalls, wie sie uns sagen – die Pferdeknechte mit gesattelten Gäulen entgegen. Bei einer kurzen Rast zerreibt einer der Burschen – für mich als kurze Erfrischung gedacht – die intensiv duftenden Nadeln der »Pinus sibirica« unmittelbar vor meiner Nase. Er freut sich über mein erstauntes Lächeln, und mißdeutet es. Er ahnt nicht, daß dieses Düftchen für mich vor allem etwas mit der von ihm geweckten Illusion eines überfälligen Fichtennadelschaumbades zu tun hat. Damit war mein sibirisches Jagdabenteuer eigentlich schon beendet. Die Verlockungen der Zivilisation hatten mich wieder eingeholt und ich hatte überhaupt nichts dagegen!

Auf Kaffernbüffel in Rwanda

Dann lacht man die Heiligen aus

Da passierte es! Unmittelbar hinter mir krachte es urplötzlich und mit einem Höllenknall pfiff dicht an meinem Kopf eine Kugel vorbei! Zu Tode erschrocken und keines Wortes mächtig drehte ich mich um.

Eine ehrliche Antwort auf die gelegentliche Frage »Welche Jagd war eigentlich am gefährlichsten, wo hattest du den größten Dusel?«, fällt gar nicht so leicht. Ist die Gefahr vorbei, lacht man die Heiligen aus, sagt ein Sprichwort und trifft den Nagel auf den Kopf. Bekanntlich sind Gefahr und Risiko immer im Schlepptau von Zufall und äußeren Umständen. Die absolut tödliche Hornviper ist bei ihrem Sonnenbad auf blankem Fels kaum bedrohlich. Gnade aber Gott, wenn sie, unter Laub verborgen, übersehen wird und aus unmittelbarer Nähe zuschlägt.

Auch deshalb scheint es bisweilen recht heilsam, sich zu erinnern, welch glückliche oder verhängnisvolle Verquickungen gelegentlich ziemlich dramatische Situationen auslösten oder verhinderten. Gerade bei einer Gedankenreise durch die Welt jagdlicher Schiffbrüche, organisatorischer Pleiten und fataler Bedrohung besteht die Gefahr, alles Makellose unbewußt etwas heller zu zeichnen, um vielleicht nicht gar so rühmliche Schattenseiten leichter verdauen zu können. John Osbornes Erkenntnis »Wer ein schlechtes Gedächtnis hat, erspart sich viele Gewissensbisse«, hat auch für Jäger eine entlastende Wirkung. Nach weit über hundert Jagdreisen in oft extremste Wildnisregionen der Erde, versanden Erinnerungen außerdem meist schnell im »gnädigen« Meer des Vergessens.

Wer erinnert sich schon gerne, daß die unvermittelte Attacke eines wutentbrannten Büffels oder der schlechte Schuß auf einen braven Hirsch der eigenen Dusseligkeit zuzuschreiben ist, und ein im Blizzard fehlendes Funkgerät oder der Totalcrash der einmotorigen Supercub im Nachhinein das Ergebnis unverständlicher Hirnlosigkeit ist?

Die Gefahr, gerade bei einzigartigen Jagderlebnissen sich zu sehr in die Brust zu werfen oder beim kleinsten Fiasko weinerlicher Nabelschau und schneller Schuldzuweisung zu verfallen, ist zwangsläufig groß. Vor allem dann, wenn man bei echter Bedrohung mit heiler Haut davonkam. Der Versuchung, mit eigenem Jagdpech dick aufzutragen, sollte man lieber widerstehen, »denn entweder begegnet man offener Gleichgültigkeit«, wie die kluge Rita Hayworth mal sagte, »oder kaum verhüllter Schadenfreude«. Außerdem hält sich jeder Grünrock meist selbst für das Idealgemisch aus Löns und Ganghofer, mit einem Schuß Sven Hedin und Hemingway. Ihm ist nichts fremd. Für viele ist Jagd überall nur Jagd, und die kennt man längst aus dem Effeff. Weshalb also diese verbale Windmacherei?

Erstes, erwartungsvolles Abtasten zwischen Jagdgast und Begleitern. Die Safari beginnt.

Gestörte Mittagspause, Unruhe breitet sich aus. Büffel sind »dünnhäutig.« Wie rankommen?

Heilsame Lektionen

Daß jeder Tag und jeder Schritt während der Jagd, noch dazu im Ausland, immer wieder anders ist, Gefahren selbst dann nicht kleiner werden, wenn man sich daran gewöhnt hat, und jedes Glück blitzschnell ins Desaster umschlagen kann, läßt man dabei gerne nur für sich selbst und die eigenen »einmaligen« Erlebnisse gelten! Im übrigen gilt gerade für die Jagd, daß – wie A. J. Richter ironisch meint – »es keine wahrheitsgetreue Darstellung der Geschichte gibt, solange deren Zeugen leben«.

Dabei weiß jeder Jäger, insbesondere der in Berg- und Wildnisjagden erfahrene, daß es nie so läuft wie bei den drei Weisen aus dem Morgenland: »Der Stern ging vor ihnen her, bis er über dem Orte ankam und still stand«. Vielmehr gilt, daß mit der Entfernung vom eigenen Revier und der Unkenntnis von Land, Wild und Jagdtradition, Risiken und Bedrohung wachsen. Selbst »Hans Huckebein, der Unglücksrabe« wird sich als Jäger im Ausland zwangsläufig den für ihn neuen Herausforderungen stellen und sich entsprechend anstrengen. Dann wächst er allerdings meist auch schnell über seine Allerweltsroutine hinaus, schärft seine Sinne an »neuen Messern« und hat bald das gefunden, was er suchte. Er lernt auf Erfahrungen anderer zu hören, sich deren Erfolg und Mißerfolg etwas genauer zu besehen und vorausdenkend die für ihn richtigen Schlüsse zu ziehen.

Erfahrungsgemäß schadet es keinem, eine kleine Auswahl kritischer Erlebnisse vorab kennenzulernen, selbst wenn man meint, längst mit jedem Kobold getanzt zu haben. Da Jagderfolg ohne Risiko zur Niederlage, ohne Geduld und Verbissenheit nicht zu haben ist und kein Erlebnis dem anderen gleicht, nachfolgend eine nicht ganz alltägliche Erinnerung, wo »mehr Glück als Verstand« im Spiel gewesen ist.

Ich jagte Ende der 70er Jahre zum ersten Mal in Rwanda.

Afrika blutete noch unter seinen Befreiungskriegen. Südafrika war nach wie vor Schutzmacht von Südwest. In Uganda herrschte der Despot Idi Amin und Ian Smith versuchte vergebens, Rhodesien für die weiße

Minderheit zu retten. Damals war Rwanda – ein afrikanischer Zwerg mit der dichtesten Besiedelung des ganzen Kontinents – längst ein Staat, der seine koloniale Vergangenheit abgeschüttelt hatte und sich eben anschickte, ausländische Jagdgäste einzuladen.

Wir waren die ersten. Es ging auf Antilopen und Büffel, begleitet von nichtbewaffneten, französisch sprechenden Wildhütern. Der Mutara-Ground, das Jagdgebiet am Rande des damals noch wildreichen Akagera Nationalparks, versprach alle afrikanischen Freuden, insbesondere einzigartige Safaris auf Kaffernbüffel.

Die Spannung war ebenso groß wie mein Herzklopfen – immerhin versuchte ich mich im Wettbewerb mit zwei Mitjägern auf einen dieser gerissenen Hornträger –, als wir im frühesten Morgengrauen einen VW-Bus bestiegen und bald darauf der Jagdführer François, stoisch wie ein Hohepriester, in die endlose, mit kleinen Akazien- und Dornbuschinseln durchsetzte, hügelige Grassavanne hinausdeutete. Am Rande des Horizonts äste – als schwarzer, sich langsam bewegender Schatten deutlich vom Grün der Savanne abgehoben, ähnlich einem auf dem Meer treibenden Ölteppich –, eine Herde von vielleicht 300 Büffeln. Zehn Jahre später waren Verbände mit 20 Kopf bereits eine große Rarität!

Hintereinander, gebückt wie Apachen auf dem Kriegspfad, pirschten wir bei dieser ersten Rwanda-Testjagd, höchst aufgeregt, Richtung Büffelversammlung. Jeder hatte während der beiden Vortage bereits erfolgreich sein Einsteiger-Programm mit einem

Tarnung! Der Wasserbock hat uns sofort weg.

braven Impala, einer wunderschönen Topi-Trophäe und einem der vertrauensseligen Wasserböcke hinter sich gebracht. Nun gings ans Eingemachte!

Zunächst beugten wir uns dem Losentscheid, der den ersten »Buffle« unserem norddeutschen Mitstreiter zusprach. Damit waren wir Begleitschutz, auch für die unbewaffneten Wildhüter. Während der Pirsch durchs satte Gras- und Hügelland hatten wir fortwährend neuen, meist überwältigenden Anblick. Nahezu hinter jeder Buschinsel, in jedem kleinen Flußtal und auf jeder offenen Hügelkuppe begegneten uns größere Ansammlungen neugieriger Zebras und unzählige, vor Aufregung Ballerinasprünge vollführende Impalas. Lustig und aufregend zugleich blieben die hellwachen, kugelrunden Warzenschweine, die bei leisester Gefahr sofort mit steil nach oben gerichteter »Antenne« Richtung Erdbau wetzten. Das eigentliche Erlebnis blieben natürlich die Büffel! Ihr Bestand wurde seinerzeit auf etwa 8.000 Häupter geschätzt, ein Jahrzehnt später waren sie gezehntet. Trotz unserer Lizenzen blieb, in Anbetracht der bevorstehenden Generalprobe auf Büffel, in diesem Augenblick der Finger auf Plains-Game natürlich gerade.

Mehr als unheimlich

Eine gute halbe Stunde später waren wir den Wildrindern so nahe, daß man die geringhornigen Kühe von den kreishornbewehrten, wesentlich massigeren Bullen leicht mit freiem Auge unterscheiden konnte. Ein allgegenwärtiges Prusten, Grunzen und Blasen der Herde vermittelte den Eindruck von Vertrautheit und Wohlbehagen. Der Wind stand, wie vorausgesehen, nach wie vor bombenfest gegen uns. Auf dem Bauch liegend, bot uns ein stubengroßer, stark zertrampelter Dornbusch genügend Deckung, um in aller Ruhe die Lage zu peilen. Zunächst war mir die weit vor uns ausgeschwärmte Ansammlung lehmgrauer Muskelberge, deren schwarz polierte Stirnwaffen immer wieder verführerisch im Sonnenlicht aufblitzten, mehr als unheimlich. Vermutlich saß mir noch die aufregende Begegnung mit einer Büffel-

Gruppenbild mit Jägern. Optimismus ist der halbe Erfolg, der Rest ist Glück.

herde in Transvaal in den Knochen. Dort hatte ich mich vor gut eineinhalb Jahren mit dem umsichtigen Ken Ball auf Elefantenjagd befunden. Nach einer der vielen, mehrstündigen, leider vergeblichen Verfolgungen der Dickhäuter gaben wir auf. Ken und sein Tracker zogen los, um den Landrover zu holen. Alleine mit meinen Gedanken, genoß ich die einzigartig stille, afrikanische Spätmorgenstimmung. Plötzlich schreckte mich ein schnell heranrollendes, immer stärker anschwellendes Getrommle aus meinen Tagträumen, und ehe ich mich versah, kochte um mich herum der Busch. Vorsorglich hinter einen dicken Baum geflüchtet, befand ich mich plötzlich inmitten einer aus Westen heranstürmenden, nicht endenwollenden Büffelkavalkade, die dann allerdings so schnell, wie sie aufgetaucht war, wieder verschwand. Gerade als ich erste Überlegungen zu diesem fast hautnahen Zusammenprall anstellen wollte, tauchte als Nachhut – was oft passiert – eine stramme Rotte Warzenschweine auf. Ein Klotz von einem Keiler bildete das Schlußlicht! Ich riß die Doppelbüchse hoch, überholte den Racker einen guten halben Meter und ließ fliegen! Erster Lauf »klick!«, zweiter Lauf »klick!«. Jetzt schlotterten mir die Knie erst richtig. Ich dachte daran, daß eben, teilweise keine fünf Meter entfernt, eine Büffelherde, in ihrer Mitte Dutzende nußbrauner Kälber und deshalb nicht gerade freundlich gestimmte Kühe, an mir vorbeigedonnert waren – während meine Büchse mit warmer Luft geladen war! Daraus resultierte wohl auch jetzt – keine 50 Meter von der Herde entfernt im Gras liegend – mein augenblickliches Unbehagen. Welcher Ausweg bleibt uns eigentlich, dachte ich, wenn die Riesenherde plötzlich, wie eine wilde Stampede aus einem Westernfilm, in Panik auf uns zupoltert? Die einzige Wirkung hätte vermutlich nur, sich früh genug aufzurichten und durch Warnschüsse eine Teilung des anbrandenden Stroms zu versuchen.

Gottlob äste der Großverband langsam von uns weg in ein weites Tal hinab, durch dessen Sohle sich, wie ein grüner Lindwurm, ein fast ausgetrocknetes Bachbett und eine vielleicht fünfzig Meter breite Busch- und Baumvegetation schlängelten. Klar, daß sich die Herde, zum Schutz vor der sengenden Sonne, dort einstellen würde. Ebenso keine Frage, daß damit für viele Stunden null Chance bestand, einen der wirklich dikken Brocken ordentlich anzusprechen oder gar auf die Decke zu legen. Deshalb mußte jetzt gehandelt werden, und zwar schnellstens!

Zehn Minuten später hatte unser Freund seine große Chance. Wegen der Ausdehnung dieser Herde und durch die lückenlose Wachsamkeit der Kühe zunehmend ratloser geworden, folgten wir im Abstand von höchstens 150 Metern – mehr auf allen Vieren als in der Hocke – den wuchtigen Eintonnern. Wir waren vorrangig darauf bedacht, ja nicht von den ständig mißtrauisch die Umgebung musternden Kühen enttarnt zu werden.

Und dann, während der Haupttreck dem dicht bewachsenen Talgrund zustrebte, empfahlen sich drei fast gleich starke »Syncerus caffer« in ein etwas höher gelegenes Einzelgehölz. François schnitt ihnen im Sauseschritt kaltblütig – unseren Freund energisch an der Hand mit sich ziehend – den Weg ab. Obwohl ich nie glaubte, daß dieses Hauruck-Manöver Erfolg haben würde, erreichten die beiden einen großen, mehrturmigen Termitenhügel und boten uns alsbald ein absolut perfektes Büffeljagd-Erlebnis aus nächster Nähe. Als kurz darauf ein Schuß brach – das Echo war noch nicht einmal verebbt –, nahm der auf knapp 80 Schritt befunkte, kapitale Recke schnurstracks, ohne irgendwie zu zeichnen und völlig unbeeindruckt von einigen nachgeworfenen Treffern aus unseren Gewehren, Kurs auf ein nahes Wäldchen. Seine beiden Adlaten flüchteten in weitem Bogen zum Großverband zurück, der sich durch den Schuß auf Trab gebracht, eiligst mit wälzenden Bewegungen absetzte.

Wenn da einer große Ohren hätte

Erst jetzt begann das wahre Abenteuer! Der Guide winkte mich und den quirligen Rotbart aus München zur Strategieberatung heran. Wir wußten nur, daß sich der schwerkranke Büffel gut 300 Meter entfernt im Buschwerk der Talsenke gesteckt hatte. Warum unser Freund nur einen Schuß loswurde, interessierte jetzt nicht mehr. Die Frage war – nach meinen Beobachtungen saß die Kugel etwas weit hinten auf der Kammer –, wie schwer es den alten Haudegen erwischt hatte! War er schon verendet oder lauerte er uns, erfüllt von abgrundtiefem Haß, dort unten nur auf?

Die Hornwehr dieser lehmgrauen, argwöhnischen Eintonner läßt keinen Jägerwunsch offen.

Nun, für den Totgeweihten gab es kein Entrinnen, selbst nicht durch Flucht über den vor ihm aufsteigenden, für uns gut einsehbaren Gegenhang. In Streife, die drei Gewehre im Halbanschlag, rückten wir bis auf vierzig Meter an das Wäldchen heran und warteten auf den Ausbruch des Kraftpakets. Nervös geworden durch François'

Der Prachtbulle mißtraut dem Frieden sofort.

Steinbombardement, brach der Büffel plötzlich durch den uns gegenüberliegenden Waldsaum aus und versuchte – inzwischen sichtbar müder – hangaufwärts zu entkommen. Unser Freund feuerte über das Wäldchen hinweg und traf erneut. Doch auch dieser Schuß schien ohne Wirkung. François lief die Senke hinab, wir hintendrein. Der Büffel hatte schon fast den Gegenhang durchmessen, als wir, bergaufkeuchend und bereits ziemlich kurzatmig, dem Jagdführer weiter mit voll durchgeladenen Gewehren über Stock und Stein nachhechteten.
Da passierte es! Unmittelbar hinter mir krachte urplötzlich ein Schuß, und mit einem Höllenknall – ich spürte sogar die Zugluft – pfiff dicht an meinem Kopf eine Kugel vorbei! Zu Tode erschrocken und keines Wortes mächtig, drehte ich mich um und blickte in die verständnislos entsetzten Augen des käsebleichen, schlotternd hinter mir stehenden Münchners. Der Schuß aus seiner .375er hatte sich gelöst, als er im Laufschritt, querfeldein, das Magazin wechseln wollte. Dabei dokterte er etwas nervös herum und knallte das Magazin mit arg heftigem Schlag ins Gewehr. In diesem Augenblick löste sich aus der entsicherten, vom Münchener im Eifer des Gefechts unkontrolliert geführten Waffe ein Schuß, den er bereits vorher in die Kammer repetiert hatte.
Gottlob war jetzt keine Zeit zu langem Nachdenken und für Entschuldigungen! Während wir den inzwischen außer Sichtweite geratenen Büffelstier sofort verfolgten, entsann ich mich der viele Jahrzehnte zurückliegenden Warnung meines alten Herrn, der mir nicht nur einmal eingebleut hatte, niemals einen anderen Jäger mit geladener Waffe hinter sich zu dulden. Eine halbe Stunde später war der Büffel zur Strecke gebracht und der Vorfall zumindest soweit verdaut, daß ich das verständlicherweise mehr als schlechte Gewissen des Unglücksraben sogar durch etwas Sarkasmus entlasten konnte. »Wehe, wenn da einer große Ohren hätte!«, lachte ich, wobei mir nicht ganz so lustig zumute war. Dem Pechvogel, an dem es jägerisch sonst nichts zu bekritteln gab, bleibt seine gefährliche Schusseligkeit wohl auch deshalb ein

»Fieldpreparation« – so wichtig wie die Jagd.

Leben lang eine Lehre, weil die Wiedergutmachung am Abend auf der Terrasse des Gabiro Guesthouse alles andere als billig war. Schließlich mußte dem Rotbart zumindest mit einigen krachenden Champagner-Korken veranschaulicht werden, was ein ordentlicher Knall in unmittelbarer Nähe eines empfindsamen Ohres bedeutet!

Man nennt sie Arrui

und Macho montés

Auf Steinbock
und Mähnenschaf
in Spanien

Das befunkte Wild wählte die kürzeste, steilste Route nach oben und bestätigte, mit welcher Härte diese Bergkönige eine Kugel quittieren. Waidwund oder aufgemüdet ist Steinwild nur schwer einzuholen.

Gegen vier Uhr früh ist endlich das kleine, an den südlichsten Ausläufern der Sierra de Gredos gelegene »Hostal« mit seinem verwitterten Ein-Stern-Schild erreicht. Wir entschieden uns für die sonnige Südflanke der Gredos, da im Norden bereits der erste Novemberschnee liegt. Für die im komfortablen »Paradores«-Hotel in den Gredos entgangenen Gaumenfreuden entschädigte uns ein ausgedehnter Besuch des berühmten Feinschmeckerlokals »Borrachos de Velasquez« in Madrid, dem wir am Vorabend einen Besuch abgestattet hatten. Eine echt »spanische« Adresse! Vor allem, weil der »Patron« selbst ein »muy grande cazador« ist und sich bei ihm vorwiegend die Grüne Gilde Kastiliens ein Stelldichein gibt. An diesem Abend hatte sich wieder mal Francis Bacon bestätigt, der dem Reisenden schon 1685 ins Stammbuch schrieb: »... er muß sich von der Gesellschaft seiner Landsleute fernhalten und an solchen Plätzen speisen, wo die feine Gesellschaft der Gastnation verkehrt«. Eine Binsenweisheit!

Der Herr des Hauses setzte sich gleich an unseren Tisch, nachdem der rotbärtige Chema erzählte, daß wir noch heute nacht zu einer mehrtägigen Steinbockjagd in die Gredos aufbrechen würden, um einen »bonito macho montés« (einen braven Steinbock) zu strecken. Das war das Stichwort für die beiden Madrileños, die sich förmlich in Erinnerungen an frühere Monterias und Rothuhnjagden überschlugen und sich in eine solche, fast übertrieben scheinende Begeisterung quatschten – »Cabra! Preciosa! Steinbock! Wunderbar!« –, daß der Wirt fast seine Gäste vergessen hätte.

Wiedergutmachung

Nebenbei genossen wir seinen alten Sherry »Tio Mateo seco« und roten Wein aus Rioja, dem weltberühmten Hügelland entlang des Ebro, welches Spanien, knapp hinter Frankreich und Italien, zu einem der bedeutendsten Weinländer der Erde macht. Gegen Mitternacht, als sich jeder sein »Chuleton«-Steak auf glühendheißer Keramikplatte selbst fertiggegrillt und mit anderen

Mittagsstille! Die Bergwelt der Gredos, die wilde Heimat der Macho montés.

»Todsünden« vertilgt hatte, ging es, gestärkt mit einem doppelten »Cortado«, dem unvergleichlichen Mokka der Iberier, quer durch die Vier-Millionen-Stadt Madrid, Richtung Süd-West. Am Steuer saß Aguila, Chemas rechte Hand, der uns gute 250 km über fast ausgestorbene Landstraßen chauffierte. Trotz strapaziöser Fahrt und später Ankunft, gönnte uns Chema, der wendige, immer auf schnellen – manchmal etwas zu schnellen – Erfolg bedachte Steinbockfanatiker, kaum Schlaf. »Jedes Mal wenn du kommst, ist das Wetter ›tricky‹«, erklärte er in seinem unverwechselbaren Englisch. Sein arg verspanischtes »berry, berry big«, seine stereotype Begeisterung für »very, very big«, ist bei Chemas Jagdgästen inzwischen ebenso Legende, wie seine Leidenschaft für Würfel und Spielkarten. Aber, und das zählt: Wer mit ihm jagt, kehrt aus den Bergen mit einer braven Trophäe zurück! Zumindest im Normalfall!

Um dem grauen November zu entfliehen, war ich bereits vor einigen Wochen in der Gegend gewesen und buchstäblich vom Regen in die Traufe geraten. Es gelang uns nur mit Gummistiefeln in das am Nordeingang des Gredos-Nationalparks gelegene »Parador« zu gelangen. Diese beliebte Jägerbleibe gehört zur gleichnamigen, über ganz Spanien verstreuten Hotelkette und genießt überall den besten Ruf.

Enttäuscht blies ich nach drei Tagen »spanischem Schnürl-Regen« diese Jagd damals ab, wobei es wenig tröstlich war, daß das Mistwetter auch dem Papst eine mehrtägige Rundfahrt durch das strenggläubige Spanien vermasselte. »Zum Besuch des Heiligen Vaters nur Regen und vergangene Woche die erste sozialistische Regierung Spaniens, nun reicht es uns!«, schimpfte der Hotelportier und ließ offen, ob er zwischen beiden Ereignissen nicht sogar einen Zusammenhang sah.

Dafür steigt diesmal die Wiedergutmachung, sagte ich mir voll Tatendrang, als wir durch das nächtliche Avila, der ehrwürdigen »Stadt der Steine und der Heiligen« brausten. Die Fahrt verlief kilometerlang neben der selbst kurz vor Mitternacht noch taghell angestrahlten, von gewaltigen Rundtürmen bewehrten, mittelalterlichen Festungsmauer. Diesmal setzte ich jedenfalls voll auf »Sieg«! Schließlich steigt nicht nur ein Spanier immer wieder in die Arena, selbst wenn er, wie Ortega y Gasset, der große Philosoph Spaniens, bemerkt, »die Wunde schon auf der Stirne trägt«.

Ich wollte auf jeden Fall den Jagderfolg des Vorjahres auf Arrui wiederholen. Es machte Spaß, sich der Jagd in der Nähe Murcias auf dieses, auch Mähnenspringer genannte Wild, zu erinnern.

Ein Afrikaner in Spanien

Eingelullt vom Motorengebrumm, sah ich mich plötzlich wieder auf der in heißer Sonnenglut flirrenden Sierra Espuña, und wiederum liefen, wie in einem Stummfilm, aufregende Bilder und Szenen durch meine Erinnerung. Ich spürte erneut die prikkelnde Spannung der Begleitjäger. »Arrui!«, hatten sie überraschend ausgerufen und zu einem wild zerklüfteten, von Ginster und Stacheleichen dicht bewachsenen »Barranco« hinübergefuchtelt. Immer wieder, meist nur für Sekunden, erspähten wir eine Handvoll orangefarben in der Morgensonne aufleuchtende Mähnenschafe, welche vertraut aber zügig aus dieser Felsschlucht in die kühleren Schattenhänge hochbummelten. Das war meine erste Begegnung mit den stolzen Nachkommen jener sagenumwobenen »Aoudad« gewesen, welche einst in großer Zahl die unwirtlichen Gebirgsregionen Nordafrikas, bis hin zum Südrand der Sahara bewohnten. Rücksichtslos verfolgt für den Fleischtopf, sind diese exotischen Geschöpfe heute, insbesondere in Ägypten, in Marokko, dem Tschad und Nordalgerien, nahezu ausgerottet. Das »Ammotragus lervia« lebt in freier Wildbahn inzwischen nur noch in allerkleinsten Beständen im Norden des Tschad und des Sudan, in Nord-Mauretanien, im Süden Libyens – und mit inzwischen starkem Vorkommen in Spanien.

Diese großartige Population ist dem jagdbegeisterten Generalissimo Franco zu verdanken, der Anfang der 70er Jahre die letzten Mähnenspringer aus El Aaiun, der nordwestafrikanischen Provinz Spaniens, kurz vor deren Unabhängigkeit und damit sicherer Ausmerzung durch Wilderei, in das

Die Wildhüter der Sierra Espuña kennen die heimlichen Einstände der Aoudad.

kleine, nahe der südspanischen Stadt Almeria gelegene Reservat Sierra Espuña verbracht hatte. Die Arruis sind, wie die Blauschafe Nepals und Chinas, oder der Tahr der zentralasiatischen Hochgebirge und der Alpen Neuseelands, Halbschafe, ein Bindeglied zwischen den Wildschafen (Ovis) und den Ziegenartigen (Caprinae); wegen ihrer deutlichen Beziehungsmerkmale – trotz Hornkreises – heute aber eher zu den Steinböcken, als zu den Wildschafen gerechnet.

Ein echtes Glück, daß sich die zunächst zwanzig – und später weiteren acht – in das 40 000 ha große Wildreservat bei Murcia verbrachten Arrui schnell anpaßten und sich in gut zehn Jahren zu einem Bestand von mehr als 750 Wildtieren entwickelten. Aus diesem, als oberste tragbare Population angesehenem Vorkommen, werden seit Beginn der 80er Jahre, von der spanischen Wildschutz- und Jagdbehörde ICONA jährlich ein halbes Dutzend Widder freigegeben. Gegenwärtig, Anfang der 90er Jahre, wurde aus Hegegründen die Jagd in den Staatsrevieren bis auf weiteres wieder geschlossen. Das nenne ich überlegte Wildbewirtschaftung!

Neben diesen staatlichen Lizenzen werden heutzutage auch Abschüsse aus Beständen der riesigen Privatgatter spanischer Großgrundbesitzer freigegeben. Außerdem bestehen Jagdmöglichkeiten bei den bereits 1950 in den Schluchten des Canadian River in Neumexiko sowie im kalifornischen San Luis Obispo County und in Texas eingebürgerten Vorkommen. Insgesamt ein erfreuliches Beispiel wirksamen Artenschutzes. Das sind echte »Gen-Banken«, verwirklicht von Jägern, denen diese bedrohte Wildarten mehr wert sind als öffentliches Lamento, Däumchen-Drehen und Auf-den-Staat-warten.

Die schmucke Staatsförsterei hat selten Gäste.

Und einem dieser vermutlich noch in Afrika geborenen, reifen Widder war ich auf den Fersen! Ehe wir allerdings einen Plan zur Verfolgung schmieden konnten, war der Trupp bereits hinter dem felsigen Grat des letzten Bergkamms verschwunden. Ein Spuk! Mir genügte das: Der am Ende des breitgefächert bergauf schlendernden Verbandes mehrmals beobachtete, mächtige Hornkreisträger entsprach genau meinen Wünschen!

Keine leichte Beute

Ich drängte zum Aufbruch. Der halbe, vor uns liegende Tag müßte reichen, um an das Rudel heranzukommen. Pedro, der Oberjäger – er und seine Helfer sind wie alle staatlichen Wildhüter unbewaffnet – übernimmt die Führung und versucht den gemächlich nach Norden ziehenden »Barbary sheep«, wie die Engländer das Wild seit der afrikanischen Kolonialzeit nennen, den Weg abzuschneiden. Umsonst! Bei diesem Geröll sind vier Mann einfach zu laut: »Die Jagd geht schlecht, wenn Hunde sind zuviel«. Auf den künstlich angelegten, beschaulichen Pirschpfaden kommen wir jedenfalls, so angenehm das auch wäre, nie an die Schafe heran! Wir beschließen die direkte Verfolgung quer durch die geröll- und quaderübersäte Felsschlucht, »direttissima«! Das ist zeitraubend und riskant; auch deshalb, weil die Wildhüter bereits auf »mañana« vertagen möchten. Für sie ist jetzt fast Mittag und bekanntlich ist dem Spanier seine »Siesta« heilig. In Erwartung eines zusätzlich versprochenen Handgelds bleiben sie dann allerdings bei der Stange. Weiter oben wird die struppige »macchie« allmählich dünner. Als der hüfthohe, schwer begehbare Strauchfilz endlich überwunden ist, wird die Sicht offener. Wir finden erste, noch feuchte Losung und wissen, daß sich die Bergvagabunden irgendwo in unmittelbarer Nähe herumtreiben. Keuchend erreichen wir die Bergkuppe und spähen in einen sich kilometerweit vor uns ausbreitenden Gebirgskessel. Hoch in den Wolken, in dem vor Hitze flimmernden Aufwind, kreisen zwei der selten gewordenen Kaiseradler. Welch Bild, wenn diese mächtigen Herren der Lüfte sich – mit angelegten

Das »Barbary-Sheep«, ein »Zugereister« aus den Wüstenrandzonen Nordafrikas, ist endlich überlistet.

Schwingen – wie ein Geschoß auf die Erde herabstürzen, um mit ihren messerscharfen Fängen alles Schwache und Kranke zu greifen. »Die wachsamen Arrui sind für die Adler trotzdem keine leichte Beute«, meint Pedro und lacht, als ich erwidere, »für uns leider auch nicht!«.

Gegen Mittag kommt überraschend ein eisiger Wind auf. Die Luft ist plötzlich kalt und trocken. Ehe wir den letzten steilen Hang vor einer mindestens 2000 Meter hohen, von Frost und Hitze brüchig gewordenen Felswand durchqueren, machen wir im Übergang von Busch und Strauch zur offenen Felsregion, dort, wo der Pinienwald die Vorberge wie ein Mantel bedeckt, Rast. Uns ist warm geworden. Bald darauf fröstelt es mich am ganzen Körper. Jetzt müßte man sein feucht geschwitztes Hemd wechseln, wenn ein trockenes im Rucksack wäre. Ewiger Schlendrian!

Inzwischen ist das Terrain der genügsamen

Kapitalwidder. Einer der drei Besten im Buch.

Arrui erreicht. Hier finden sie das ganze Jahr über ausreichend Schutz, haben Übersicht, Ruhe und Äsung. Wie in ihrer alten Wüstenheimat, wo sie sich wegen des kostbaren Taus und der gierigen Beduinen meist erst nachts auf Nahrungssuche begeben, kommen die Aoudad auch hier mit erstaunlich wenig Wasser aus. Diese Gegend ist für ihre Lebensweise wie geschaffen!

Pedro läßt die große Wasserflasche kreisen, verteilt Brot, etwas Schafskäse und Äpfel und beschwört, indem er die Halbkreise der Hörner in der Luft nachzeichnet, mehrfach unsere Chancen auf eine »muy grande trofeo«. Er verzieht keine Miene, als ihm Chema halb lachend, halb drohend die alte spanische Weisheit unter die Nase reibt: »Einen Mann nimmt man beim Wort, einen Ochsen beim Horn!«. Meine Befürchtungen, daß jetzt, Ende November, die Brunft schon vorbei sein könnte und die »Machos« nach ihren zurückliegenden Rivalitäten irgendwo faul im Schatten pennen könnten, wischt er mit einer Handbewegung vom Tisch. Nun, er muß es wissen – und er weiß es!

Traue weder Weibern noch Geschossen

Urplötzlich, wie von Zauberhand geführt und von hier heroben sogar gut mit freiem Auge erkennbar, steht ein bisher durch Strauchwerk verdeckter, mürrisch um sich blickender, afrikanischer »Zugereister« vor uns, am Rande der zerklüfteten Arena. Ein Bilderbuch-Widder! Seine üppig wallende, nahezu bis zum Boden reichende Hals- und Kinnmähne, welche Vorderläufe und Brust schürzenartig bedeckt, weht leicht, wie ein beigefarbener Seidenvorhang, im Wind. Ein klotziger Brocken, der sicher einen Meter Schulterhöhe mißt, gut über zwei Zentner wiegt und dessen Hornkreis sich über die Stirn hinweg 1,5 Meter weit ausdehnt. Pedro grinst breit wie der große Ebro! Bei diesem hoffnungsvollen Anblick bleibt jedem die Luft weg: Knapp zweihundert Meter halbschräg im Gegenhang zeigt ein reifer Mähnenspringer Breitseite. Halb Einzelgänger, halb »Sultan«, mustert er –

Das Rudel hat sich verdrückt! Wir müssen durch Ginster und Stacheleichen zu den Felsen hinüber.

seinen abseits stehenden Harem unentwegt aufmerksam im Auge – argwöhnisch die Gegend.
Kein Zweifel, das ist der Gesuchte! Hellwach und nur scheinbar vor sich hindösend, läßt er sich das Fell bescheinen und betrachtet mit sichtlichem Wohlbehagen die verstreut um ihn herum äsenden Geißen. Sie sind nach Statur und ihren höchstens 14 cm langen, dünnen Hörnern weniger imposant und wesentlich geringer. Mit sich und der Welt scheinbar im Reinen, mißachtet der Rudelboß allerdings die alte Landsknechtweisheit in unverzeihlicher Weise: »Weibern und Geschossen soll niemand trauen!«.
Behutsam richte ich mich ein. Ich habe Zeit. Der eiskalte Sturmwind steht uns voll ins Gesicht – zum Pech des Paschas. Während ich den stolzen »Afrikaner« noch im Zielfernrohr bestaune und mich sein halbkreisförmig nach oben gezogener, hinten einwärts geschwungener, armdicker Hornkreis an den Tur des Kaukasus erinnert – später erfahre ich, daß das Mähnenschaf früher auch als »Afrikanischer Tur« bezeichnet wurde –, faßt das Fadenkreuz Leben auf dem wie ein Standbild breitstehenden Kämpen. Dem leisen Einrasten des Stechers folgt der peitschende Knall der 7 mm

v. Hofe, auf die auch jetzt Verlaß ist. Das 9,1 g Geschoß zwingt den alten Stromer kompromißlos in den blühenden Ginster. Während er sich auf die letzte Reise begibt, heim zu seinen Vorfahren am Rande der Sahara, umfängt mich auch jetzt wieder die nach jeder erfolgreichen Bergpirsch eigentümliche, von schier grenzenloser Einsamkeit getragene Stille. Zeit, um die Seele über das weite, sonnendurchglühte Land zu senden und die Gedanken meinem vom Bergwind südwärts verwehten Pfeifenrauch nachzuschicken, hin in jenes ferne Wüstenland, das den Aoudad längst keine echte Heimat mehr ist.
Ich empfand es als ausgesprochen unterhaltsam, sich mit solch angenehmen Erinnerungen die nervtötende Langeweile einer nächtlichen Autofahrt von Madrid in die Gredos zu verkürzen, vor allem, da bald darauf das fahle Hoflicht des Berghostal »Arbillas« aufleuchtete.

Nichts vom Spanien-Klischee

Und erst jetzt freute ich mich so richtig auf die neue, mir unbekannte Welt der Gredos, ganz im Sinne Baudelaires »Dreimaster«, »der sein Ikarien sucht«. Wieder mal war ich für kurze Zeit aller Rationalisierung, vorgefertigter Betriebsamkeit und platter Unterhaltung entkommen. Es tat gut, in fremder Umgebung und in weitgehend unverfälschter Natur für ein paar Tage endlich die dumpfen Gewohnheiten des Alltags los zu sein. Gerade bei einer Jagd jenseits des eigenen Reviers spielen, neben der Lust zur Pirsch, immer auch eine Portion Fernweh und Abenteuerlust mit. Allerdings nicht in einem seichten und sentimentalen Sinn, sondern schlichtweg um einmal wieder etwas »anderes« zu tun. All das, was nach Meinung des Weltreisenden Viktor Segales »außerhalb des Gefüges unserer derzeitigen, alltäglichen Bewußtseinstatsachen liegt«. Das Bedürfnis, gelegentlich »auszubrechen«, ist zweifellos ein wesentliches Motiv aller Jagdtouristen, vermutlich stärker als jenes, irgendwo schnell den Finger krummzumachen. Eine Gastjagd ist auch eine wichtige Medizin zum Schutz vor den allgegenwärtigen Sonntagskindern unter den Grünröcken, für die es keine Probleme gibt, die immer alles im Griff haben, und die scheinbar heile Welt ihres eigenen Reviers ausschließlich als den Inbegriff jagdlicher Erfüllung ansehen. Worüber einiges zu sagen wäre!

Wie schon erwähnt, gönnte uns Chema kaum Schlaf. Bei der allerersten Morgendämmerung steuert er uns auf holprigen Wirtschaftswegen über enge Serpentinen und durch endlose, vor einem knappen Jahrzehnt erst aufgeforstete Pinien- und Laubwälder, hinein in die schnell ansteigenden Vorberge der Sierra. Im Wechsel zwischen jeweils einem Pflanzgürtel Pinien und einem Streifen Laubbäume – meist Eichen, quer zum Berg eingebracht –, versuchen die Kastilier inzwischen krampfhaft, den durch jahrhundertelangen Raubbau und durch verheerende Waldbrände verkarsteten Humusboden, an den Fels zu binden. Weiter oben begegnen uns Pilzsammler, die in den älteren Waldbeständen ihr Glück suchen. Es gibt wenig Arbeit in diesem mittelspanischen, oft stark versteppten Hochland der Meseta, welche als natürliche Wasserscheide die Trennung zwischen Alt- und Neukastilien darstellt. Das alles beherrschende Kontinentalklima mit starken Temperaturschwankungen, lähmender Hitze,

trockener Luft, tagelangen Regenfällen – im Gefolge davon verheerende Überschwemmungen und grimmige Fröste – paßt so gar nicht zum allgemeinen Spanienklischee! Keine sonnigen Traumstrände, kein endlos blaues Meer oder im Wind fächelnde Palmen, weder aristokratische Paläste, ehrwürdige Zypressenalleen, noch ein immerwährender, strahlender Sommer! Nicht umsonst sagt man in Madrid: »Dort oben herrschen neun Monate Winter und drei Monate die Hölle!« Trotzdem halten die Spanier diesem Flecken Erde die Treue. Ihre Heimatverbundenheit ist sprichwörtlich. Von den 1919–1954 ausgewanderten 1,3 Mio. Menschen, kehrten fast 1 Mio. wieder zurück: »Mi tierra!« (Meine Erde, meine Heimat!). Der Jäger Pedro stammt aus dieser harten Gegend.

Die Sierra de Gredos, mit ihren »Dolomit«-Massiven, den steilen Schluchten und bewaldeten Talkesseln, mit ihrer »macchie«

Die Felsen der Sierra bieten gute Deckung.

(Buschwald) und den kargen Schaf- und Ziegenweiden, ist auch heute keine Idylle. Fernab der Touristenströme blieb diese Region rückständig und wirtschaftlich fast vergessen. Hier ist Spanien noch arm, seine Erde braungelb bis rotbraun, ein Land voll Ernst und Schwermut, mit einer großen Vergangenheit! In Iberien wurden nicht nur römische Kaiser wie Trajanus und Hadrian oder der große Denker Seneca geboren. Viele Völker, vor allem die Westgoten und die Phönizier, die Karthager und insbesondere die Araber mit ihrem Propheten Mohammed hinterließen tiefe Spuren. Sie prägten das Land und seine Menschen ebenso, wie es die Vormachtstellung Spaniens im 16. Jahrhundert, dem Zeitalter der großen Entdeckungen tat – bis in unsere Zeit hinein.

Von der stolzen Vergangenheit Spaniens künden allerorts düstere Burgen und Festungsruinen, Klöster und Kirchen, auch die jahrhundertealten, vereinzelt in den Feldern stehenden, knorrigen Olivenhaine und Palmengärten aus der Römerzeit. Schwarz sind die Hüte der Männer und die Kleider der Frauen, bedrückt und voll Bitternis, trübselig und schwarzgrau wie das weite Land. »Grün, wie ich Dich liebe, Grün!«, besingt der große Garcia Lorca die Sehnsucht der Bewohner des großen kastilischen Tafellandes, auf dessen Randgebirgen wir gerade rumrackern.

Wo tausend Pinien bluten

Die Sonne steht jetzt über uns. Voll Erwartung wandert der Blick über die hellorange bis giftgrün leuchtenden, von Moos, Flechten und Ginster überzogenen Felshänge; hinauf zu den kahlen Hochregionen, wo verteilt, über viele hundert Quadratkilometer, noch heute – heute wieder! – einige tausend Steinböcke ihre Bahn ziehen. Auf einen der jährlich 60–80 »Ziegenartigen« aus dem Stamm der »Capra hispanica«, die Hälfte Medaillentrophäen und erst ab dem 7. Lebensjahr freigegeben, vorwiegend von den Spaniern selbst aus den Felswänden geholt, habe ich es abgesehen.
Als uns ein mit Holzfässern bepacktes Maultiergespann den Weg versperrt, bleibt

Naturharzproduktion, ein Nebenerwerb.

Zeit, einige der in einem gut 40jährigen Pinienbestand beschäftigten Tagelöhner bei der Arbeit zu beobachten«. Sie sammeln aus unzähligen, bis in Schulterhöhe aufgeschlitzten Pinien, Naturharz, welches in blumentopfgroße, am Fuß des Baumes befestigte Plastikbehälter tropft. Dieser in den Gredos wichtige Broterwerb, zieht aus über 400.000 Bäumen der teils privaten, teils staatlichen Waldungen jährlich über 6.000 Tonnen des wertvollen Natursaftes. Jeder Baum produziert aus einem 10 cm breiten und etwa eineinhalb Meter hohen Rindenschnitt, fünf Monate im Jahr – für die Dauer von etwa fünf Jahren – bis zu einem Viertelzentner des kostbaren Produkts jährlich.

Die kleinen Eimer fassen etwa ein Kilo und werden zweiwöchentlich geleert. Versiegt die Quelle nach 4–5 Jahren, wird neben die alte Tropfspur eine neue geschnitten, welcher nach einigen Jahren die nächste folgt. Ist nach 20–30 Jahren der Ring geschlossen und jede Zufuhr aus dem Wurzelbereich verwehrt, wird der Baum Opfer der Säge. Über 600 Menschen finden so eine Beschäftigung. Für den Sammler bedeutet das in guten Jahren ein Monatseinkommen von höchstens 800 Mark. Selbst in dieser unterentwickelten Region nur ein Tropfen auf den heißen Stein! Kein Wunder, daß die Jugend in die großen Städte abwandert. Während der Woche veröden die Dörfer, die Landflucht ist in vollem Gange. Inzwischen sucht jeder Dritte der etwa 38 Mio. Spanier sein Auskommen in den großen Industriezentren Madrid und Barcelona. Mehrfachbeschäftigung ist die Regel, insbesondere für Landarbeiter. Die erfreuliche Seite dieses Trends ist natürlich, daß die Jagdgründe dieses Landstrichs längst nicht so unter Besiedelungs- und Freizeitdruck stehen wie in vielen anderen Ländern. Im Gegenteil!

Die vom Großgrundbesitz landwirtschaftlich meist nur extensiv betriebenen Agrarflächen, mit ihren für uns oft unvorstellbaren Ausmaßen, bewirkten, daß Spanien eines der größten und – weil die besitzende Oberschicht kaum an einer jagdlichen Vermarktung interessiert ist – auch heute eines der unbekanntesten Jagdländer Europas blieb. Der private Wildreichtum ist teilweise überwältigend. Spanien gilt als ein Traumland des Rothuhnjägers, ist ein faszinierendes Jagdparadies auf Schwarz- und Niederwild. Sein Steinbock-, Gams- und Rehbockbestand, vor allem die riesigen, ganze Gemeinden umspannenden Drückjagden auf Rotwild – die nach altem Zermoniell ablaufenden »Monterias« – mit Strecken bis zu 100 Kopf und mehr, sind berühmt. Tage später, bei der morgendlichen Rückfahrt nach Madrid, sah ich in den Stoppelfeldern und Weinanbaugebieten links und rechts der Nationalstraße Hunderte stark besetzter Rothuhnketten; in den Gewässern lagen unzählige Geschwader Enten auf, und einmal, in einer langgezogenen Niederung, entdeckte ich Dutzende der streng geschützten, seltenen Großtrappen. Alles nur so nebenbei, oft keine hundert Meter von der Fahrbahn entfernt!

Enorme Steinbock-Kolonien

Als der Forstweg unvermittelt endet, beginnt die eigentliche Jagd und mit ihr die Schufterei. Vor uns erheben sich die zackigen Steilhänge der Sierra, zu Recht als »Säge« bezeichnet. Das ist die wilde Bergheimat der Capra hispanica victorie, einer der drei auf der Iberischen Halbinsel noch lebenden Unterarten des spanischen Steinbocks. Der eher zierliche Chema, ein echter Caballero und Kenner der spanischen Wildbahn, der so gar nicht dem idealisier-

Zwischenbilanz einer Rotwild-Drückjagd. Die »Monterias« Spaniens haben eine große Tradition.

Verbreitungsgebiete der Steinbock-Unterarten.

ten Bild eines Jagdführers entspricht – mindestens »drei Meter groß«, wie Ruark lästert, und immer im Begriff »Benzincocktails pur zu trinken!« –, beschrieb während der Bergfahrt ausführlich Vorkommen, Hornform und Aussehen der drei endemischen Steinbockunterarten. Insbesondere deren jüngste Geschichte. Nachdem der Iberische Steinbock um 1870 landesweit fast ausgerottet war, gelang es bald nach dem 2. Weltkrieg den Bestand durch strengen Schutz und erfolgreiche Hege auf über 25 000 zu heben. Höchstgefährdet ist heute nur Nord-Ost-Spaniens Pyrenäensteinbock (Capra hispanica pyrenaica), dessen in zwei Kurven gedrehtes Horn die höchste und weiteste Auslage bringt. Nicht bedroht sind der zentralspanische Steinbock der Sierra de Gredos (Capra hispanica victorie) mit 6–8000 Tieren und die in sechs großen Vorkommen von Beceite über Cazorla, von Tejeda und Almijara bis Ronda vorkommenden südostspanischen Steinböcke (Capra hispanica hispanica). Die je nach Unterart, manchmal mit zwei und drei Kurven sowie in verschiedenen Formen nach oben drehenden oder eher flach nach außen gewundenen Hornschläuche werden bis zu 90 cm lang, besitzen einen Basisumfang von durchschnittlich 23 cm und bringen – bei einem Körpergewicht bis etwa 90 kg – Auslagen bis zu einem knappen Meter. Die Hornformen der einzelnen Unterarten unterscheiden sich in augenfälliger Weise, wobei die endgültige wissenschaftliche Definition und Einordnung dieses an Klima und Vegetation äußerst anpassungsfähigen Bergwildes ebensowenig abgeschlossen ist, wie die für alle anderen eurasischen »Wild goats«. Das gleiche ist übrigens von den Wildschafen der Welt zu sagen.

Ansonsten gelten die Wildbestände als stabil und gesichert. Die letzte, 1982 durchgeführte Zählung erbrachte etwa 31 000 Steinböcke, davon 9800 in den Gredos, 7250 in Cazorla, 6300 in Tortoza und weitere 6550 in der Sierra Nevada und den Regionen von Malaga und Granada. Neben der Kantabrien- und der Pyrenäen-Gams, dem Rot- und Damwild, dem Mufflon, dem Schwarz- und Rehwild, werden auch die meisten Steinböcke von den, ihren Jagdtraditionen noch streng verbundenen, einheimischen Jägern selbst gestreckt.

Stolz und eigenwillig

Die Schlucht, in der wir uns jetzt hocharbeiten, ist trotz des Dauerregens der letzten Wochen knochentrocken. Wie überall in den karstigen, vegetationslosen Gebirgen der Meseta, stürzen auch hier, ohne je zu versickern, die reißenden Regenfluten ungehemmt in die Tiefe. Die Hauptflüsse der Gegend, der Alberche und der Tiétar, wälzen sich viel zu schnell durchs weite Land. Sie spülen alles Erdreich fort, ehe sie sich in den großen Tajo werfen – an dessen Ufern übrigens das Reich Hanibals endete – um sich dann, durch das ferne Lissabon drängend, im weiten Atlantik zu verlieren. Manche dieser Gebirgsbäche führen oft mehr als 40 Jahre kein Wasser, das Land liegt ausgebrannt und stöhnt unter der Hitze und Trockenheit: »Du findest keine Träne«. Die Leute erzählen, daß der Mörtel für den Bau ihrer Gotteshäuser schon früher öfter mit Wein als mit Wasser angerührt wurde, da dieses meist kostbarer war als der Saft der Reben. Verständlich, daß in unserem kleinen Hostal »Arbillas« die Wasserhähne abgesperrt sind und eine Badewanne voll kaltem Wasser nur für drei Mark zu haben war.

Jenseits der Buschzone schinden wir uns durch ein Wirrwarr teilweise fußballgroßer, rundgehobelter Felsbrocken. Riesenspielzeug auf Schotterhängen, die aussehen, als hätte man Tonnen ausgebauter Pflaster-

Nach vier Stunden war klar, daß die »Machos« heute nicht mehr eingeholt werden konnten.

steine den Hang hinabgekippt. Nach zwei Stunden erreichen wir im Gänsemarsch den ersten Gipfel, wobei die leichten Bergschuhe, eigentlich für das Trekking entwickelt, den Einsatz bestens bestehen. Der Kampf durch die häufig hüfthohen Kugelbüsche des dichten, hellgrün leuchtenden, streckenweise durch Buschbrände zu totem Zweigwerk verkohlten Ginsters – den »Latschen« der Sierra! – kostet viel Zeit und Kraft.

Später führt unser Pfad über steil abfallende, scheibenflache Steinplatten. Sie sind stubengroß, laubfroschgrün bemoost und verdammt rutschig. Das verlangt größte Konzentration. Jeder Tritt auf diesen glitschigen Felsen muß überlegt sein, sonst geht's über die Wand!

Das ist auch meinen Begleitern bewußt, die wortkarg und verschlossen wie ihre Heimat, äußerst aufmerksam führen und nur das Allernötigste reden. Aguila, der wegen seines kühnen Auges zu Recht den Spitznamen »Der Adler« trägt, ist ein echter »Macho«, und wie alle Spanier auf Männlichkeit bedacht: Er läßt sich nichts anschaffen, ist jedoch die Kameradschaftlichkeit in Person. Einen hochgestellten deutschen Politiker, der diese Eigenheit nicht kapierte und selbst Befehle geben wollte, hätte das kürzlich beinahe die Trophäe gekostet. Schließlich begleiteten die einsilbigen Burschen – neben ihrem König Juan Carlos – schon den Schah von Persien, den König von Marokko, den Prinzen Charles und viele andere Prominente auf »macho montés«! Irgendwo fühlen sie sich als Nachkommen der stolzen, die Halbinsel schon vor 4000 Jahren durchstreifenden Urjäger, von deren Existenz unzählige Höhlenzeichnungen, etwa jene von Albocacer, künden. Aguila, wie alle Castellanos ausgesprochen stolz auf sein Spanisch, redet ungemein gewählt und so langsam, daß man seine schöne Sprache fast wörtlich versteht. Ähnlich wie Kaiser Karl V., der von seiner Muttersprache so angetan war, daß er sogar meinte, Spanisch sei die einzige Sprache, um mit Gott zu reden! Für ihn war Französisch höchstens die Sprache, um mit Freunden, Italienisch eine, um mit Frauen sprechen zu können, während er Deutsch für die Sprache hielt, um sich mit Hunden zu unterhalten. Das klingt zwar nicht gerade

Diesen wachsamen Recken entgeht nichts!

So handelt ein Macho

Am frühen Nachmittag leisten wir uns am Rande eines als Riesensandwich aufgeschichteten Felsquaders eine Pause. Während der dem Bündnerfleisch vergleichbare »Serrano«, ein ordentlicher Ranken Schafskäse und Weißbrot aus dem Rucksack geholt werden, wandert mein Blick hinaus in das bis zum Horizont vor uns ausgebreitete Land: Dies ist jene im Farbenspiel wechselnde, in ihrer Schönheit, Erhabenheit und Schwermut so widersprüchliche Landschaft, wie sie der Welt durch die Bilder von El Greco und Murillo, von Goya oder aus dem Frühschaffen eines Pablo Picasso bekannt wurde.

Nachdem bei sechs Stunden Schufterei verständlicherweise die Zunge am Gaumen klebt, bereitet uns Daniel, dessen Großvater einst vom Wilddieb zum ersten Wildhüter der Gredos aufstieg – um die seinerzeit nur noch zwölf vorhandenen »Cabra« zu schützen und damit deren Fortbestand zu retten! – eine herbe Enttäuschung. Statt Wasser hat er nur einen Liter schweren spanischen Rotwein dabei. Er findet daran nichts Besonderes. Als er nach einem ersten langen Schluck hämisch grinst – das soll wohl so viel wie »Amigo, das trinkt ein Cazador!« heißen –, gibt Chema eine Geschichte zum Besten, die man sich hier seit gut zwei Jahrzehnten immer wieder schmunzelnd erzählt.

Da kamen also über 40 Jäger in die Gredos, um für den Staatschef Franco am Vortag einer seiner Diplomatenjagden, in deren Verlauf während der 50er Jahre oft bis zu 100 Macho montés zur Strecke kamen, den besten Steinbock auszusuchen. Als sich die Jagdgesellschaft nach erfolgreicher Suche und Bestätigung eines Kapitalbocks zufrieden zur abendlichen Einkehr versammelte, passierte es. Ein bei dieser Jagdvorbereitung nicht gerade vor Respekt zerfließender, absichtlich übersehener, tief verärgerter Bergbewohner rächte sich auf seine Weise und schoß dem Caudillo nächtens den ihm zugedachten Supersteinbock vor der Nase weg. Der Missetäter wurde nie gefaßt. Die Menschen hier freut's noch heute, und Daniel lächelt vor sich hin – so handelt ein »Macho«! Dieses Selbstbewußt-

bescheiden, wenngleich anerkannt werden muß, daß Spanisch noch heute mit über 360 Mio. Menschen zweite Weltsprache ist, hervorgegangen aus dem »Castellano« meines Begleitjägers Aguila.

Bei der Rast im Schatten einer bizarren, leicht überhängenden Wand, deutet »Der Adler« unversehens auf den vor uns liegenden Bergkamm hinüber. Dort steht, wie das beeindruckende Bronzedenkmal am Eingang des Nationalparks, völlig überraschend und von immer mehr nachrückendem Scharwild umgeben – jetzt, Ende November, kommt die Brunft auf volle Touren – ein traumhaft klotziger Ibex. Sein lyraförmig nach oben gedrehter, schwarz schimmernder Hauptschmuck hebt sich malerisch gegen den wolkenlosen Himmel ab. Ehe wir überhaupt einen Gedanken zur Verfolgung fassen können, verschwindet das Rudel hinter dem Gipfel. »Mañana«, meint völlig ungerührt der uns begleitende Chef der Gredos-Wildhüter, Daniel Velasquez. Der macht es sich aber einfach, denke ich mir, sage aber lieber nichts.

Der erste Schluck!

sein brachte übrigens vor einigen Wochen seinem besten Freund, dem um zwanzig Jahre jüngeren Aguila, drei gebrochene Rippen ein, da er etwas vorlaut die Meinung geäußert hatte, allmählich wäre es für Chef Daniel an der Zeit, den Platz für einen Jüngeren zu räumen. So löst ein Macho den Generationenkonflikt!

Dann kamen sie

Bald darauf, nachdem der mit Schnee gestreckte Wein gebechert war, erreichten wir die Kante einer steil abbrechenden Schlucht, durch die ein recht munterer Bach zu Tal schoß. Meine Begleiter mutmaßten, daß am Spätnachmittag aus dem tieferen, kaum einsehbaren Talgrund die Steinbocksippen in die luftigeren Höhen rückwechseln würden.
»Suche den Schwärzesten heraus«, ermahnt mich Chema, »schieße genau,

denn dort drüben, einen halben Kilometer entfernt beginnt der Nationalpark«. »Gottlob«, feixe ich, »operieren wir noch nicht innerhalb des Parks!«. Mir war klar, daß ein dorthin einwechselndes, angeschweißtes Wild nur mit viel Ärger nachgesucht und versorgt werden konnte. Wildbret und Trophäe würden in jedem Fall von der nicht gerade zimperlichen Parkverwaltung kassiert. Das wäre ein Spaß!
Auf einem, von einer primitiven, früher mal errichteten Steinmauer abgeschirmtem Plateau, harren wir der kommenden Dinge. Nach Chemas Erfahrung ziehen hier, am wilden Cir Vunal, die stärksten Recken ihre Bahn. Voll Stolz erzählt er, daß sich in den letzten fünfzehn Jahren die »Macho«-Trophäen stetig nach oben verbesserten. »In dieser Zeit wurde der jeweilige Rekord nicht weniger als 20 mal gebrochen«, bestätigt eine Statistik der Wildschutzbehörde, »demgegenüber blieb der Rekord zwischen 1932–1967 mit 244,6 Punkten unverändert«.
Trotz der einlullenden Nachmittagsruhe – Siesta! – in luftiger Höhe, kontrolliere ich die Umgebung: »Ein hungriges Auge kennt keinen Schlaf!«. Da und dort huschen schwarzgraue Salamander über die sonnenerhitzten Steinplatten, und in den halbverdorrten Grasmatten tummeln sich riesige, an ihrer Bauchseite auffällig orangefarben markierte Heuschrecken. Ständig kreisen Adler über uns. Sie wissen, was es mit unserem Besuch auf sich hat! Dies gilt auch für den weit unterhalb mit gekrümmtem Hals

Gredos-Steinbock. Ein Jägertraum.

und tiefliegendem, vorgeschobenem Kopf durch das Geröll humpelnden, fahlgelben Geier, den Aguila irrtümlich als »Condor« anspricht. Er scheint, eine Schwinge nachziehend und unsicher schaukelnd wie ein alter Haudegen mit Holzbein, auf bessere Zeiten zu warten. Zu erwähnen ist übrigens, daß die weltweit bedrohte Spezies der Gänsegeier in Spanien in den letzten zehn Jahren um 75% zugenommen hat. Sie kreisen heute selbst wieder über der Hauptstadt Madrid.

Wir genießen unsere »Siesta«! Endlich ausgiebig Zeit, um ausgeruht und seelisch für die Jagd gerüstet zu sein. Plötzlich dringt, trotz Gurgeln und Plätschern der Klamm gut vernehmbar, das Poltern abgehender Steine zu uns herauf: Die Steinböcke! Das handliche 10 × 40 Glas wandert durch die Schlucht, die Mauser 66 liegt griffbereit auf dem zusammengerollten Mantel.

Und dann kommen sie! Fast gleichzeitig entdecken wir in der Tiefe des Cañons mindestens 20 Stück Steinwild, welches vertraut, gut 400 Meter entfernt, im Gegenhang schräg zu uns hochzieht. Auf halbem Weg erreichen sie einen wie zu einer Rampe ausgebildeten Engpaß. Erstaunlich, wie diszipliniert sie – ohne zu drängeln – warten, bis ein Mitglied der Sippe nach dem anderen auf die weit über den Sturzbach hinausreichende Plattform klettert, um sich mit einem kräftigen Sprung ins gegenüberliegende Geröll abzusetzen. Ihr Kletter- und Sprungvermögen grenzt an Zauberei. Interessant zu beobachten, wie die erwachsenen Böcke, kurz vor dem Absprung, ihr Hörnerpaar wie eine Balancierstange hin- und herwiegen, oder wie exakt Groß und Klein, Alt und Jung in der Aufsprungstelle des Vordermanns landet. Ohne zu verhoffen, setzt die säbelbewehrte Seilschaft anschließend, fast im Gänsemarsch, ihre Bergaufwanderung fort, voll auf uns zu! Zwei Rudelführer, durch ihre gamsfarbene, dunkle Statur deutlich abgehoben und inmitten ihres Weibervolks gut abgeschirmt, bilden das Mittelfeld. Der Trupp kommt schnell näher. Prima!, denke ich, fest davon überzeugt, daß meine 7 mm S. E. jede Entfernung meistert. Die Spannung wächst, der Schlußakt bahnt sich an!

Reflexe führen Regie

Hastig wandert der Stachel des 10fachen Zielfernrohrs von einem Hornträger zum andern. Welcher ist nun der Stärkere? Die Beantwortung dieser vor jedem Abschluß einer Jagd drängenden Frage – als ob es jetzt noch um Zentimeter ginge? Oder etwa doch? – kostet zusätzliche Nerven. Auch in diesem Fall kennt Begehrlichkeit keine Grenzen, wenngleich ich dafür sorge, daß die Vernunft nicht auf der Strecke bleibt.

Vertraut, aber auch etwas von uns abdrehend, zieht der Trupp weiter nach oben. Die Steinböcke sind völlig ahnungslos, selbst der Wind läßt sie im Stich. Langsam mitziehen! Schuß von oben, draufhalten!, mahnt meine Erfahrung, dann rastet der Stecher ein. Der Schuß bricht. Das Rudel zerstiebt in alle Richtungen. Ich sehe deutlich, wie der durch die Wucht des rasanten Geschosses um seine Achse gedrehte Hornträger nach unten in den Hang stürzt und dann, verdeckt durch dichten Ginster, aus meinem Gesichtsfeld rutscht. Jetzt besitzt niemand mehr verläßlichen Durchblick. Das von einem Mitjäger hervorgepreßte »Gefehlt!«, lähmt mich nur für den Bruchteil einer Sekunde. Unmöglich! Das Repetieren der Büchse und das in der Ferne schnell verebbende Echo des Schusses gehen im lauten Gepolter der, vom abpreschenden Wild losgetretenen, Geröllawinen unter. Verunsichert von meinen Begleitern und verdaddert durch die allgemeine Kopflosigkeit – hinter mir fordert Chema aufgeregt »Schieß!« –, setze ich erneut, wie automatisch, das Visier eine Handbreit unter den Aalstrich eines mit weiten Fluchten dem Bergkamm entgegenstürmenden Recken. Der zweite Schuß wirkt so erlösend, wie Regen nach Donner und Blitz. Das war Jagd im Zeitraffertempo! Alles viel zu überhastet, die Sinne nur auf Beutemachen programmiert. Es gab keine überlegten, vorausgeplanten Reaktionen mehr, hier führten die Reflexe Regie. Mir war – und nicht nur mir – schlicht und einfach der Gaul durchgegangen! Wie von selbst wanderte das Absehen über den Körper des davonhetzenden Wildes hinaus, und ehe der alte Bursche

Die unfreiwillige Zufalls-Doublette paßt. Alle Plackerei und Aufregung sind vergessen.

hinter dem rettenden Grat wegtauchen konnte – er stand wie eine Silhouette im Gegenlicht –, brach der Schuß knapp über seinem Haupt. Der Bock verschwand im Knall hinter der Felsenwand und war nicht mehr zu sehen. Eine schöne Bescherung! Das Geschehen von höchstens einer Minute war ein Beleg für das Geschick, mit dem Bergwild die Flucht ergreift und Schnelligkeit mit fast akrobatischem Klettervermögen verbindet. Wie immer wählte das befunkte Wild die kürzeste, steilste Route nach oben und bestätigte, mit welcher Härte diese Bergkönige eine Kugel quittieren. Waidwund oder fahrlässig aufgemüdet, ist ein Steinbock, ebenso wie eine Gams oder ein Wildschafwidder, kaum mehr einzuholen und für den Jäger meist verloren. Obwohl das Steinwild eigentlich recht standorttreu ist, flüchtet es beschossen vorwiegend in den fernsten und zerklüftetsten Winkel seines Reviers. Was Wunder, daß mir derartige Szenarien gerade jetzt in den Kopf kommen! Jetzt ist »Jagd vorbei!«. Was nun?

Allmählich verebbt das Gepolter der zu Tal stürzenden Geröllbrocken. Eine lähmende Stille liegt über der leergefegten Bühne. Mit diesem vorerst letzten Akt des Dramas – aus meiner Sicht könnte es, in Anlehnung an Ernest Hemingways berühmtes Spanienbuch, »Tod am Nachmittag« überschrieben sein –, fällt der Vorhang über der steinernen Arena des Cir Vunal und hinterläßt aufkeimende Schuldgefühle sowie zehrende Ungewißheit. »Ein guter Matador weint, wenn er den Stier getötet hat«, sagen die Spanier – mir ist eher zum Fluchen zumute. Hubertus hilf!

Der Gewissenswurm nagt

Nach eingehender Beratung entscheiden wir uns für den Abstieg. Wir wollen auf mögliches Pech nicht noch eins draufsetzen. Eine in diesem Gelände nie und nimmer geräuschlose Nachsuche könnte vorschnell einen nicht tödlich getroffenen Steinbock im Wundbett hochbringen! Nicht auszuschließen, daß er anschließend in den Nationalpark einwechselt. Das brächte mit Sicherheit – noch dazu bei der bald einsetzenden Dämmerung – eine Reihe höchst peinlicher Unannehmlichkeiten. Vor allem den Verlust meiner Trophäe!

Nach einer unruhigen Nacht – Getroffen? Gefehlt? Verendet oder schon längst in den Nationalpark eingewechselt? –, treten wir beim ersten Morgengrauen zur Nachsuche an. Die Ungewißheit beflügelt die Beine, der Aufstieg ist eine Lappalie: Da treibt einen der Gewissenswurm nach oben! Noch ehe die Morgensonne die tiefen Täler ausleuchtet, sind die beiden Kämpen gefunden und versorgt. Wie am Vorabend immer wieder vermutet und dann trotzdem in Frage gestellt, lagen sie nahezu genau da, wo sie das Blei zu Boden gezwungen hatte. Acht und neun Jahre alt, bezeugen die ausgeprägten symmetrisch gewundenen, höckerbewehrten Schläuche. Mit über 70 Zentimetern Hornmaß alles andere als Alltagstrophäen, wirken sie im Vergleich zu den knuffigen Hornsäbeln des klotzigeren Alpensteinbocks eher zierlich, fast zerbrechlich. Meine beiden Trophäen ähneln sich wie ein Ei dem anderen. Damit liefern sie uns eine hauchdünne Rechtfertigung für das nicht gerade ruhmvolle Durcheinander der gestrigen Jagd und die unfreiwillige Doublette. »Wer die Menschen kennenlernen will«, sagt Friedrich Hebbel, »der studiere ihre Entschuldigungsgründe«. Egal: Ich genoß meinen Erfolg und hielt es mit Franz v. Kobell: »Nennt es einen materiellen Genuß, einen bedauerlichen, grausamen, nennt es wie ihr wollt, ihr Jagdbekrittler, wir andern rufen freudig: es lebe das Waidwerk!«.

Während der kleinen Abschiedsfeier im Hostal dauerte es nicht lange, bis uns der Doppelerfolg ebenso schmeckte wie der rote Wein. Der war genauso schwer wie Pedros traurig-feurige Lieder. Lange nach Mitternacht leerten wir den letzten Krug, beschworen den noch besseren Erfolg für das nächste Jahr und fielen hundemüde in die Betten: Muchas Gracias, Amigos! Hasta luego!

Vermessung muß sein. Wie alt, wie groß, welche Anlage? Das interessiert alle. Salud!

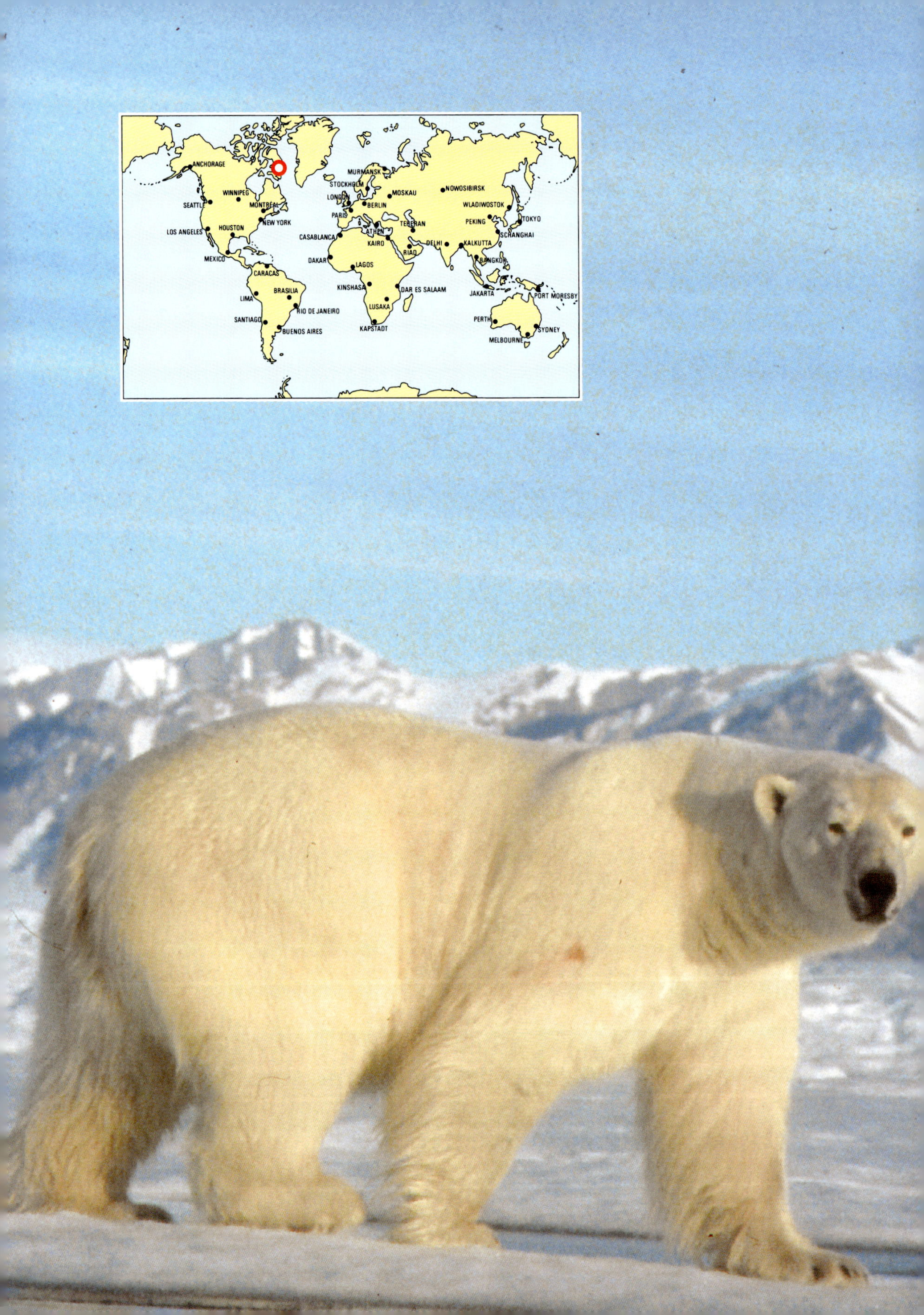
ANCHORAGE
WINNIPEG
SEATTLE
MONTREAL
NEW YORK
HOUSTON
LOS ANGELES
MEXICO
CARACAS
BRASILIA
LIMA
RIO DE JANEIRO
SANTIAGO
BUENOS AIRES
MURMANSK
STOCKHOLM
LONDON
PARIS
BERLIN
MOSKAU
NOWOSIBIRSK
WLADIWOSTOK
PEKING
TOKYO
SCHANGHAI
TEHERAN
ATHEN
KAIRO
RIAD
DELHI
KALKUTTA
BANGKOK
CASABLANCA
DAKAR
LAGOS
KINSHASA
DAR ES SALAAM
LUSAKA
KAPSTADT
JAKARTA
PORT MORESBY
PERTH
SYDNEY
MELBOURNE

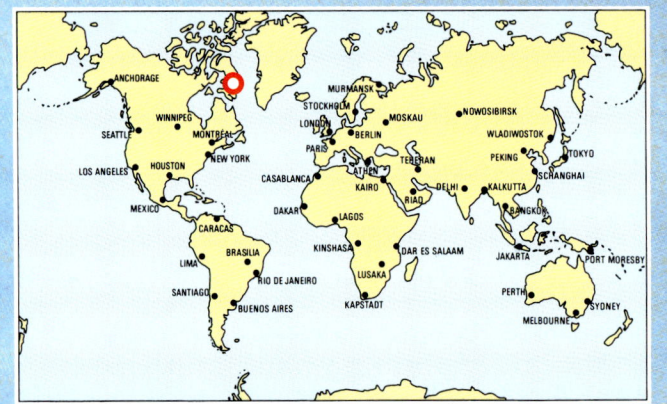

Auf Eisbär
in den N.W.T.

Gegen den Sturm kommen wir nur äußerst langsam voran. Seit Stunden ohne jede Flüssigkeit, verzweifelt und erschöpft, andererseits durch unbändige Wut im Bauch vorangetrieben, bahnen wir uns den Weg nach Norden.

Im arktischen Blizzard

»Der Eskimoführer ist eine Lebensversicherung«, schwärmte der Wildlife-Beamte in Frobisher bei der Ausfertigung meiner Eisbärlizenz. Daran mußte ich denken, als ich mit dem Inuit, wie sich die genügsamen Arktisbewohner selbst nennen, viele Kilometer von der kleinen Eskimosiedlung Allen Island entfernt, auf einem spartanischen Hundeschlitten durchs bizarre Packeis Baffin Islands kurvte. Wir waren darauf gefaßt, jeden Augenblick auf einen Polarbären zu stoßen.

Natürlich ist eine Arktisexpedition auch heute noch – und unabhängig von der Eisbärjagd – eine große Herausforderung. Ein Kampf gegen gnadenlose Naturgewalten, gegen Kälte bis −40°, gegen mangelhafte Ausrüstung und schnell schicksalsergebene Begleiter, vor allem aber gegen blitzartig heraufziehende, oft mehrere Tage über die Schnee- und Eiswüste hinwegfetzende Blizzards. Bedrohlich besonders im Frühjahr, wenn innerhalb weniger Minuten die im fahlen Tageslicht dahindämmernde Eiswelt plötzlich in rabenschwarzer Nacht versinkt. Schießt dann noch ein waagrecht pfeifender Sturm Eiskristalle wie aus einem Sandstrahlgebläse durch jede Naht des Parka, wobei sich weder Auge noch Mund öffnen lassen und sich die Kleidung mit Eis, wie mit einer harten Zuckerglasur, überzieht, dann ist das selbst gewählte, »große Abenteuer« wahrlich perfekt. Jetzt heißt es der richtigen Ausrüstung vertrauen, sich schnellstmöglich sturmfest einigeln, Nerven bewahren, auf die Erfahrung der eingeborenen »Lebensversicherung« zu bauen, und abwarten. Soweit die reine Lehre! Die Praxis jedenfalls ist meist anders! Glück und Unglück tragen sich gegenseitig auf dem Rücken, sagen die Chinesen.

Schnell für die Hatz

Der erste Reisetag übers Eis der Hall Peninsula war das reinste Vergnügen. Bei strahlendem Sonnenschein kamen wir gut voran. Die neun, an unterschiedlich lange Leinen aus Seehundfell geschnallten Huskies legten sich sofort tüchtig ins Zeug. Das rumpelnde Springen des Schlittens auf der, wie bei Sanddünen gewellten Eis- und Schneefläche war – zumindest anfangs –

Vor der Abfahrt! Die kräftigen Huskies tragen schon ihr Zuggeschirr. Sie sind unentbehrlich.

eigentlich vergnüglich. Trotz angestrengtester Suche entdeckten wir während des ganzen Tages nicht die Spur eines Lebewesens, weder die eines Schneehasen oder Fuchs, schon gar nicht die Eingriffe eines Eisbären. Gut gelaunt, errichteten wir am Abend, auf halbem Weg zwischen der Eskimosiedlung und der Packeiszone, dort wo Ebbe und Flut des Atlantik haushohe, bei Sonnenlicht türkisgrün aufblitzende, Eisplattengebirge übereinander geschoben hatten, trotzdem ein gemütliches, mit dicken Karibufellen ausgelegtes und von einem blubbernden Gaskocher gut gewärmtes Zelt. Dann gab's den ersten heißen Tee. Bei null Prozent Luftfeuchtigkeit muß ein Europäer hier täglich mindestens drei Liter Flüssigkeit zu sich nehmen!

Anschließend wurden Pläne für den nächsten Tag geschmiedet: Um den Hundeschlitten für eine Bärenhatz möglichst schnell zu machen, schlug Guide Simon vor, alle Ausrüstung zurückzulassen. Ausgenommen das im Holster verstaute, gegen Vereisung schon daheim entölte, stets durchgeladene Gewehr. Die Ausrüstung wurde mit dem in gehörigem Abstand folgenden Motorschlitten, auf dem sich die Verpflegung, das Funkgerät, Hundefutter, Zelt und alles sonst Notwendige befand, nachtransportiert.

Gegen fünf Uhr früh waren die Schlittenhunde wieder an ihren Leinen, wobei das im Kino leichter aussieht als es in Wirklichkeit ist. Da die Eskimos mit den seit frühester Zeit ihr Überleben garantierenden Hunden bis heute keinen echten Appell entwickelten, muß jeder einzelne Vierbeiner, nötigenfalls sogar mehrmals täglich, mit blitzschnellem Griff aus der ums Camp streunenden Hundemeute herausgefischt und an seine Zugleine geschnallt werden. Dabei bekam, trotz des strahlenden Morgens, unsere Reise einen ersten dunklen Fleck.

Nachdem die Leithündin sich abgesondert und etwa zweihundert Meter entfernt, alleine durch einen wüsten Eisbruch streunte, wobei sie auf keinen Zuruf Simons reagierte, züchtigte sie der Eskimo auf eine sehr drastische Weise: Er zog seine verrostete 22er Magnum aus dem Futteral und schoß den Husky kurzerhand – immerhin die Leithündin, welche einen Wert von mindestens 500 Dollar darstellte und gegenwärtig unersetzbar war – freihändig, über Kimme und Korn zielend, in den Kopf. Zehn Minuten später hing das schweißtriefende Hundefell auf dem Skidoo-Anhänger, während die Karkasse sofort von der Meute als Frühstück »entsorgt« wurde. Eine rauhe Welt!

Durchs ewige Eis, Richtung Atlantikküste.

Überrumpelt und fassungslos – wenn das so weiter geht, müssen wir den Schlitten bald selbst ziehen, dachte ich – schüttelte ich dieses grausige Erlebnis schnell ab. Als der Inuit den jetzt nur noch acht Hunden anschließend zielsicher eins mit der vier Meter langen Peitsche auf die Ohren brannte, so daß sie mit lautem Aufheulen davonschossen, konzentrierte ich mich auf die kommenden Stunden. Lief alles gut, konnte schon heute die Entscheidung fallen! Die gerade dem Winterschlaf entronnenen, brandhungrigen »Ursus arctos« mußten sich an einem so strahlenden Sonnentag draußen im Packeis auf Nahrungssuche befinden. Schließlich hatten gerade jetzt, Mitte April, im Packeis der arktischen Gewässer des Atlantik, die Seehunde im schützenden Eisplattenwirrwarr ihre Jungen zur Welt gebracht – eine wohlfeine Tafel für heruntergekommene Eisbären. Insgesamt ist diese einzigartige, faszinierende Welt noch weitgehend in Ordnung, sofern nicht die durch den Treibhauseffekt gefürchtete Bedrohung eintritt. »Das Packeis«, so 1992 der WWF, »der Lebensraum der arktischen marinen Ökosysteme, wird abschmelzen, möglicherweise ganz ver-

schwinden. Die ersten Opfer werden Walrösser und Eisbären. Denn ohne Treibeis fehlt ihnen ihr Transportmittel für Nahrungssuche.« An derartig gespenstische, schlimme Entwicklungen wollte ich selbst damals nicht denken!
Welch ein Tag! Während unser Begleiter zurückblieb, das Zelt abbrach und die viele Zentner schwere Ladung auf dem Ausrüstungsschlitten verzurrte, näherten wir uns zielstrebig dem eigentlichen Jagdrevier. Um warm zu bleiben, lief ich teilweise in den bequemen, von Eskimofrauen extra für mich angefertigten Karibuschuhen, neben dem Schlitten her.

Gute Nacht, Eisbärjäger!

Doch dann schlug die Arktis zu! In weniger als fünf Minuten verfinsterte sich der taghelle Himmel zur stockdunklen Nacht. Ehe ich überhaupt kapierte, was hier geschah, setzte ein Schneesturm mit einer solchen Gewalt ein, daß der mit uns besetzte Hundeschlitten, samt Gespann, aus der eingeschlagenen Fahrtrichtung gedrückt wurde. Als Simon kurz anhält und sichtlich verstört in den wie durch dichten Rauch verdunkelten Himmel blickt – wobei die Sicht fünf Minuten später auf weniger als zwanzig Meter schrumpft! – wird mir das gesamte Verhängnis sofort bewußt: Wir sind in einem von Norden zum Meer hinaus tobenden Blizzard gefangen, ohne jede Ausrüstung, ohne Funk und Verpflegung. Wir hatten – hier sträubt sich sogar die Feder! – nicht einmal ein Messer dabei. Ein tödlicher Leichtsinn! Ich könnte mich und den Eskimo verfluchen. Doch die Reue kommt zu spät! Nebenbei beobachte ich meine »Lebensversicherung« und bin eigentlich noch recht zuversichtlich, daß der Eskimo diese verhängnisvolle Situation meistern wird, »schließlich erkennt man den guten Seemann bei schlechtem Wetter!«.
Wie so oft im Leben, wird diese Expertengläubigkeit zu purem Irrglauben! Der Eskimo ist völlig hilflos und signalisiert mir, daß er jetzt haltmachen und auf das uns nachfolgende Skidoo warten wolle. So ein Schwachsinn!, denke ich, nachdem wir weder ein Funkgerät noch sonst ein Notsignal bei uns haben, und der Sturm schon in der nächsten Minute jede Spur verweht! Die Hunde sind bald erschöpft. Sie rollen sich bei jeder kleinen Rast sofort zusammen. Da Simon überhaupt keine Anteilnahme zeigt und nur fatalistisch vor sich hinstiert, genehmige ich noch eine weitere halbe Stunde Warten, und beschließe – ohne irgend ein Wenn und Aber meines Begleiters – anschließend den sofortigen Rückzug in den nördlich von uns liegenden Outpost Allen Island, dem Ausgangspunkt unserer Expedition. Wenn wir hier bleiben, das ist mir inzwischen klar, gehen wir drauf! Hier, in der Nähe des Packeises, sucht und findet uns keine Menschenseele! Erst Tage später erinnerte ich mich, daß sich während dieser Wartezeit meine »Lifeinsurance« einmal sogar vom Schlitten entfernte und für längere Zeit verschwunden war. Seine Erklärung, er wollte nur nach dem Skidoo Ausschau halten, war so hilflos wie der ganze Mann!
Hätte er sich im heulenden Sturm verirrt – gegen diese höllische Stimme der Natur kommt kein Rufen auf! – dann »gute Nacht, Eisbärjäger!«.
Obwohl die völlig unter dem Schnee begrabenen Hunde nur schwer aufzuscheuchen sind und der Eskimo am liebsten sitzengeblieben wäre, um sich auch einschneien zu lassen, befahl ich dreißig Minuten später den Rückzug Richtung Allen Island, das der Eskimo in 10–12 Stunden zu erreichen glaubt. Dafür mußte gekämpft werden! Gegen den Sturm kommen wir nur äußerst langsam voran. Seit Stunden ohne jede Flüssigkeit – im trockenen Eiswind dörrt man aus wie eine Pflaume! –, verzweifelt und erschöpft, andererseits durch unbändige Wut im Bauch vorangetrieben, bahnen wir uns den Weg nach Norden.
Obzwar der Eskimo wie verrückt auf die Hunde einschlägt, verweigern sie immer häufiger den Gehorsam. Da wir uns zur Orientierung nur entlang der Küste des Fjords, am Rande der als Schatten erkennbaren Berge fortbewegen, immer bedroht, in einen Seitenfjord zu gelangen und sich dort endgültig zu verirren, muß der Schlitten fortwährend mühselig über Eisbarrieren gehievt werden.
Manchmal, während der kurzen Pausen auf

dem fahrenden Schlitten, war ich so erschöpft, daß es mir fast egal war, wohin und wie lange die Reise noch gehen würde. Doch der Gedanke an meine Familie, an zu Hause und die relativ nahe, höchstens eine Tagesreise entfernte Eskimo-Siedlung, mobilisierte jedesmal wieder die letzten Kräfte. Manchmal, wenn mich die Ausweglosigkeit zu entmutigen drohte, fluchte ich in einer Mischung aus Ingrimm und Verzweiflung lauthals, in bestem Bayrisch, in den tosenden Sturm hinaus. Wenn ich mich erinnere, mit welch verdutztem Unverständnis sich der gute Simon dann jedesmal nach mir umdrehte, muß ich noch heute lachen. Zusätzlich war ich natürlich ständig vor plötzlich attackierenden Eisbären auf der Hut. In diesem wüsten Verhau von abgrundtiefen Schluchten, tückischen Kluften und Eisspalten konnte sich überall ein heißhungriger Wegelagerer befinden! Nicht umsonst ist es sogar landenden Helikopterbesatzungen verboten, die Maschine im Eisbärengebiet, auch nur kurzfristig, ohne Waffe zu verlassen.

Für mich ein guter Grund, immer in der Nähe meines Gewehrs zu bleiben. Über allem stand jedoch die leise Hoffnung, daß der Blizzard so schnell wie er gekommen war, wieder abflauen und das Skidoo des Begleiters plötzlich aus dem Nebel auftauchen würde. In unserer Not klammerte ich mich fast suggestiv an diese Gedanken. Schließlich erleben, wie die Franzosen sagen, nur jene ein Wunder, welche daran glauben.

Am seidenen Faden

Doch bis dahin war noch ein weiter Weg! Nach Simons Schätzung hatten wir nach vier Stunden Schufterei erst lausige drei Kilometer geschafft – es war zum Verzweifeln! Gottlob verspürte ich weder Hunger noch Durst, obwohl mir die Zunge am Gaumen klebte. Nur keinen Schnee essen! Das sagte ich mir ebenso oft vor, wie ich mich ermahnte: Schlaf ja nicht ein, der Eskimo läßt dich liegen! Ich hatte bei der Unterzeichnung des Jagdvertrages sogar zugestimmt, im Falle eines jeden Schadens »an Leib und Seele«, auf alle Ansprüche zu verzichten, auch dann, wenn ich erfrieren oder von einem Bären gefressen werden sollte (»...even if you are eaten by a bear«). Gebeutelt von Ausweglosigkeit und verzweifelter Zuversicht, verliefen die nächsten

In der bizarren Packeisregion treibt sich der »König der Arktis« herum.

Ein alter, reifer Paßgänger. In der Eskimokleidung aus Karibufell ist die Kälte gut zu ertragen.

Stunden. Unser Leben hing wegen der windigen Ausrüstung buchstäblich am seidenen Faden.

Als ich gerade zum wiederholten Mal den Plan durchspielte, mit dem Schlitten und den Hunden eine Art Wagenburg für eine längere Rast zu errichten, gegebenenfalls einen Hund zu opfern und dessen Blut zu trinken – heute klingt das wie großkotzige Aufschneiderei, damals waren alle Überlegungen auf die abwegigsten Lösungen zum nackten Überleben gerichtet! – ließ plötzlich, so schnell wie er über uns hereingebrochen war, der Blizzard nach. Keine halbe Stunde später standen wir unter einem sternenklaren, frühabendlichen Arktishimmel. Wenn das kein Wunder war! Ich mag gar nicht daran denken, was geschehen wäre, wenn der Eissturm mehrere Tage über uns hinweggefegt hätte! Die heutigen 7–8 Stunden reichten mir bis auf die Haut! Simon grinste garade so, als sei die glückliche Wende sein Verdienst und schwieg. Dabei lag über seinem versteinerten Gesicht ein deutlicher Hauch von Erleichterung. Er war, wie sich später herausstellte, ebenso »worried, besorgt«, wie Chief Akeesho in Allen Island, den der Skidoo-Fahrer per Funk sofort benachrichtigte, daß er uns im Blizzard verloren habe. Wenn wir jetzt nur ein Funkgerät hätten! Wenigstens die Leuchtspur-Pistole, die ebenfalls verzurrt und unerreichbar auf dem Lastschlitten war. Selber schuld!

Fast gleichzeitig, während einer der vielen, kurzen Verschnaufpausen, entdeckten wir ein zittriges Scheinwerferlichtlein, welches aus der Packeiszone heraus, in weiten Schleifen den Fjord absuchte. Es kostete Nerven zu beobachten, wie die schwache Funzel immer wieder aufleuchtete und plötzlich für einige Zeit erneut verschwand. Dennoch hatte ich das Gefühl, der Begleiter kommt merklich näher! Lieber Freund, suche weiter!, flehe ich den einzigen Retter im Umkreis von 30 Meilen an, es ist »Fünf vor zwölf«. Gleichzeitig versuche ich, obwohl der Inuit noch einige Kilometer entfernt ist, mit fünf Schüssen aus meiner 9.3 x 74 R auf uns aufmerksam zu machen. Das Resultat ist gleich null! Voll Verzweiflung trachte ich die Sitzplane unseres Schlittens mit einem Feuerzeug – neben 6 Eukalyptus-Bonbons, die einzige Ausrüstung in

Stärkung für die nächsten Stunden Arbeit.

meinem Parka! – zu entzünden. Vergeblich. Sie ist feuerfest! In letzter Not hole ich mein Taschentuch heraus, spanne es zwischen beide Hände und lasse es von Simon entzünden. Die kleine Fackel lodert kurz auf und – das zweite Wunder des Tages! – das Skidoo dreht bei.

Good meat!

Eine Stunde später im warmen Zelt, bei einer heißen Brühe und eigenen Keksen, mache ich den vorher gefaßten Entschluß, sofort abzureisen, rückgängig. Ich bleibe bis zum Erfolg, verlasse mich jetzt aber ausschließlich auf mich selbst. Meine »Lebensversicherung« stutze ich auf Normalmaß zurück. Ich schwöre, diese heilsame Lektion bis ans Lebensende zu beherzigen.

Am nächsten Tag, doppelt und dreifach umsichtig, bestens ausgerüstet und ständig in Funk- und Sichtkontakt mit dem Skidoo, entdeckte ich am frühen Vormittag überraschend eine gewaltige, weitausholend über den harten Schnee verlaufende Spur. Bald darauf erfasse ich, am Rand der bizarr aufeinander geschobenen, türkisgrün im hellen Sonnenlicht gleißenden Packeisgebirge, eine zitronengelb aufscheinende Bewegung. Ein Polar-Bär! Eine Stunde später ist der »König der Arktis« mein! Blizzard, Durst und Not sind vergessen!

»Good meat«, lacht der Inuit und denkt mit Sicherheit an den schönen Batzen Geld, den ihm die an mich abgetretene Lizenz nun bringt. Er hat keine Ahnung, daß mir der glückliche Ausgang dieses Trips durch Eis und Kälte, jeden Preis wert ist!

Nanook! Die Eskimo-Jugend ist begeistert. Werden sie die Tradition der Väter fortführen?

Der Himmel ist hoch und Moskau ist weit

Auf Braunbär in Kamtschatka

Rekordtrophäen! Da sich solche »Vorbilder« wie Zecken festsaugen, schüttelte ich mich innerlich sofort ab: Nur keine zu hohen Erwartungen! Gerade bei der Jagd zerstört falscher Ehrgeiz meist mehr als er nützt.

Kurz nach dem gescheiterten Putsch auf Gorbatschow und der Entmachtung des KGB sowie des allmächtigen Geheimdienstes durch Jelzin, konnte das Visum für Kamtschatka nur mit entsprechendem Aufwand beschafft werden. Dabei war es bereits im Vorjahr nicht einfach. Schließlich gleicht die südliche Hälfte der den USA gegenüberliegenden Halbinsel noch immer einem waffenstarrenden Schlachtschiff. Außerdem ist die Hauptstadt Petropawlowsk-Kamtschatskij nach wie vor Heimathafen der pazifischen Atom-U-Boot-Flotte Rußlands. Man spricht auch von Intercontinental-Raketen, die in den Bergen verbunkert sind. Ihretwegen ist das Land mit einem hochsensiblen Antennengürtel zur Ausspähung des gesamten Funkverkehrs, bis hinein ins Weltall, umgeben. Mit Sicherheit wurde der vor einigen Jahren »irrtümlich« über Sachalin abgeschossene, südkoreanische Ziviljumbo – wobei um die 300 ahnungslose Zivilreisende den Tod fanden – von hier aus zuerst erfaßt und verfolgt. Völlig klar, daß man auch im Oktober 1991 durch so eine Gegend nicht wie durch den Schwarzwald wandern darf.

Überraschungen

Seit meiner Reise vor gut einem Jahr in die nördliche Hälfte Kamtschatkas, hat sich wenig geändert. Auch nichts an dem mit stillem Graus zu erwartenden Neun-Stunden Nonstop-Flug an Bord einer spartanischen Aeroflot-Maschine, der einem, wie immer, einiges an jagdlicher Motivation abverlangt. Da ich mich bei diesem zweiten Anlauf nicht auf Unwissenheit berufen konnte, fügte ich mich in mein Schicksal. Schließlich hatte ich es erneut auf einen der legendären – erwartungsgemäß seltenen Über-drei-Meter-Braunbären abgesehen, welche seit einem Jahr durch die jagdtouristische Gerüchteküche geistern. Der deutsche Jäger und Forscher, Paul Niedieck, der Kamtschatka bereits 1907 bereist hatte und es im Buch »Kreuzfahrten im Beringmeer« beschrieb, streckte damals mehr als ein Dutzend »kapitale« Bären. Als er wieder einmal eine »tödliche Kugel Platz nehmen ließ«, stellte er ernüchtert fest: »Nach dem Gebiß und der Größe zu urteilen ist der Bär ein uraltes Tier, aber nicht so groß wie der, welchen ich vor einigen Tagen für einen Erdhaufen ansprach. Aufrecht stehend mißt das Tier 2,28 Meter; es ist der beste, den wir auf dieser Expedition erbeuteten«. Obwohl der Start zu meiner Bärenhatz, Ende Oktober, fast zu spät erfolgte, überwog – nachdem ich im Vorjahr schon einen um einen halben Meter größeren Petz als Niedick gestreckt hatte – die Zuversicht: Bekanntlich lebt Optimismus von Hoffnung und Halbwissen!

Abendstimmung am Rande des Pazifik. Die weite Bucht des Hafens von Petropawlowsk.

Schneebedeckte Vulkanberge und brodelnde Geysire im Landesinnern prägen Kamtschatkas.

Das Wetter brachte die erste Überraschung. Während des Landeanflugs auf Jelisowo, der Flughafenstadt von Petropawlowsk (»Peter-und-Paul-Stadt«), ragten die Gipfel der schneebedeckten Viertausender aus der geschlossenen Wolkendecke. Vorsorglich kramte ich Schal und Wollmütze aus dem Boardcase. Der sibirische Winter, der bereits Jakutien, welches ich anschließend besuchen wollte, mit −30°C fest im Griff hielt, hatte also auch hier zugeschlagen. Obwohl ich gegen das überraschend angenehme, etwas regnerische, spätherbstliche +5 bis +10°-Wetter natürlich nichts einzuwenden hatte, war klar, daß ich zu winterlich ausgerüstet war.

Der für die Jagdwirtschaften Kamtschatkas zuständige Generaldirektor, mit dem ich zu Hause während der Messe »Jagen und Fischen« diese Bären-Expedition geplant hatte, trumpfte gleich bei der Begrüßung mit einer Sensationsmeldung auf: »Im letzten Monat wurden drei Schneeschafe mit 1,06 m, 1,09 m und 1,16 m gestreckt. Wir wußten selbst nicht, daß wir derart kapitale Widder haben!«.

Wenn es bei meiner Bärenjagd ähnlich läuft, dachte ich, dann läßt sich der Plan, das Bärenland Kamtschatka international an das Bärenland Alaska heranzurücken, sicherlich verwirklichen!

Der am nächsten Tag gezeigte, noch nicht ausgekochte Schädel eines Kamtschatkabären mit 47 cm Schädellänge sowie 24 cm Breite und dessen gerade getrocknete Decke mit dem »Garde-Maß« von über drei Metern – von einem Oberjäger erst vor drei Wochen selbst (!) gestreckt –, steigerte mein Bärenfieber. Schließlich liegt der gegenwärtige Weltrekord für eurasischen Braunbär (Ursus arctos a.) mit 37,5 cm Länge und 23,5 cm Höhe ein schönes Stück abseits! Wem hier die Phantasie nicht durchgeht, der hat keine!

Morgen ist Zahltag, sagte ich mir und genoß den Blick auf den vor meinem Hotel, etwa 5 km östlich der Hauptstadt, aufragenden Vulkan Awatsch. Er ist seit einigen Wochen leicht aktiv und hebt sich, bereits mit Schnee bedeckt, im Licht der untergehenden Sonne majestätisch gegen den Abendhimmel ab.

Wie im Schlaraffenland

Zuerst soll es also mit einem Mi-8 Hubschrauber auf Erkundungsflug gehen: quer durch die südliche Peninsula, über endlose Tundren, verfilzte, längst laublose Birken- und Weidenwälder, vom Pazifik bis hinüber zum Ochotskischen Meer. Über eine beispiellose, fast lebensfeindliche Mondlandschaft! Kein Wunder, daß kürzlich alle für die 1996 geplante Marsmission entwickelten Fahrzeugroboter, gemeinsam von russischen und amerikanischen Technikern auf Kamtschatka, an den Hängen des Vulkans Tolbatschik, getestet wurden.

Zunächst werden wir entlang einem dichten Geflecht mäandernder Flüsse, hinweg über unzählige Bäche und Rinnsale fliegen. Unter uns die noch schneefreien, von meterhohem Schilfgras, wildwüchsigem Tundrenkraut und kniehohen Zwergkiefern, von Vogelbeer- und Brusnikabüschen bedeckten Ebenen und Hochmoore. Wir wollen aus der Luft nach der verräterischen, im welken Gras leicht auszumachenden Spur der paßgängerischen Halbtonner suchen.

Selbstverständlich drehte sich unser erster langer Plausch am Abend fast ausschließlich um die Riesenbären, welche auch hier – das war schnell wieder klar – dünn gesät sind. Spät in der Nacht – es wird erst gegen 23.00 Uhr dunkel – und nach reichlich Wodka, Kaviar und Räucherlachs, genoß ich nach über zwanzig Stunden endlich ein ordentliches Bett. Dabei eilte ein angenehmes Gemisch aus Phantasie und Wünschen den Ereignissen voraus: Im Traum und bei der Jagd ist eben nichts unmöglich!

Währenddessen rollte sich irgendwo draußen in der Tundra, dort wo die Menschen das Land noch nicht verändert hatten, wo jetzt kalte Bodennebel aufstiegen – wo selbst noch achtzig Kilometer von der Küste entfernt, kupferrote Lachse ihren letzten Erdenpflichten nachgingen – der alte, für seinen Winterschlaf bereits dickgenudelte Bär, faul ins trockene Riedgras und schmatzte genießerisch die Nüsse der Zirbelkiefer. Nach wochenlangem, eintönigem Lachsmenü genau der richtige Nachtisch! Der alte Griesgram, der im Laufe der Jahre so manchem einheimischen Jäger ein Schnippchen geschlagen und dabei lohnende Erfahrungen gesammelt hatte, schien voll mit sich und seinem Bärendasein zufrieden. Seinetwegen konnte der eisige Kamtschatka-Winter, mit geschlossener Schneedecke von November bis Anfang Mai und beißender Kälte bis −30°C kommen: Er hatte den nötigen Feist auf den Rippen! Schließlich tummelten sich heuer weit mehr Lachse in den unzählbaren Flußläufen der Tundra als während der letzten Jahre! Meister Petz wußte nicht, daß die Ursache hierfür in der zwischen den Kamtschatkalen und den Japanern ausgehandelten Lachsfang-Quote liegt. Der jüngste Vertrag verhindert, daß die Russen wiederum die oft bis 20 Kilometer langen, widerrechtlich in der 100-Meilen-Zone ausgelegten Lachsfangnetze der Japaner mit Kriegsschiffen durchtrennen mußten. Das war die bisher einzige Möglichkeit gewesen, den Lachsen, wie seit Jahrtausenden, den Weg aus dem Meer zu den russischen Küsten und hinauf zu den Flüssen, bis hin zu ihren geheimnisvollen Laichplätzen offenzuhalten. Der erfolgreiche Widerstand der Russen kommt nicht nur der 600 000 Tonnen Fisch-Produktion Kamtschatkas – davon 3000 Tonnen feinster Lachskaviar! – zugute, sondern auch den etwa 8000 über das weite Tundren- und Bergland verteilten Bären: Je größer das Lachsangebot, desto gewaltiger, wie in Alaska, die »Ursus arctos«!

Inzwischen geht man allgemein etwas behutsamer mit den pazifischen Fischgründen um. »In den 60er Jahren wurde einfach drauflosgefangen«, erzählte Josef, der Dolmetscher, der selbst drei Jahre zur See fuhr, »waren die Netze zu voll und die Verarbeitungskapazität auf dem Schiff nicht mehr ausreichend, so warf man den unbearbeiteten, damit dem Tod preisgegebenen Rest des Fangs einfach zurück ins Meer«. Ein Jahrzehnt später, so Josef, wurde ein starker Rückgang der Fangerträge und das Verschwinden einer ganzen Reihe wertvoller Fischarten beklagt. Trotz Sperrung riesiger Seegebiete innerhalb der Einhundert-Meilen-Zone, sind große, nahezu unheilbar gewordene, ökologische Schäden entstanden. Beispielsweise hat sich in der seit 1967 wegen totaler Überfischung gesperrten Aljutorski-Bucht der wertvolle Hering in seinem Bestand bis heute nicht erholt. Vor 25 Jahren galt diese Region als einer der ertragreichsten Heringsgründe der Erde. Andere, zum Teil nicht sonderlich schmackhafte Fische halten inzwischen diese Öko-Nische besetzt.

Auf der über 1500 km langen, im Ver-

Kamtschatka ist mit 8000 Petzen das »Bärenland Nr. 1«. Wir waren 1991 die ersten Gastjäger.

gleich zur Bundesrepublik viermal so großen Halbinsel, aus deren Innerem noch Geysire brodeln und sich Lava aus Vulkanen ergießt, läßt sich nicht nur ein unbesorgtes Bärenleben führen. Die 400 000 Einwohner Kamtschatkas – davon etwa 10% Urbevölkerung aus Evenen, Koreaken und Tschuktschen, existieren auch jetzt, vor allem wegen des Reichtums ihrer Meere, um ein Vielfaches besser als das übrige Rußland. Im Vergleich zur gegenwärtig schlimmen Versorgungsnot in den großen Städten, insbesondere in Moskau, lebt es sich im 200 000-Einwohner Petropawlowsk-Kamtschatskij, einer auffallend sauberen Stadt, wie im Schlaraffenland. Auf der Straße werden sogar Blumen verkauft.

Aufbruchstimmung

Petropawlowsk – von hier flogen einst die Amerikaner, die Verbündeten der Russen im Zweiten Weltkrieg, ihre Haupteinsätze gegen Japan – stand immer im Schatten des russischen Pazifik-Haupthafens Wladivostok. Erst nach dem großen Krieg entwickelte es sich zu einem strategisch bedeutsamen Hafen am Stillen Ozean. Auffälligstes Kennzeichen der Stadt, die San Francisco oder Vancouver ähnelt und anmutig entlang der weiten Hafenbucht in die bergige Küste gebaut ist – sie wurde 1740 von Vitus Bering gegründet und feierte eben ihr 250-jähriges Bestehen –, sind die augenblicklich vollen Regale. Der Fischreichtum dieses »Oblast«, einer teilautonomen Region Rußlands, ist ein gefragtes Tauschmittel für alle Alltagsprodukte. Vom Tauschhandel lebt vor allem der private Bereich. Das ist nicht neu! Die bisherige, mit teurer Bürokratie erkaufte, inzwischen völlig verunfallte Plan- und Kommandowirtschaft der UdSSR war nie etwas anderes als gelenkte Tauschwirtschaft.

Gemäß offizieller Ideologie spielte Geld im Wunderland des Marxismus sowieso eine untergeordnete Rolle, und Profit wurde systematisch verteufelt! Trotzdem ging es den Menschen dieser Hafenstadt vergleichsweise immer gut. Die groteske Story von einem Fischer, der, um sein Geld unter die Leute zu bringen und etwas Spaß zu haben, sich nach erfolgreicher Fangsaison gleich mit drei gemieteten PKW ins Thermalbad in die Berge chauffieren ließ, als kleine Illustration: im ersten Auto fuhr sein Hut, im zweiten sein Mantel und erst im dritten saß Meister »Was-kostet-die-Welt« persönlich!

Bezeichnend ist auch, daß diese Woche im Hafen von Petropawlowsk ein ecuadorianisches Schiff, voll mit Bananen beladen, einlief. Die Stadt kaufte die ganze Ladung und bezahlte mit Kabeljau. Die Bevölkerung ging verständlicherweise tagelang »bananas«. Oder: In den etwa zehn gutgeführten Restaurants, wo selbst mit Rubel alles zu bekommen ist und sich die erstaunlich moderne, auch wirtschaftlich schnell durchsetzende Jugend bei westlicher Musik amüsiert, leistet man sich ohne viel Aufhebens jederzeit ein gepflegtes Dinner. Auf der Karte stehen verschiedene Suppen und Salate, leckere Fleisch- und Fischgerichte, Wein aus Bulgarien oder Georgien, Kaffeelikör aus Vietnam und fein Gefrorenes. Davon können Moskau oder St. Petersburg (wie Leningrad seit kurzem wieder heißt) nur träumen! Bei »Tafelmusik« flott aufspielender Bands, genießt man inzwischen auch den überraschend freundlichen Service. Überall sprüht Lebensfreude. Wenn nötig, fordern selbst Männer Männer und Frauen einfach ihresgleichen zum Tanz. Hauptsache es rührt sich etwas! Das Treiben gleicht der Aufbruchsstimmung bei uns anfangs der 50er Jahre, unmittelbar nach der Währungsreform. Statussymbole sind Sekt und Marlboro, Kaviar und Chivas-Regal-Whiskey!

Russische Marmelade

Überhaupt der Kaviar! Es ist schiere Anstandspflicht, ihm ein paar Gedanken zu widmen. Nicht nur, weil der russische Kaviar heute neben Mammutelfenbein und Gold das letzte, stabile Zahlungsmittel, die Ersatzwährung des großen und des kleinen Mannes ist. Mit einer Dose Kaviar kommt man an alles heran, insbesondere an die Devisen der gegenüber »Made in UdSSR« ansonsten eher zurückhaltenden Westler. Das weiß natürlich der Zoll. Kontrollen für Westtouristen sind entsprechend. Schließlich schätzen auch Zollbeamte privat solche Kostbarkeit. Sie spreizen sich deshalb besonders ein, fündig zu werden! Kamtschatka ist sich seiner abgehobenen Wirtschaftskraft voll bewußt und wird nicht müde, seine von vergifteten Abwässern unbelasteten Fischprodukte zu rühmen.

Kaviar. Da wird jede Perle verwogen!

Der Besuch eines Lachsräucherbetriebes oder einer Kaviarabfüllung überzeugt jeden Skeptiker. Alles piksauber. Faszinierend, die in Riesenbottichen gelagerte, orangegold schimmernde Luxuswährung Rußlands, welche von der Hochseeflotte Kamtschatkas, draußen auf dem Pazifik, erbeutet wird.

Einmal gefangen, wird den Lachsen nach schnellem, über den ganzen Bauch geführtem Schnitt der kostbare Rogen entnommen, welcher dann – mit größter Vorsicht, um ja die Goldperlen nicht zu verletzen – zur Reinigung von Gewebeteilen durch ein feines Stricknetz gerubbelt werden muß. Anschließend kommt die glänzende Kostbarkeit, von Feinschmeckern gerne »Russische Marmelade« genannt, zur Konservierung für neun bis zwölf Minuten in eine Salzlake, die derart konzentriert sein muß, »daß darin eine rohe Kartoffel schwimmt«. Nach dem Abtropfen in einem Körbchen oder maschinell zentrifugiert, landet die Götterspeise in Fässern in einem der etwa Dutzend Kaviarverarbeitungsbetriebe Kamtschatkas und wird verdost. Vermutlich aus dem gleichen Grunde wie die feinschmeckerischen Bären draußen in der Tundra, interessierte auch mich alles über den Kaviar. In dem kleinen, von mir besuchten Betrieb, »produzieren« vier Personen täglich etwa fünf- bis siebenhundert 140-Gramm-Dosen Kamtschatkakaviar, wobei mir niemand diese eigenwillige Gewichtvorgabe erklären konnte. Die Portionierung des genauen Gewichts bei der Abfüllung geschieht durch Frauen, die – nur von Hand, um ja kein Kügelchen Kaviar zu zerquetschen! – mit geschicktem Griff die vorgeschriebene Menge Lachseier aus einer riesigen Wanne in eine Dose schöpfen. Diese kommt anschließend zur exakten Verwiegung. Mit kleinem Löffel werden nun die 140 Gramm nachkontrolliert und kleinkrämerisch ausgeglichen, ehe die Dose maschinell verschlossen und in Kartons zu je 106 Büchsen verpackt wird. Das augenfällige Selbstbewußtsein dieses Kaviarteams bewies, daß es sich, gerade wegen des geringen technischen Aufwandes, zu Recht für eines der effizientesten »Fließbänder« des Landes hält.

Bären-Erinnerungen

Dies wiederum bekümmerte den kugelrund herausgefutterten Braunbären, der jetzt den ganzen Tag unterwegs ist, um genügend Fett unters Fell zu bekommen, verdammt wenig. Sein Appetit zielt augenblicklich auf die überall üppig hängenden Vogelbeeren, insbesondere aber auf die heidelbeergroßen, süßlichen Brusnika, welche ihm allerdings – von Jahr zu Jahr mehr! – bienenfleißige Sammelbrigaden streitig machen. »Michail Iwanowitsch«, wie die Russen schwärmerisch den Braunbären nennen, mampft jetzt pausenlos die gerade aus den Zapfen fallenden, erdnußgroßen Kerne der mannshohen Zirbe. Laut schmatzend leckt er sich den Geifer vom Fang. Der Sommer ist längst vorbei, vergessen sind die Freßgelage an den von Lachsen überquellenden Flüssen. »Meister-Dauerappetit« hatte wieder mal leichtes Spiel, sofern er seine Lehrzeit genutzt hatte. Denn mit Ungestüm und tölpelhafter Aufgeregtheit kommt man bei den erstaunlich flinken, oft armlangen Fettflößlern nicht zum Zug! Es gehört eben zum Erfolgs-ABC eines Bären, unbedachte Bewegungen am Ufer zu vermeiden und die mit schnellem Reflex davonschießenden Lachse zunächst genau zu studieren, ehe man versucht sie auszutricksen! Aber, ein Bärenhirn lernt schnell. Außerdem ist eine allzeit wachsame, gegen jedermann, vor allem gegen den nie ganz vertrauenswürdigen Papa mißtrauische, nötigenfalls höchst aggressive Bärenmutter, immer eine perfekte Lehrmeisterin.

Das süße Nichtstun des dichtfelligen Bonvivant, der sich in den vergangenen Wochen langsam aus den tieferen Sumpftundren in die Vorberge hochschnabulierte, um dort noch ungestörter den Tag zu verbummeln, geht jetzt unweigerlich zu Ende. Auch deshalb läßt er sich von der letzten Herbstsonne das zobelfarben leuchtende, inzwischen mit dichtem Unterhaar durchsetzte Fell – welches am allerschönsten gleich nach dem Winterlager ist – tüchtig aufheizen. Der Einzelgänger genießt seine selbst gewählte Einsamkeit in vollen Zügen! Ver-

Jahrhundertealter Bärenpaß entlang der Küste.

Rast in der Tundra. Die Burschen verstehen selbst mit feuchtem Material Feuer zu machen.

ziehen sind die abweisenden Feindseligkeiten der Braut des Vorjahres, die heuer plötzlich seinen Annäherungsversuchen mißtraute. Als ob sich ein alter Kauz wie er an einem der beiden Jungbären vergreifen würde, nur um Mama ein Schäferstündchen abzutrotzen! Nebenbei bemerkt, bereitete ihm das Techtelmechtel Ende Mai, Anfang Juni mit der jungen, aufgeweckten Bärin vom jenseitigen Gebirge der Pazifikküste, weitaus mehr Vergnügen! Daran änderte auch nichts die wilde Keilerei mit ein paar halbstarken Störenfrieden, die etwas zu voreilig einem scheinbar schon verkalkten Greis den »Spaß an der Freud« streitig machen wollten! Sie lecken sich ihre tiefen Schrammen vermutlich noch bis in den Winter hinein.

Bärenerinnerungen! Vorbei! Längst hat sich auch die junge Dame aus dem Staub gemacht. Sicherlich bereitet sie sich jetzt irgendwo in einer windgeschützten Höhle auf ihre Niederkunft vor. Genau zu Beginn des neuen Jahres, wenn es draußen bei −30 Grad Kälte klirrt und kracht, bringt sie ihre Winzlinge zur Welt. Aber das ist Weibersache. »Michail« denkt jetzt den lieben langen Tag nur an sich selbst. Ruhelos wandert er, oft zwanzig Kilometer am Stück, durchs weiträumige Hochtal. Hier heroben ist und bleibt er unbehelligt. Kein natürlicher Feind, kein Hindernis, weder tückischer Morast, kein Taifun, kein Moorsee oder Fluß halten ihn jetzt auf. Seine Heimat ist dort, wo die »Regale« voll sind. Für solche Gegenden hat er eine feine Nase! Dabei denkt er natürlich auch an die jetzt durch die Bergreviere vagabundierenden Karibus. Ja, der alte Genießer liebt sein Zigeunerleben, bleibt trotz aller Gelassenheit jedoch stets auf der Hut!

Dringt ihm, was heutzutage nie auszuschließen ist, das Geräusch eines Geländewagens oder das Gedröhn eines der furchterregend anzusehenden Kettenfahrzeuge ans Ohr, welche mühelos durch Flüsse und Sümpfe, sogar »durch Bäume« fahren können – wobei sie auf Jahrzehnte hinaus die hochsensible Tundrenflora zerstören! – oder wittert er einen der Jahr für Jahr tiefer ins Land vordringenden Zweibeiner, dann verduftet er lautlos, ohne eine

Sekunde zu zögern. Deshalb treibt er sich auch stets in der Nähe guter Deckung herum. Ihn kriegt so schnell keiner! Schließlich erreichte er mit diesem »Riecher« inzwischen unbeschadet das stolze Bärenalter von fast 18 Jahren. Damit ist er zwar noch kein Methusalem wie der erst kürzlich mit 46 Jahren älteste in Gefangenschaft verstorbene Braunbär; aber für diese Gegend ist das schon allerhand. Er treibt sich jedenfalls auch in Zukunft nur dort herum, wo Übersicht besteht und man vor Überraschungen sicher sein kann. Ganz gefährlich sind ihm die seit neuestem, im Schutz bebuschter Ufer, lautlos anpaddelnden Schlauchboote der Jäger. Das ist brandgefährlich! Insbesondere, wenn man im Spätfrühling, nach dem Winterschlaf, völlig ausgehungert an einem Fluß steht und selbstvergessen in einer Fischorgie schwelgt. Da vergißt man leicht jede Vorsicht!

Wenigstens Fairneß!

Und dennoch. Auch wenn ein Bärenleben auf Kamtschatka nicht mehr ganz so unbeschwert ist wie zu »motorlosen« Zeiten, dem »Bärbeißigen« kann so schnell nichts ans Fell! Außer – und bei diesem Gedanken friert es ihn sogar in der warmen Oktobersonne – er vernimmt von Ferne dieses anfangs kaum hörbare, gleichförmig knatternde Gebrumm, welches rasend schnell näher kommt und plötzlich, ehe man einen Rückzugsplan faßt, als orangefarbener, donnernder Riesenvogel über einem in der Luft steht. Man spürt hautnah, wie einen aus sechs großen Glasaugen des kreisenden Himmelsgefährts, neugierige Augen von oben beobachten und weiß, daß Flucht keinen Sinn mehr hat. Man rennt zwar wie ein vom Hund gehetzter Hase einige Minuten ziellos von einer Richtung in die andere, doch kein Manöver hilft. Kommt man einem rettenden Dickicht zu nahe, drängt einen der Wirbelsturm gewaltiger Propellerflügel postwendend wieder in die offene, deckungslose Tundra hinaus. Gottlob verschwindet der dröhnende Spuk meist einige Schreckminuten später wieder so schnell wie er aufgetaucht ist. Obwohl unser Ursus arctos bisher Glück hatte –

schlimm ist so ein Scheinangriff allemal! –, bleibt ihm der Magen jedesmal wieder tagelang verdorben! Selbst das hartgesottenste Mitglied einer Bärensippe kann nur beten, daß ihm solche Beobachtungsflüge, welche die Wild- und Jagdschutzbehörden gelegentlich unternehmen, erspart bleiben. Vor allem, daß diesen Luftpiraten nie einfällt, sich von oben herab ihrer handlichen Feuerrohre zu bedienen! Aber, denkt der Brummer, so feige und primitiv werden diese »edelsten« aller Mitgeschöpfe dann doch nicht sein! Aug' in Aug', zu Fuß, über Stock und Stein, durch Fluß und Moor, das ist – wenn es einem letztendlich ans Bärenleder gehen soll! – wenigstens fair. Wenn es schon um »Leben und Tod« gehen muß, dann bitte erst im reifen Alter, wenn die Weiber spröde und das Lachsfangen beschwerlich geworden ist. Wenn die jährliche Bergwanderung auch einen Braunbären ins Schnaufen bringt und ihm die sattesten Weidegründe von Enkeln streitig gemacht werden. Dann ist ein »gerechter« Bärentod schleichender Hinfälligkeit viel-

Karibus, mit hochkapitalem Rudelchef.

leicht sogar vorzuziehen! So findet wenigstens ein erfülltes Bärenleben, in dieser von den Gesetzen der Jäger und der Gejagten abgesteckten Welt, ein Ende, wobei sich ein Kamtschatkabär keine Sorgen mehr über den Fortbestand seiner Art zu machen hat. Schon gar nicht bei einem Bestand von über 8000 Braunbären, von denen jährlich höchstens zehn Prozent durch einheimische Lizenzjäger und weitere fünf Prozent von Auslandsgästen in den ewigen Bärenhimmel befördert werden. Aber, so Michails schlichte Bärenphilosophie: Soweit ist es noch nicht! Zunächst bleibe ich auf der Hut. Insbesondere wenn dieser stählerne Propellervogel aufkreuzt, dem ich im Laufe der Jahre nicht erst einmal entwischte!

Der Schlauberger weiß natürlich nicht, daß in diesem Augenblick ein Aeroflot-Hubschrauber, zwei- bis vierhundert Meter über dem Boden schwebend, systematisch die Tundra durchkämmt, und seine Insassen aufmerksam die letzten und einsamsten Winkel Südkamtschatkas auspionieren. Dabei interessieren sie sich nicht einmal sonderlich für die in ihre Wintergebiete ziehenden Karibus. Diese werden von Einheimischen sowieso so rigoros als Fleischlieferanten verfolgt, daß man sie seltener antrifft als Bären! Im Stillen hoffe ich auf eine zufällige Begegnung mit dem gewaltigen, an den Küsten zum Ochotskischen Meer und in Ostsibirien beheimateten Riesenseeadler (Halilaeetus pelagicus), dessen imposante Flügelspannweite bis zu 2,80 Meter beträgt und der sich mit seinem weißen Stoß, den weißen »Hosen« sowie einem orange-roten Schnabel stark von allen anderen Greifvögeln unterscheidet.

Luftpatrouille im Bärenland

Bequem im Hubschrauber über das Land »pirschend«, folgen wir bereits während der ersten Stunde einem mächtigen, selbst aus dieser Höhe noch deutlich im dürr-welken Gras erkennbaren, tief eingegrabenen Bärenpfad. Er führt in vielen Windungen auf ein leicht ansteigendes Tundrenplateau. Die phantasieanregende Tatzenspur ist leicht zu verfolgen. Drei- bis vierhundert Kilo hinterlassen zwangsläufig eine verräterische Bahn!

Der dickgenudelte Stromer ahnt nicht, daß wir ihn im nächsten Augenblick im lichten Erlengehölz entdecken und blitzschnell taxieren werden. Sein Schicksal hängt jetzt buchstäblich in der Luft!

In bezug auf das wegen dieser Hubschrauberpatrouille vielleicht vorschnelle Nase-

Bärenidylle. Ohne Helikopter ist in die unerschlossenen Gebiete kaum zu kommen.

Die Pazifikbucht Aljutorski. Der Prachtbär hatte zunächst alle Vorteile auf seiner Seite.

rümpfen sei daran erinnert, daß in einer derart unerschlossenen, wegen ihrer Sümpfe und Flüsse unpassierbaren Landschaft auf Helikopter ebensowenig verzichtet werden kann wie bei uns zu Hause auf den PKW, in Afrika auf den Geländewagen oder auf das Flugzeug und das Pferd in Alaska. Ohne Hubschrauber ist es unmöglich, bei dieser gottverlassenen, überall von oft grundlosen Flüssen durchzogenen Wildnis, ins unzugängliche Bäreneldorado vorzudringen. Schon gar nicht bei der durchwegs zu kurz bemessenen Zeit der Jäger. Im übrigen liegen zwischen Entdecken des Wildes, schnell und richtig Ansprechen, sich einige Kilometer vom Geschehen entfernt in aller Eile mit dem Nötigsten absetzen lassen, ans Wild herankommen und letztlich einen abgezirkelten Schuß abgeben, jene unwägbaren Welten, die eine Pirsch zum großen Jagen machen und nicht zum billigen Schießen. Für die große Mehrheit der Jäger, die sich selbst im Spiegel anschauen und ein Leben lang Freude an einer ehrlich erworbenen Trophäe haben will, liegt zwischen Anwendung von Technik und »Fair chase« kein Widerspruch. Entscheidend ist die Chance, die dem Wild verbleibt! Dies ist der Maßstab jeder jagdlichen Herausforderung. Wer sich persönlich jemals einem solchen Wagnis stellte, unter widrigen Umständen tagelang in der Wildnis zubrachte und wehrhaftem Wild – das, gewitzt oder durch Störung in Fahrt gebracht, das Weite suchte – nachhing und endlich Erfolg hatte, weiß wovon die Rede ist.

Etwas knifflig ist meine Jagd augenblicklich auch deshalb, weil sich das Wetter launisch wie eine Primadonna benimmt. Gut, wenn man sich mit solidem Regenzeug und Hüftstiefeln sowie – besonders in Küstennähe – mit Grödeleisen bei plötzlicher Vereisung im Gebirge, dagegen gewappnet hat. Niediecks Feststellung: »Man rechnet hierzulande, daß es an 322 Tagen regnet«, halte ich für stark übertrieben. Seinem Hinweis auf die Moskitoplage ab Mitte Juni, widerspreche ich nicht.

Im übrigen berühren mich solche Fragen augenblicklich nur am Rand. Ich bin wild entschlossen, bei der nächstbesten – allerdings nur »besten« – Gelegenheit zuzuschlagen. Ähnlich wie vor gut einem Jahr, als ich mich innerhalb der ersten halben Stunde für einen etwas abseits vom Camp, in den Vorbergen dösenden Bären entschied, den während der nächsten sechs unfreiwilligen Aufenthaltstage, hinsichtlich Alter und Größe, kein anderer mehr übertraf. Seinerzeit zwang mich übrigens der unverfrorene Begleitjäger Juri zum Glück, indem er meinen Hinweis, daß ich doch noch eine ganze Woche Zeit hätte, brühwarm mit dem Hinweis konterte: »Wenn du diesen Riesenbären nicht schießt, hole ich ihn!« Ich bereue nicht, daß ich mich seinerzeit dann doch schnell überzeugen und eines Besseren belehren ließ.

Arnold, ein Jäger-Typ

Arnold, Chefjäger der Südküste, ist trotz des westlichen Namens ein waschechter Russe und ein begeisterter Jäger dazu. Er und seine Kollegen hatten auf der südlichen Halbinsel mit Gastjägern, in diesem und im vergangenen Jahr, insgesamt 12 Bären erlegt. Davon – und da spitze ich erstmals die Ohren! – in jeder Saison nur jeweils einen mit über 10 Fuß (= 3,30 Meter). Das sind knapp zehn Prozent! Dazu gehörte auch der mir gezeigte Kapitalbär, dessen Schädel den augenblicklichen SCI-Weltrekord haushoch schlug und dessen Herbstdecke – das Haar nicht mehr ganz so voll und lang, die Farbe eher braungelb ausgeblichen und nicht, wie bei den meisten Kamtschatkabären, dunkel zobelfarben – alles bisher gesehene überbot. Im übrigen hatte ich aus der Luft auch »silvertip-grizzly-farbene« Bären beobachtet. Einige konnten es mit der in Arnolds Jagdzimmer liegenden Prachtdecke aufnehmen, obwohl deren Tatzen und Krallen sämtliche mir bekannten Rekorde schlugen. Nicht umsonst benötigte der Koloß fünf Teilmantel, bis er sich zusammenrollte. Da sich solche »Vorbilder« wie Zecken festsaugen, schüttelte ich mich innerlich sofort ab: Nur keine zu hohen Erwartungen! Gerade bei der Jagd zerstört falscher Ehrgeiz meist mehr als er nützt. Er gefährdet insbesondere die echte Lust an der Pirsch und bedroht außerdem die besten Freundschaften.

In Arnolds geräumiger Hütte gab es, neben der neuen russischen, weiß-blau-roten Fahne – den Farben der alten Zaren! – und einem Foto des gerade populären Jelzin, vor allem beachtliche Trophäen an der Wand. Neben vier fein säuberlich gebleichten, goldmedaillengeschmückten Bärenschädeln, prangten dort ein Traum-Elchschaufler (natürlich Gold!) und vier kapitale Schneeschafwidder (Kamtschatka-Schneeschaf, Ovis nivicola n.): Keine Stirnwehr unter einem Meter Schneckenlänge! Natürlich – und Arnolds leicht verlegenes Grinsen erhärtet dieses Urteil – schießen die Einheimischen, wie überall auf der Welt, auch hier die dicken Brocken am liebsten selbst. Allerdings setzt sich inzwischen, vor allem durch die Zwänge und Erfahrungen aus dem knapp zweijährigen Jagdtourismus, die Erkenntnis vom Zusammenhang zwischen Image eines Reviers, gutem Trinkgeld und erzielter Trophäenqualität durch. Das beflügelt hoffentlich die Selbstdisziplin!

Bei Arnold, dem spindeldürren, aber drahtigen Draufgänger, fühlte ich mich jedenfalls in richtigen Händen. Jeder halbwegs erfahrene Jäger weiß bereits nach den ersten Minuten unverbindlicher Fachsimpelei: Hier stimmt die »Chemie«! Arnold, der von den Jägern der südlichen Halbinsel gewählte »Oberjäger«, Vater von vier Kindern und im Augenblick auf die nach wie vor mächtige Nomenklatura nicht sonderlich gut zu sprechen, weil sie ihm die längst zugesagte Vier-Zimmer-Wohnung anderweitig verschacherte, ist ein ausgesprochen zupackender Typ.

Das belegt eines seiner recht amüsanten Erlebnisse. »Der gestreckte Bär war mit Hilfe von sechs Mann bereits im Bauch des Hubschraubers verstaut«, lacht Arnold, »wir saßen am offenen Feuer im Freien und schlürften Tee. Plötzlich ein Schrei des im Cockpit verbliebenen Bordingenieurs. Im gleichen Moment erscheint der ›geschossene‹ Bär in der offenen Seitentüre des Mi-8 und verhofft – etwas benommen zwar, aber alles andere als tot. Als ich das im Freien liegende Gewehr des Bärenjägers an mich reiße, fällt mir der Pilot in den Arm: ›Idiot! Willst Du den Hubschrauber in die Luft jagen?‹«. Während sich Arnold vor Lachen schüttelt, bringt sein

Studium einheimischer Weltrekordtrophäen.

Freund Vadim die Geschichte zu Ende: »Arnold legte das Gewehr weg, griff sich die neben der Feuerstelle liegende Axt und erledigte den unschlüssig an der Tür kauernden, todkranken Bären eiskalt mit einem Überraschungshieb auf den Kopf«. So kann man auch berühmt werden! Natürlich ist Arnold ein Anhänger der tief verwurzelten, russischen Lebensphilosophie: »Ein schlechter Tag bei der Jagd ist besser als ein guter Tag bei der Arbeit!«. Als ich sein geräumiges Fünf-Zimmer-Haus, mit massiven Holzböden, hohen Zimmern, sogar mit Stuck an den Decken und mindestens 1000 qm – allerdings völlig verkrautetem – Garten bewundere, verrät er, daß dieses Haus von seinem Vater erbaut wurde und er es als »Jagdhaus« behalten durfte. Auf meine erstaunte Frage, weswegen er bei so einem Domizil eine Stadtwohnung in einem Miethaus suche, erklärte er, daß er hier nicht an die kostenlose (!) Fernwärme

und Warmwasserversorgung angeschlossen sei und er außerdem viel zu wenig Zeit für die anfallenden Arbeiten habe: »Die Jagd und die Frauen, Du verstehst *schon*!« Interessanterweise bestätigte schon Niedieck im Jahre 1907 den Kamtschatkdalen »...einen zufriedenen Eindruck; sie scheinen äußerst träge und arbeitsscheu zu sein, denn selbst das Versprechen einer hohen Bezahlung konnte die Leute nur schwer veranlassen für uns zu arbeiten. Der Fremde wird mit großer Liebenswürdigkeit und Gastfreundschaft empfangen...«. Daran wurde ich bei der Pirsch laufend erinnert! Ansonsten scheinen selbst 70 lange Jahre strammer Kommunismus nicht viel geändert zu haben: »Der Himmel ist hoch, und der Zar ist weit«. Vor allem Moskau!
Voll Stolz zeigte mir der Jägerprofi später seine Ehrungen und jagdlichen Auszeichnungen. Nachdem er uns seine drei für die Winterjagd auf Zobel abgeführten Laika-Hunde vorgeführt hatte, lud er zu unge-

Die Kariaken wollen mehr Unabhängigkeit.

schälten »Kartoschki«, geräuchertem Königslachs sowie Kaviar. Letzteren in Mengen, daß jede Schickimicki-Party zu Hause dagegen klein und arm aussehen würde. Die Kartoffeln werden übrigens seit etwa fünf Jahren mit verschiedenem anderem Gemüse privat von den Bürgern in den jetzt erlaubten, wie Pilze aus dem Boden schießenden Datschas mit solchem Erfolg angebaut, daß sie mit allerlei anderen Nahrungsmitteln sogar auf dem Markt zu erschwinglichen Preisen zu bekommen sind. Ludwig Erhard läßt grüßen!
Nebenbei genehmigten wir uns – auch das will mal probiert sein – ein paar Schlückchen Spiritus pur, mit viel Wasser. Der Wodkaersatz ist ein Höllengesöff! Wie immer beim Essen, wo Russen erfahrungsgemäß meist auf »Durchzug« schalten und sich mit nichts als mit Besteck und Teller beschäftigen – an diese Eigenart muß man sich erst gewöhnen! – brach bald darauf jede Unterhaltung ab.

Zauberwort »Business«

Auch am nächsten Tag war Jagd angesagt. Wie heimlich erwartet, stand der für den Pirschflug bestellte Helikopter wegen »technischer Wartung«, später »weil im Fluggebiet Nebel herrscht«, dann »weil die Crew Ruhe braucht«, – die Litanei der Ausreden hätte ich spielend fortsetzen können –, nicht zur Verfügung. Hauptgrund war Treibstoffmangel!
Statt dessen besichtigten wir die Fischverarbeitungsfabrik von »Kampromochota«, der Dachorganisation der 12 Jagdwirtschaften Kamtschatkas, sowie das »Allerheiligste«, die Pelzproduktion der Jagdwirtschaften, von der Gerberei bis zum Modeatelier. Dabei beklagte man bitter, daß in diesem Bereich inzwischen fast ausschließlich für den innerrussischen Markt gearbeitet werden muß, da in Europa und den USA aufgrund der neuen, »progressiven« Modekultur, der Naturpelz vom Webpelz verdrängt werde. Im Hinblick auf modischen Pfiff war es mir allerdings nicht möglich, etwas für den Absatz zu tun und beispielsweise eine Nerzmütze zu erstehen, wenngleich bei einem Wechselkurs von 1 US$ = 47 Rubel

Jagdhaus mit eigener Thermalquelle.

das Angebot von 1300 Rubel verlockend gewesen wäre. Ein halbes Jahr später stand der Wechselkurs für einen US$ bei 250 Rubel, die Inflationsrate bei 1000%. Die Preisgestaltung war übrigens wesentlich marktgerechter als in der anschließend besuchten Kaviarabfüllung, wo es wie in der feinsten Edelsteinschleiferei zuging. Die Preise, selbstverständlich gleich in Dollar, hatten absolut Weltmarktniveau: Da konnte ich mich günstiger bei Dallmayr in München eindecken! Zobel war sowieso nicht zu haben. Der war längst in die »höheren Etagen« oder zur internationalen Pelzauktion gewandert, die jedes Frühjahr im sibirischen Irkutsk stattfindet.

Obwohl diese stark wirtschaftlichen Aspekte eigentlich nicht zu meinem Jagdprogramm gehörten, drehten sich alle Gespräche um die Zauberworte »Marktwirtschaft« und »Business« sowie – nach dem gerade überstandenen Putsch auf Präsident Gorbatschow fast beschwörend – um »Demokratie«. Dabei verstand jeder unter diesen Begriffen etwas anderes. Neben Unwissenheit, gepaart mit pseudoökonomischen Glaubensbekenntnissen, bis hin zu Euphorie und immer noch verbohrter Ideologie – insbesondere wenn die überfällige, zur Reform anstehende Eigentumsfrage, das Leistungsprinzip oder das unvermeidbare Arbeitsplatzrisiko ins Gespräch kamen – stieß man ständig auf fehlendes oder stark vernebeltes Management- und Markt-Know-how. Da andererseits das allgemeine Interesse für diese Fragen ungeheuer groß ist, war mancher Abend weit mehr mit anstrengenden Wirtschaftsgesprächen als mit geselligem Jägerplausch ausgefüllt. Interessant war, daß der internationale Jagdtourismus, übrigens ein erster, stabiler Schrittmacher in diesem Umwandlungsprozeß – trotz der auch hier bereits vorhandenen öffentlichen »Ausverkaufs-Kritik« russischer Ökologen! – nie in Frage stand. Im Gegenteil! Man hatte erkannt, daß im Bereich dieses hochkarätigen Individualtourismus schnell und ohne große Investitionen Marktwirtschaft praktiziert werden kann und sofort Devisen ins Land kommen. Auffällig ist, wie überall der Tauschhandel blüht – eine echte Schattenwirtschaft – und wie sich das kulturelle Leben befreit. Auch das religiöse! Mitten in Petropawlowsk-Kamtschatskij, an einem offenen Südhang über dem Hafen, entsteht gerade die erste – mit drei kugeligen, trotz Rohbau inzwischen schon vergoldeten Kuppeln weithin sichtbare – ausschließlich von Gläubigen finanzierte Kirche der Hauptstadt. Vor 70 Jahren soll die einzige kleine Holzkirche der Stadt geschlossen und bald darauf geschliffen worden sein. Der Hausherr, der griechisch-orthodoxe Geistliche, Pater Jaroslaw, Vater von drei Kindern, kam vor sechs Jahren auf die Insel und genießt bereits großes Ansehen. »Er ist übrigens ein tüchtiger Jäger«, schmunzelt Josef und erzählt von der Bärenjagd der Popen.

Vielleicht sogar Weltrekord

Zurück zu Arnold und unserem Vorhaben. Ihm ist klar, daß bei der Trophäenvorgabe »Über-zehn-Fuß« einiges auf dem Spiel steht! Nicht nur Bares! Es geht vor allem um das Prestige und das internationale

Ansehen Kamtschatkas in Jägerkreisen: Eine Weltrekordtrophäe, wäre die überzeugendste Werbung für dieses Jagdland! Darauf zielten unsere Überlegungen, wobei ich mich keiner Illusion hingab: Seltenes ist immer selten!

Am dritten Tag, nachdem ich über 15 Stunden mit dem Helikopter durch das weite Land gekurvt und aus der Luft über 120 Bären gezählt und teilweise, in schwindeliger Höhe aus der offenen Hubschraubertüre hängend, fotografiert sowie ihr Verhalten studiert hatte, bestätigten sich alle Erwartungen. Obwohl wir ständig Karibus, Auerhahnen und verlockend kapitale Bären entdeckten und eigentlich nie ganz klar war, wieviel diesen Brocken zur magischen Über-drei-Meter-Latte fehlen würde, hielt ich mich zurück. Mein Lauf blieb blank! Auch das gehört zum Kalkül!

Dies war besonders dann nicht leicht, als wir im bereits tief verschneiten Gebirge, an einer fast senkrecht abfallenden, verwehten Felswand einen wahrhaften »Monster-Bären« entdeckten, der gerade an seinem Winterlager werkelte. Trotz hektischer Beratungen und kühner Überlegungen sah man keinen Weg, mich dort erfolgversprechend irgendwo abzusetzen. Bei solch abschüssigem Gelände war an diese Höhle, noch dazu quer durch die verschneite steile

Jetzt erhält Petropawlowsk wieder eine Kirche.

Wand, nie und nimmer heranzukommen. Kein Zweifel, das wäre der Gesuchte gewesen! Sein bockiges Verhalten bewies augenfällig, daß er um seinen strategischen Vorteil wußte und sein Winterquartier mit Zähnen und Klauen verteidigen würde: Selbst,

Kariaken. Mit solchen Begleitern läßt sich gut auf Bären jagen!

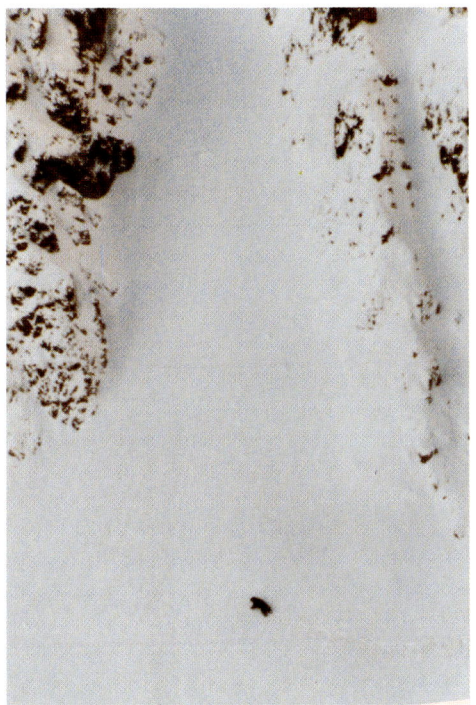

In der Steilwand auf dem Weg ins hochalpine Winterlager. Heuer für niemanden mehr erreichbar.

als sich der Hubschrauber – von Fallwinden und Böen arg gebeutelt – auf knapp dreihundert Meter heranwagte, rührte sich der Koloß nicht von der Stelle. Er hockte im Schnee und witterte zu uns mit vor Aufregung geöffnetem, dampfendem Fang herauf. Er wußte nur zu gut, daß ihm diesmal der gelbe Vogel und die ihn aus seinen Bullaugen neugierig beobachtenden Jäger nichts anhaben konnten. Unverrichteter Dinge, aber hellauf begeistert über diese verheißungsvolle Begegnung, drehten wir wegen der bald anbrechenden Dämmerung ab – die Reise war zu Ende!

Nun, dachte ich mit leichtem Ingrimm, der alte Schwerenöter soll in seiner Festung ruhig noch einen stillen Winter verbringen. Im nächsten Frühjahr werde ich irgendwo tief unten im Tal, dort wo die Schmelzwasser zusammenfließen, wo die endlose Tundra zu blühen beginnt und frische Knospen und Fischwaid locken, auf ihn, früh genug und gut ausgerüstet, warten. Schließlich ist sein »Fellmantel«, wie Niedieck schon schwärmte, sowieso »...am besten an dem Tage, an dem er die Schlafstätte verläßt, sie ist dann dicht und seidenweich«. Daran mußte ich denken, als ich Kamtschatka Richtung Jakutsk verließ. Eingezwängt in den viel zu engen Flugsessel vertröstete ich mich mit dem großen Russen Tolstoi auf's nächste Jahr: »Wenn wir meinen, alles sei verloren, fängt nur etwas Neues, Gutes an«.

Der Bursche läßt sich Zeit! Er ist noch knapp 40 Meter entfernt.

Jagd auf Büffel und Wasserwild
in Australien

Knieend, am Baumstamm angestrichen, erwarte ich ihn. Der Stachel kommt in der Mitte des zu einem ledrigen Bug aufgefalteten Brustkerns zur Ruhe – tief, aber nicht zu tief, sitzt sein Leben!, durchfährt es mich noch –, dann bricht der Schuß!

Buschabenteuer mit Crocodile Dundee«

Terry, der sich gern als »Son of a gun« eines Aussi, als australischer Teufelskerl sah und hinsichtlich lässiger Kaltschnäuzigkeit und profihaftem Draufgängertum dem berühmten Filmhelden »Crocodile Dundee« kaum nachstand – ausgenommen, daß seine eigene Story nicht mit Happy-End schließt – hatte uns für zwei Stunden Morgenbummel in Darwins schmucker Hauptstraße abgesetzt. Er wollte inzwischen fehlende Ausrüstung und genügend Proviant, insbesondere Mineralwasser, für unseren Jagdtrip ins Innere von Arnhemland besorgen. Dort und im Gebiet der wenig erschlossenen Marrakai-Sümpfe besaß er einige Lizenzen auf Wasserbüffel – Gänse und Enten galten als Dreingabe!

Unser Aussi war seit zwei Stunden überfällig. Vermutlich blieb er bei einigen kühlen Bierchen – »My favorite food! Mein Leibgericht!«, wie er glaubwürdig betonte – hängen. Uns war das gerade recht!

Die vergessenen, »echten« Australier

Wir beobachteten nämlich gerade in einer Grünanlage der 40 000 Einwohner zählenden Hauptstadt der Northern Territories fasziniert eine Sippe von 15–20 Aboriginals. Der lustige Palaver dieser auf uns zunächst recht »wild« wirkenden Ureinwohner, ihr kindliches Lachen, gepaart mit einem sympathischen, fast scheuen Miteinander, paßte nicht zu ihrem armselig »traurigen« Aufzug. Das Gemisch aus T-Shirts und Jeans, herumliegenden Cola- und Bierdosen sowie leergefutterter Fast-Food-Schachteln des nahegelegenen »Burger King« verdeutlichte schlagartig, was man längst weiß: Die Aboriginals – ein Prozent der Bevölkerung – sind seit Inbesitznahme des Fünften Kontinents durch James Cook im Jahr 1770 für die Englische Krone eine

Kurze Rast im unberührten, tropischen Dschungel der Cobourg Peninsula/Nordaustralien

stark verfolgte, diskriminierte Minderheit. Das steht ganz im Gegensatz zur Anweisung des englischen Königs an den ersten Gouverneur der neuen Kolonie: »Sie werden sich auf jede mögliche Art und Weise um die Eröffnung freundlicher Beziehungen zu den Eingeborenen bemühen und unsere Untertanen dazu anhalten, mit ihnen in Eintracht und Freundschaft zu leben«.

Die Aboriginals haben in diesem reichen, kaum besiedelten Land – zwei Menschen je Quadratkilometer, im Vergleich zu den 270 in Deutschland! – auch heute kaum Anteil am allgemeinen Wohlstand des 16 Millionen Einwohner zählenden Staates. Denkt man an die einst mutigen Jäger im Lendenschurz, an ihre auf Jagd und Sammeln ausgerichtete, ungezwungen freie Lebensweise und vergleicht man das mit dem heutigen, von Arbeitslosigkeit, Krankheit und Alkoholismus bedrohten Dasein dieser »echten« Australier, dann wird man mehr als nachdenklich. »Lady Äthylalkohol, hindere uns am Schreien, am Hassen, hilf uns beim Sterben«, klagt der australische Dichter Jack Davis an. Gegen den Alkohol der Europäer war der leicht narkotisierende »Pitcheri« der Aboriginals, eine Art Kautabak, der neben Fellen, Werkzeugen, Waffen aus Holz und Stein sowie Wildfleisch, den Tauschhandel der verschiedenen Stämme bestimmte, nahezu Balsam.

Die freundlich zu uns herüberblickenden Dunkelhäutigen sind Teil eines vergessenen, gejagten und entwurzelten Volkes, welches, wie archäologische Funde und Kultstätten belegen, vor etwa 40 000 Jahren aus den melanesischen Inseln in das bis dahin menschenleere Australien einwanderten.

Zwischen 1790 und 1920 wurden die etwa 300 000 Aboriginals von den neuen »LandLords« – anfangs hauptsächlich deportierte Strafgefangene! – systematisch aus ihren angestammten Territorien vertrieben und zielstrebig ausgerottet. 1930 gab es von ihnen nur noch 70 000, inzwischen zählt man wieder 165 000, ein Drittel davon sind Mischlinge. Ein Teil von ihnen lebt noch wie in der Steinzeit. Bis zum Jahr 1977, als die liberale Regierung mit dem »Aboriginal-Forum« und der »National Aboriginal Conference« ihnen zumindest

Banteng-Bulle. Ein mißmutiger Bursche.

Entwicklungsberatung gewährte, fristeten die dunkelhäutigen, mit schwarz-welligem, oft stark gekräuseltem Haar geschmückten, durch eine hohe, breite Stirn, starkes Augenjoch und tiefliegende Augen sowie eine fleischige, breite Nase geprägten Ureinwohner, in den ihnen teilweise schon ab 1837 als »Sanctuaries« zugewiesenen, menschenleeren Reservaten, ein mehr als kümmerliches Dasein. Die dort alltägliche Armut, die sie in die Abhängigkeit weißer Farmer und die Arbeitslosigkeit der Slums größerer Städte trieb, ist trotz einer Reihe erkennbarer Ansätze, bis heute längst nicht überwunden. Denkt man an die augenblicklich ganz Mitteleuropa, insbesondere auch Deutschland beschäftigenden, gewaltigen Probleme durch Ausländerzuzug und an die Integration von Millionen Gastarbeitern, dann stellen sich hinsichtlich der AboriginalProblematik natürlich schwerwiegende Fragen bezüglich der Ernsthaftigkeit dieser Bemühungen Australiens.

Selbst der um 1980 allmählich einsetzende Jagdtourismus, vor allem auf Wasserbüffel und Banteng in den Northern Territories südlich von Darwin und in den Sanctuaries der Aboriginals in Arnhemland sowie auf der Cobourg-Peninsula – der dort nur mit Erlaubnis der Ureinwohner stattfindet! – brachte diesen kaum mehr als ein mageres Zubrot. Sie erhalten von weißen Jagdveranstaltern, neben dem Wildpret, höchstens 30% des tatsächlichen Erlöses. Außerdem sind die Aboriginals – ganz im Gegensatz zu den Schwarz-Afrikanern, die in den inzwischen selbständigen Staaten des Schwarzen Kontinents meist auch den weißen Veranstaltern vorschreiben wo es jagdlich langgeht – nicht einmal als aktive Trakker und Skinner am Jagdbetrieb beteiligt. Anders als die weißen Großgrundbesitzer, welche Jagdnutzung und Wildvermarktung, in Abstimmung mit dem amtlichen Wildschutz, weitgehend selbständig ausüben. Erfreulicherweise gewannen in den letzten Jahren die australischen Naturschutzbehörden, wachgerüttelt insbesondere durch die ökologischen Probleme des Großen Barrier-Riffs, welches sich mit rund 2900 »Inseln« 2000 Kilometer lang vor der pazifischen Ostküste Australiens erstreckt, allgemein starken Einfluß. Dennoch wird ständig mit Verboten und fadenscheinig begründeten Maßnahmen, wie beispielsweise der inzwischen abgeschlossenen Reduzierung des noch vor einem Jahrzehnt millionenstarken Vorkommens der Wasserbüffel, von denen heute nur noch 5-10% übrig sind, der Ökonomie Vorrang gegeben. Die Büffel mußten nach amtlicher Version sterben, »um die Ökosysteme der Uferböschungen nicht zu zerstören«. In Wahrheit ging es um mehr Weideland für die Rinderzucht!

Aufbruch zur Vernunft

Trotzdem entwickelten die Australier »ein ausgefeiltes System von Nutzungsrechten, von wissenschaftlicher Überwachung und nicht zuletzt von Aufklärung und Umwelterziehung«, wie der WWF in seinem 1992er Bildband »Silberstreifen am Horizont – Aufbruch zur Vernunft« bestätigt. »Ours to use wisely! Behutsamer Umgang mit unserem Erbe!«, lautet die Devise.
Inzwischen läuft die amtliche Reduktion der ebenfalls die Weidegründe belastenden, etwa 500 000 verwilderten »Brumbies« auf vollen Touren. Den widerstandsfähigen, nicht mehr nützlichen, einstigen Militär- und Zugpferden widerfährt gerade das gleiche Schicksal wie etwa den Wasserbüffeln, den Wildeseln und in weiten Gebieten des Landes, den Kängeruhs. Eine Ende 1992 von dpa verbreitete Nachricht spricht inzwischen davon, daß Wissenschaftler den »kontrollierten Abschuß von jährlich 500 Koalas, allein im australischen Bundesland Victoria für notwendig halten: Seit Beginn der Besiedelung Australiens sind die Lebensgebiete der Koalas um 80% reduziert worden«, so die Meldung, »die Tiere haben sich so stark vermehrt, daß sie die jahrhundertealten Eukalyptusbäume, von deren Blätter sie sich ernähren, kahl fressen. Viele ihrer Artgenossen finden nicht mehr genug Nahrung und müssen verhungern!«.
Die Australier leisten sich auf diesem Gebiet nur ganz bedingt Gefühle. Auch deshalb, weil sie vorrangig die eigene Volkswirtschaft und die Weltmärkte zur Sicherung ihrer wirtschaftlichen und damit auch gesellschaftlichen Zukunft im Auge haben. Nur eine gesunde Wirtschaft kann unter anderem kostspielige Natur- und Umweltschutzaufgaben meistern. Eine Binsenweisheit, die inzwischen selbst von einäugigen Naturschwärmern anerkannt wird!
Erstaunlich bleibt die Kluft zwischen dem oft militanten Eintreten für bedrohte, »stumme« Tier- und Pflanzenarten und der Teilnahmslosigkeit gegenüber dem »schreienden« Unrecht bei den von Armut und politisch-wirtschaftlicher Macht bedrohten Menschen, insbesondere Eingeborener. Dem begegnet man in Afrika, Südamerika und Asien, selbst in Europa und eben auch im fernen Australien! Gerade in entlegenen, dem Alltagstourismus noch nicht erschlossenen Wildnisgebieten, begegnet man diesem Widerspruch immer wieder. Unabhängig davon, ob man gerade aus entlegenen Regionen Ost-Zambias oder Nord-Argentiniens, aus West-China oder von den zentralasiatischen GUS-Staaten zurückkehrt: man wundert sich häufig über die flinken und oft arg einseitigen »Vor-Ort-Berichte« vieler, meist offiziell von staatlichen Medien begleiteter Auslandskorrespondenten. So entstehen die abwegigsten Be- und Verurteilungen, insbesondere auch im Bereich Jagd und Artenschutz. Das gilt

nicht nur für die beispielsweise in Afrika lebenden, zu Hunderttausenden herumziehenden Elefanten oder Leoparden, sondern auch für den Alpensteinbock; einem Wild direkt vor unserer Haustüre. Wer spricht schon davon, daß dieses nach allgemeiner »öffentlicher« Meinung bedrohte Bergwild, wegen seiner beängstigenden Überpopulation – und nach exakter wissenschaftlicher Erhebung! – im Schweizer Engadin und im Kanton Graubünden, von 1977 bis heute durch 8000 legale Abschüsse reguliert werden mußte. Dennoch ist der Bestand von etwa 25 000 Säbelhornträgern im gesamten Alpenbogen, von der Schweiz bis in die Berge Sloweniens, absolut gesichert. Wie überall, so geht es selbst im nahezu unbevölkerten Australien um Lebensraumkonkurrenz zwischen Mensch und Tier, ausgelöst durch steigenden Bevölkerungs- und Wirtschaftsdruck. Dabei kommt, neben Flora und Fauna, auch der Mensch mehr und mehr unter die Räder.

Beileibe keine »Primitiven«

Die zurückliegenden Tage hatten wir auf der nordöstlich von Darwin gelegenen, mit Flugzeug über die Randmeere der Timorsee zu erreichenden Cobourg Peninsula gejagt. Terry hatte für mich eine der raren Banteng-Lizenzen aus dem unter Jagdrecht der Aboriginals stehenden, 2000 Kopf starken Wildrindbestand erworben. Mit einer amtlichen Sondererlaubnis zum Jagdbesuch der Halbinsel und der Landung – selbst Australier dürfen die »Sanctuaries« nur mit Spezial-Permit betreten, von den Aboriginals nicht erlaubte Bejagung gilt als schwerer Wildfrevel! – setzten wir nach einstündigem Flug mit einer kleinen Piper auf der blanken Sandpiste auf. Am Ende des bescheidenen Runway erwartete uns der gut 30jährige Aboriginal »Tiger«, Chief des etwa 50 Menschen zählenden Eingeborenenreservats. Trotz seiner höflichen Freundlichkeit bemerkten wir die seltsam ent-

Überall im Land finden sich jahrtausendealte Felsmalereien der einheimischen Aboriginals.

rückte Melancholie im Gesicht des Aboriginal und seines Begleiters. Diese mittelgroßen Menschen, deren mystische Rinden- und Körpermalereien, ebenso wie ihre bis hin zum südlichen Tasmanien anzutreffenden Felszeichnungen – sie sind dreimal so alt wie die Pyramiden der Ägypter und weit frühzeitlicher als die berühmten spanischen und französischen Höhlenmalereien – sind alles andere als »primitiv«. Zu ihrer Kulturleistung zählen nicht nur drei voneinander verschiedene Sprachen und unzählige Dialekte, sondern auch eine hoch entwickelte, nomadische Jäger- und Sammlerexistenz. Sie fußt auf einer großen Jagdtradition, wie der Bau von verschiedenen Lock- und Fanggeräten, die kunstfertige Erstellung steinspitzenbewehrter Pfeile und Speere, vor allem aber der Bumerang, beweisen.

»Ein besonderes Interesse gewährt es, den Eingeborenen Australiens bei der Jagd zu beobachten«, schreibt Max Ronin 1889 in seinem Buch »Jagden in fünf Erdteilen«: »In dem Augenblicke, wo dieser Naturmensch die Fährte eines Wildes entdeckt, dehnen sich die Nüstern seiner Nase aus, und er scheint mit einer wahren Wonne den Geruch des Wildbrets einziehen zu wollen. Sein Auge, das sonst ziemlich schläfrig und teilnahmslos in die Welt blickt, belebt sich und nimmt die Eindrücke der Umgebung mit einer wahrhaften Intelligenz auf. Der ganze Körper richtet sich in die Höhe und zeigt eine solche Geschmeidigkeit, daß er imstande ist, lautlos wie ein Gespenst über den Boden hinwegzugleiten. Wehe dem Tier, dessen Fährte der Australier entdeckt, – es ist unrettbar verloren!«

Wo sind diese Jäger? Wo die Mitwirkung der Aboriginals bei unserer Jagd heute, um etwa verzwickte Wildspuren auszuarbeiten? Die jägerischen Fähigkeiten der Aboriginals, die sie vierzig Jahrtausende ernährten, stehen denen des Buschmanns im südlichen Afrika in keinster Weise nach. Ihr Schicksal ähnelt außerdem in erstaunlichem Maße dem Buschmann und den Pygmäen, den Amazonas-Indios oder den Tschuktschen Ostsibiriens, um nur einige der bedrohten Naturvölker zu erwähnen. Größte Anstrengungen zu fairer Behandlung seiner Ureinwohner unternimmt augenblicklich nur Kanada mit seiner umfassenden Wiedergutmachungspolitik gegenüber den »Inuits«, wie sich die Eskimos selbst nennen.

Vor diesem Hintergrund ist unsere kurze Begegnung auf dem Grünstreifen in Darwin ein aufregender Blick zurück in ferne Jahrtausende. Gerade dann, wenn unsere Nachbarn – als solche scheinen sie uns zu betrachten, wenngleich wir für sie eigentlich gar nicht existieren – sich gegenseitig mit ihrer fremdartigen, rhythmischen Musik unterhalten. Das sind keine Lieder im üblichen Sinn, sondern uns unbekannte, mehr gesummt oder abgehackt hervorgestoßene Stimm- und Lallmonologe, variiert in kreischende Höhen und dumpfe Tiefen. Diese langen, zeremoniell erscheinenden Tonmalereien werden verstärkt von Stockschlägen auf einen hohl klingenden, etwa einen Meter langen Hartholzstamm, begleitet von geisterhaft dumpfen Tönen, die ein wüst aussehender Bursche einem armdicken Bambusrohr entlockt.

Es hat den Eindruck, als bringe man sich mit musikalischen Erinnerungen eine mystische, längst versunkene Vergangenheit zurück. Ein andermal ist mir, als versuche man Tiere und Vögel, vor allem den Wildtruthahn, nachzuahmen. Da kehrt sich der vormals große Jäger heraus, der mit Hilfe des von ihm erfundenen Bumerang – einem winkelförmigen Wurfholz, das zu seinem Werfer zurückkehrt, wenn es das Ziel verfehlt – einst Fleisch für den ganzen Stamm beschaffte. Erinnerungen an nomadisierende Jägersippen, deren einzige Behausung oft nur aus einem mit Blättern überdachten Windschirm bestand und die nie feste Hütten errichteten. Wie einst, jagen sie innerhalb des zwischen den Häuptlingen ausgehandelten Territoriums, ihre religiöse und soziale Bindung ist ausschließlich auf die Erde, auf die Natur und den eigenen Familienclan bezogen. »Die Kompliziertheit der Totem- und Klassenverwandtschaften, die Vielfalt der Riten und Zeremonien, wird von keinem anderen Naturvolk übertroffen«, schreibt Lutz Adron. Für die uns gegenübersitzenden Aboriginals sind die alten Traditionen, die Fähigkeit, Träume zu denken und »Traumzeitgeister« zu hören, vermutlich allerdings längst Vergangenheit.

Der mit den »Wadl«-Strümpfen

Das war auch so während der vorgestrigen Banteng-Jagd. Den Aboriginal-Chief interessierte weder Jagdverlauf noch Wild. Ihm ging es ausschließlich um das Fleisch und die Moneten. Keine Spur von Respekt oder geheimnisvoller Zwiesprache mit dem gestreckten Mitgeschöpf – so wie uns das von Jugend an eingebleut wurde.
War das eine spannende Jagd! Zwei lange Tage pirschten wir durch endlosen tropischen Dschungel, immer auf der Hut vor giftigen Schlangen – deshalb die hochgeschnürten Lederstiefel! – und den mörderischen Fleischameisen. Die Schönheit dieses Palmen- und Gummibaumwaldes, mit seinen exotischen Vögeln, den Kakadus, Papageien und Sittichen, sowie den steinharten, oft litfaßsäulengroßen Termitenburgen und geheimnisvollen Lagunen, fesselte uns bei jeder Pirsch. Die eigentliche Herausforderung bestand in der nahezu unheimlichen Vorsicht der rindergroßen Banteng, die vor 150 Jahren, zur Versorgung eines längst aufgelassenen Forts, hier eingebürgert wurden und sich zwischenzeitlich zu einer etwa 2000 köpfigen, erst vor zwei Jahrzehnten bei Luftaufnahmen zur Landvermessung entdeckten Herde entwickelten. Heute eine jagdliche Rarität, die auf Java und Sumatra nur noch vereinzelt in Freiheit anzutreffen ist und stark geschützt wird. Inzwischen ist auch in Australien, zumindest für die nächsten Jahre, die Bejagung des Banteng wieder untersagt. Die mit zunehmendem Alter von braun zu schwarz verfärbenden Banteng-Stiere, mit ihren kniehohen weißen »Wadlstrümpfen« und schräg abstehenden spitzen Hornwaffen – sie stehen an Mut den für die Arena gezüchteten spanischen Kampfstieren in nichts nach –, galten schon dem alten Brehm als die »edelsten und mutigsten aller Wildrinder«.

Waidmannsheil nach einer aufregenden Pirsch. Der Aboriginal-Chief freut sich mit uns.

Dann, Welle auf Welle, Magpie-Gänse!

Der von mir endlich nach tagelanger Pirsch am hellen Mittag im dichten Unterholz dösend überraschte, im Anpirschen plötzlich in den Stand hochgeschnellte Banteng, nahm das 33 Gramm-Geschoß der .458 Mauser aufs Blatt gerade so, als wäre es warme Luft. Als wir nach seiner kurzen, rasenden Flucht durch den »Scrub«, den verendeten Kämpen respektvoll in Besitz nahmen, zeigte sich, daß mir der Aussi vorschnell einen braven, längst aber keinen reifen Hornträger freigegeben hatte. Da waren wir während der Vortage an wesentlich stärkeren dran gewesen!

Wohl auch deshalb lud uns Terry gestern Abend in die mondäne Spielbank von Darwin. Er war vermutlich ebenso enttäuscht wie ich mit meiner nicht gerade überwältigenden Trophäe, als wir ihm nach einer Stunde zu verstehen gaben, der eleganten, unter gewaltigen Kristalleuchtern an den Spieltischen und am Roulette sich verlustierenden Schickeria der Northern Territories, wenig abgewinnen zu können. Hier bestand kein Erlebnisbedarf! Verständlicherweise ganz im Gegensatz zu den reichen Farmern des »Outback«, die oft 100 Meilen vom nächsten Nachbarn entfernt, monatelang ohne Kontakt zur großen weiten Welt leben müssen.

Unser Aussi blieb selbstverständlich bis in den Morgen hinein im Kasino, während wir zum Dinner zurück ins Hotel stapften. Dort tappten wir durch Dusseligkeit in eine unvorhergesehene Falle.

Das Zimmer meines Filius in der »Travel-Lodge« in Darwin lag, von einer Doppeltüre getrennt, die jeweils nur von der eigenen Seite geöffnet werden konnte, neben unserem Appartement. Alex schloß, gemäß »Dauerzeigefinger« des Vaters, seine Eingangstüre mit Schlüssel und Zusatzriegel ordentlich hinter sich ab und kam durch die Zwischentüre zu uns herüber. Mechanisch, verstärkt durch meinen Zuruf »Schließ bitte die Zwischentüre!«, zog der Junior seine von unserer Seite nicht mehr zu öffnende Türe ins Schloß. Alex' fast gleichzeitig hervorgestoßenes »Mensch!«, sagte alles. Sein Zimmer war wegen des von innen vorgeschobenen Zusatzriegels am Hauptzugang, auch von außen nicht mehr zu öffnen. Es dauerte über eine Stunde, bis Portier, Hausschlosser und Hotelchef mit beachtlichem Werkzeug – ohne Schaden anzurichten! – die verfluchte Türe wieder offen hatten. Mit gemischten Gefühlen von etwas kleinlauten, deutschen Jägern beobachtet, die Eins plus Eins nicht zusammengebracht hatten.

Nun, das war gestern abend. Augenblicklich saßen wir in der Nähe einer Gruppe musizierender Aboriginals und warteten leicht ungeduldig auf Terry. Als er endlich mit schrägem Cowboyhut auftauchte – das Leben und der äußere Habitus der Australier ist heutzutage weit mehr vom »American Way of Life« als vom Puritanismus Britanniens bestimmt –, übernahm ich das Steuer und chauffierte zum nächsten Schallplattenladen.

Erst Wochen später, bei der Uraufführung der dort erworbenen Aboriginal-Musik-Kassette, entdeckten wir den roten Beipackzettel: »Achtung! Bitte bewahren Sie äußerste

Diskretion, wenn Sie diese Musik im Beisein von Aboriginals abspielen. Die aufgenommenen Stimmen von möglicherweise inzwischen verstorbenen Sängern könnten große Trauer bei zuhörenden Verwandten auslösen. Bedenken Sie außerdem, daß verschiedene rituale Gesänge für eine Aboriginal-Gruppe mehr bedeuten können als für eine andere. Grundsätzlich sollten in einer Aboriginal-Umgebung diese Gesänge zuerst älteren Aboriginals vorgespielt werden.«
Ein vordergründiges Wohlwollen, wenn man überlegt, mit welch rücksichtslosen Methoden den Aboriginals früher ihr Land, ihre jahrhundertealten Jagdgründe und Kultstätten, und damit der Sinngebung ihres Daseins beraubt wurden. Erniedrigung und Verlust jeglicher Identität waren die Folge. Inzwischen holen die »Natives« auf!

Eldorado für Outdoor-Fans

Die Erinnerung an diese flüchtige Begegnung in Darwin ist auch all jenen ins Stammbuch geschrieben, die sich mit geringschätzigem »Ach Gott, weshalb Auslandsjagd?«, oft aus Ignoranz und fehlendem Informationshunger, solch einzigartige, persönliche »Nebenprodukte« einer Jagdreise entgehen lassen müssen.
Gastjagd ist heute längst keine Frage des Geldes mehr. Der jährliche Skiurlaub oder der Unterhalt eines Pferdes, eines Segelbootes oder anderer »gehobener« Hobbies kostet meist ein Vielfaches! Andererseits sind viele Individual- und Extremreisen, auch viele Jagdreisen in die Wildnis, heutzutage kein Honigschlecken. Sie werden vor allem schnell zur Qual, wenn man nicht bereit ist, den von heimischen Jagdklischees und fehlender Reiseerfahrung geprägten Blick neuen Erkenntnissen zu öffnen. Die besserwisserische Spezies der Jäger sollte sich mit derartigen Herausforderungen lieber nicht belasten! Schließlich heißt reisen vor allem »sich immer wieder überraschen lassen«, wie Oskar Maria Graf feststellt.
»Überraschung« kann man in Australien, das noch heute mit einer Aura des Geheimnisvollen, Unbekannten und Aberteuerlichen umgeben ist, fast stündlich haben.

In dieser Wildnis wird Pirsch zum echten Vergnügen. Selbst in der glühenden Mittagssonne.

Wichtig ist, gerade bei so fernen Zielen, ausreichend Zeit. Von ihr hatten wir diesmal reichlich im Gepäck. Hoffentlich! Erster Höhepunkt und Ouvertüre unseres Jagdurlaubes war die weltferne Cobourg Peninsula, deren menschenleere Traumstrände unter der Kontrolle der vor der Küste patrouillierenden Haifischverbände sowie der vom Süß- ins Salzwasser wechselnden Krokodile stehen. Der tropische Eukalyptus – Trockenwald, die exotische Farn- und Palmenlandschaft bleiben unvergeßlich und waren alle Mühe wert, die 20stündige Flugreise, böse Hitze, blutrünstige Mücken und staubige Straßen auf sich genommen zu haben.

Mit »Crocodile Dundee« gab es keinerlei Probleme. Er war ein echter Rundum-Profi und gleichzeitig ein zuverlässiger, anpassungsfähiger Kumpel, der instinktiv immer wußte, was Sache war. Das zeigte sich am nächsten Tag bei der Fahrt in die 200 Kilometer südlich gelegenen Marrakai-Sümpfe. Mit Terry konnten wir jedenfalls sicher sein, nicht das tragische Schicksal des deutschen Forschers Ludwig Leichhart zu teilen, der 1845 versucht hatte, von dieser Gegend aus ins unbekannte Arnhemland vorzustoßen, und dabei mit seiner ganzen Expedition spurlos verschwand.

Kurz nach Darwin befanden wir uns wieder im »Outback«. In der weitgehend von Menschen verlassenen Wildnis waren wir uns selbst überlassen. Auf dem schnurgeraden, mit dem Lineal in die Landschaft gelegten Highway , begegnete uns gelegentlich höchstens einer der zweistöckigen Überland-Viehtransporter, auch mal der Landrover eines Farmers oder Outdoor-Fans. Das war deren Eldorado! Pioniergeist und Freude am Abenteuer haben sich in diesem Land bis in unsere Tage hinein erhalten. Beim Anblick der riesigen, neben der Straße verlaufenden Überlandleitungen mußte ich unwillkürlich an die kurz vorher gelesene Geschichte des Stefan von Kotze denken, der Australiens Norden um die Jahrhundertwende bereist hatte und vom Bau des Überlandtelegraphen quer durch den Fünften Kontinent erzählt. Dabei berichtet er von einem alten »Neger«, den er durchaus als Autorität in allem, »was die Viehzucht betrifft«, anerkennt, der jedoch

Termitenburgen, »Malbäume« des Wildes.

beim ersten Anblick der neuen Stromleitungstrasse kopfschüttelnd erklärt haben soll: »Weißer Mann viel Schafskopf! Macht Draht so hoch. Alles Vieh läuft drunter weg!« Im selben Reisebericht wird höchst amüsant auch von einer Känguruh-Jagd erzählt: »Fast jeder Distrikt im Innern legt sich eine Steuer auf, die nach der Kopfzahl des Viehbestandes errechnet wird, um einen Kriegsfonds gegen die Vernichtung des Weidelandes (durch Känguruhs) zu gründen. Hunderte von Menschen leben lediglich vom Känguruh-Schießen«.

Daß dies nicht ganz ungefährlich ist und ein ausgewachsener, bis sechs Fuß großer

Känguruh-Mann ein beachtlicher Gegner werden kann, sobald er sich, in die Enge getrieben, stellt und kampfbereit seinen Verfolger erwartet, beschreibt von Kotze: »Kläffend fielen die Hunde auf den bejahrten Herrn. Aber heulend flohen sie wieder und einer von ihnen wand sich, von der schrecklichen Klaue des Hinterfußes aufgeschlitzt, im Todeskampfe auf dem Boden«. Kotze berichtete auch, wie ein Jäger beim Angriff mit seinem Pferd »das Gleichgewicht verloren (hatte), und geradenwegs in die kurzen Arme des großen, aufrecht stehenden Tieres gefallen (war). Wie ein Bär packte ihn der ›alte Mann‹, und eines seiner kräftigen Hinterbeine fuhr empor, um das Opfer aufzuschlitzen wie den unglücklichen Hund. Im selben Augenblick sauste der Hauptherdenführer vorbei, seinen Steigbügel schwingend, und wie von einer Kugel getroffen brach das prächtige Wild zusammen und wälzte sich noch immer mit dem ergriffenen Mann auf dem Grase umher«. Daran wurde ich unwillkürlich erinnert, als die ersten Wallabies, die gut hasengroßen Vettern der Känguruhs, links und rechts der Straße auftauchten.

Das ging allerdings oft so schnell, daß es kaum möglich war, gute Aufnahmen von den kleinen Beuteltieren zu schießen. Die ulkigen, höchst neugierigen Steppenspringer wußten wohl, daß eine zu lange Gafferei unter Umständen gefährlich wird! Alles übrige Wild war eigentlich vertraut.

Wolken aus Schwingen und Rudern

»Achtet auf Krokodile! In den teilweise ausgetrockneten Flüssen, Tümpeln und Billabongs ist man nie vor einer Überraschung sicher!«, warnte Terry beim ersten kühlen Bier im neu errichteten Camp. Die drei geräumigen, knallig orangen Hauszelte – eines als Küche und »Dining-Room«, die beiden anderen für die Jagdgäste sowie für den Guide und dessen Begleitjäger – standen, in einem Abstand von gut zehn Metern, im kühlen Schatten des kaum mit Unterholz bestockten »Paperbark«-Waldes. Durch ihn fielen ganze Bündel vielfarbig schillernder Strahlen der eben am Horizont versinkenden Abendsonne. Eine wahre Outdoor-Idylle! Weniger gemütlich waren die Moskitos, gegen die wir uns außerhalb des Zelts nur mit einer wahren »Dusche« Autan-Spray schützen konnten. Gottlob hatte das nach allen Seiten mit großen Netzjalousien durchlüftete und mit Moskito-»Fenstern« gesicherte, bequeme Hauszelt auch einen hochgezogenen eingeschweißten Fußboden, der Schutz und vor allem Sicherheit gegen die aggressiven Ameisen, gegen Skorpione und sonstiges »Gesindel« bot. Vor uns ausgebreitet lag – wie ein romantisches Gemälde des genialen Caspar David Friedrich – eine endlose Sumpf- und Wasserlandschaft, deren seichte Ausläufer bis auf Steinwurfweite an unseren Lagerplatz heranplätscherten.

Diese Kulisse ist für Australien, dem Land aller nur denkbaren Gegensätze, wo in den Hochgebirgen heutzutage sogar Wintersportparadiese locken, nichts Besonderes. Es gibt Gegenden, die ewig im Hochwasser versinken, während andere unter der glühenden Wüstensonne zerbersten: Bekanntlich heißt das Vaterunser des Australiers »Wasser!«.

Buchstäblich überwältigend war die mit Zigtausenden laut schnatternder und quakender Gänse und Enten übersäte, selbst mit dem Glas nicht abzumessende, teils knietief vor uns ausbreitende Seenlandschaft. An den landnahen Stellen spitzte überall zartes Gras durchs Wasser, auf tiefer ins Land eingeschnittenen Seitenarmen, den oft bodenlosen »Billabongs«, leuchteten suppentellergroße Wasserrosen und Sumpflilien. Farbenprächtige Blumengeschöpfe inmitten weit ausladender, hellgrüner, schwimmender Blattflöße, denen ich in solchen Ausmaßen bisher nirgends begegnete. In den schattigkühlen Untiefen der Billabongs tummelten sich Schwärme edler Fische, deren Namen ich im Gegensatz zu ihrem köstlichen Geschmack allerdings längst vergaß. Im weichen, wurzeligen Ufergelände trieb sich verständlicherweise das Schwarzwild herum. Teils beachtliche Keiler. Ungewöhnlich nervös und nur schwer zu bejagen, hellwach und immer auf der Lauer vor ihrem Erzfeind, den tückischen Krokodilen. Dorthin, in die etwas unheimliche Welt der Billabongs verirrte sich nur sel-

ten ein Schof Enten, und auch die Gänse wußten, weshalb sie diese Gefilde mieden. Dort war es anders als auf den flachen, von Wäldchen und kleinen Anhöhen durchsetzten, wenig tiefen Seen, die an unter Wasser stehende Äcker und Wiesen zu Hause erinnerten. Auf den Wasserflächen lagen Gänse und Enten – Ruderer buchstäblich an Ruderer – in Eintracht nebeneinander, den ganzen Tag und die Nacht über aufgeregt schwatzend und prahlend. Terry kannte die Wirkung dieser ungeheuren Versammlung auf Fremde. Er trank sein Bier und schmunzelte vor sich hin. Wenn dieser Anblick einen Jäger nicht wirft, so dachte er wohl, dann tuts nichts sonst auf der Welt! Dabei deutete er, wenn neue Pulks rastsuchender Wasservögel heranschwebten oder sich vereinzelt zum Äsen in die trockeneren Wiesen und Felder empfahlen, selbstzufrieden in den abendlichen Azur. Erst jetzt erfuhr ich, daß sogar hier, bei den endlosen, in Privatbesitz stehenden Ländereien – eine Farm dieser Gegend soll die Größe Englands haben! – erheblicher Saatgutschaden durch die Wasservögel beklagt wird.
Erstaunlich war, daß Terry, trotz des unvorstellbaren Reichtums, am Abend keine Flinte freigab. »Morgen früh versuchen wir uns zuerst auf Büffel«, meinte er fast philosophisch, »nach dem Hauptgericht gibts den Nachtisch!«. Auch recht!, dachte ich und horchte hingerissen in die anbrechende Nacht hinaus, wo sich der abendliche Spektakel von Myriaden geschwätziger Vögel steigerte. Natürlich brannte ich darauf, in die beim ersten Schuß sich erhebenden Wolken aus Schnäbeln, Schwingen und Rudern hineinlangen zu können. Allerdings, das wußte ich bereits, war nach etwa 20 Stück Feierabend! »Viele dieser Arten sind geschützt«, so der Guide, »da Selektion nicht möglich ist, gilt Restriktion, die bei diesem Vorkommen keine Art bedroht!«. Dahinter verbarg sich, wie die nächsten Tage zeigten, keine scheinheilige Floskelei. Guide Terry, wie jeder Australier stark naturverbunden und überzeugter Natur- und Outdoor-Fan, nahm es mit dem Naturschutz gerade bei der Jagd sehr genau. Selbst in dieser unberührten Wildniswelt hatte man inzwischen dazugelernt!

Umso entsetzter ist man heute in Australien über die beängstigende Vergrößerung des Ozonlochs und die hiervon verursachte, von den Industrienationen der nördlichen (!) Hemisphäre ausgelöste, Gefährdung. Nicht nur in Australien werden inzwischen die Menschen überdurchschnittlich stark, beispielsweise von Hautkrebs, bedroht. Auch Vögel und Säugetiere sind, vor allem in Australien, in ihrem Fortpflanzungs-und Brutverhalten bereits von den Folgen des gefährlichen, ungefilterten Sonnenlichts betroffen. Ein Grund für uns, sich während der Jagd mit einem breitkrempigen Hut sowie einer Creme mit Lichtschutzfaktor zu schützen. Das hinderte und nicht, diese Pirschtage ganz im Sinne des alten Griechen Xenophon zu nutzen, der vor 2000 Jahren schon über Jagd und Jäger schwärmte: »Der Nutzen den sie dabei finden ist mannigfach; sie werden nämlich ihren Körpern Gesundheit verschaffen und mehr Schärfe in Sehen und Hören, und daß sie weniger altern«.

Wie Panzer im Schlamm

Feuchter, kalter Nebel hing ums Zelt, als wir bei völliger Dunkelheit, gegen fünf Uhr früh aufbrachen. Nach zwanzig Minuten stiegen wir aus dem offenen Pickup und ließen allen Ballast, selbst unsere persönliche Habe zurück. »Auch Geld und Papiere?«, fragte ich unsicher unseren »Crocodile Dundee«, der mit einer Handbewegung reagierte: »Natürlich! Hier kommt außer einem Büffel oder ein paar Kakadus niemand vorbei!«. Gegen Mittag hatte ich allen Grund, diese Entscheidung zu verfluchen!
Während der Pirsch durch lichten, teils von hüfthohem Sumpf umstellten Galeriewald, entdeckten wir mehrfach frische Büffellosung. Die lehmgrauen Brocken waren also während der Nacht zum Äsen und Schlammbaden in die vor uns liegenden, im Augenblick erst erahnbaren Sümpfe eingewechselt.
Den Nervenkitzel, den eigentlichen »Kick« dieser im Vergleich zur Jagd auf den afrikanischen Kaffernbüffel weniger »gefährli-

chen«, das jagdliche Können allerdings nicht minder fordernden Großwildjagd, brachten die allgegenwärtigen Krokodile. Simon, der auf dem noch von grauem Morgenschleier verhangenen Ufersaum vorauspirschte, hielt, vor allem wenn wir durch wadentiefe Sumpfbereiche stakten, die rechte Hand automatisch am Kolben des an seiner Hüfte baumelnden, langläufigen 38er Colt. Er war vorsichtig. Schließlich sammelte er in den letzten Jahren als Büffel-Culler in den Northern Territories viele ganz persönliche Erfahrungen! Simons Hauptjob war, vor allem entlang des oft unwirtlichen Katharinen-Flusses, die mit Hubschraubern in kilometerlange Netzreusen gehetzten Büffel zu »cullen«. Dabei zählte das Tempo, gestrecktes Wild anschließend aus der Decke zu schlagen und es zum Abtransport in die Tierfutterfabriken fachgerecht zu zerwirken. Kein Wunder, daß der dadurch inzwischen recht wohlhabende Mittzwanziger, mit der Zeit für einen Büffel nur höchstens noch 25 Minuten benötigte: Da saß jeder Schnitt und jeder Handgriff!

Am Rande einer weitgestreckten Lagune hielten wir, gedeckt durch einige Paperbark-Bäume, an. Nichts, außer dem leisen Gurgeln des gegen uns laufenden, leichten Wellengangs, störte den frühen Morgen. Endlich, als sich erste zaghafte Vogelstimmen meldeten und sich eine Wolke laut krakeelender, weißer Kakadus in undiszipliniertem Durcheinander über uns hinwegbewegte, entdeckten wir weit draußen eine Vielzahl schwarzer Punkte. Büffel! Trotz der lichtstarken Ferngläser, im Wasser noch kaum erkennbar: Dort drüben, auf den brusttiefen, von brackigem Wasser überdeckten Sumpfwiesen, vergnügten sich Dutzende der bis 800 Kilo schweren, lehmgrauen Hornträger. Wir interessierten uns natürlich ganz besonders für die abseitsstehenden, schwarzen Flecke – das waren die einzelgängerischen Bosse! Simon befürchtete, die Wasserbüffel würden sich mit zunehmendem Tageslicht in die ufersäumenden Dornbuschfelder zurückziehen. Vermutlich auch hier auf der Hut vor den gefährlich knatternden Propellermonstern, die ihnen seit Jahren nichts Gutes mehr verheißen!

Jung oder alt? Wie lange halten die Nerven der lehmgrauen Kolosse?

»Du hast nur einen Schuß«, mahnte Terry, als wir näher an die »Maccia« vorrückten, »dann ist die Herde im Dickicht!«
Voll Vertrauen in die .458er Mauser, war klar, daß ich mir nicht den kleinsten Pfusch leisten durfte. Ein angeflickter Büffel war in diesem Dornenverhau mit nichts in der Welt nachzusuchen oder zu bergen. Simon, der inzwischen voll die Regie übernommen hatte, packte mich plötzlich am Arm und fuchtelte, äußerlich völlig »cool«, auf einen etwa 300 Meter vor uns, mit erhobenem Haupt langsam aus dem Sumpf ziehenden, jetzt plötzlich bewegungslos in unsere Richtung starrenden, imposanten Hornträger. Ich hatte ihn voll im Glas und spürte, irgend etwas stört ihn! Mit dem in der Morgensonne schwarz aufleuchtenden Brocken wäre ich völlig zufrieden!, dachte ich, während der Büffel provozierend – so als wollte er uns aus der Reserve locken! – seinen massigen Quaderschädel mit dem mächtigen, säbelförmig nach hinten schwingenden Hornkreis immer wieder so heftig schüttelte, daß die Wassergras- und Schlingpflanzenfetzen darauf nur so durch die Luft flogen.
Die Jagd war jetzt schwierig! Wie ihm auf's Fell zu rücken? Wir warteten auf ein Wunder – und es geschah! Sichtlich verärgert, selbstbewußt und über die Maßen neugierig, drehte der Büffel bei und stolzierte, »mit steifen Beinen« und wiederholtem Scheinäsen sowie blitzschnellem Aufwerfen, schnurstracks auf uns zu. »Laß' dir Zeit«, flüstert Terry, »der kommt ganz nahe. Schieß ihn ja nicht zu weit draußen in den Sumpf hinein! Das gibt Arbeit!«.
Und dann schien plötzlich wieder alles verloren! Der vermutlich vorher über uns hinweggestrichene Schwarm Kakadus kam auf seiner Flugbahn genau wieder über uns zurück. Die hähergroßen Schreihälse entdeckten uns und drehten laut plärrend eine für uns gefährliche Protestrunde, ehe sie verdufteten. Der Büffel stand, bis zu den Knien im flachen Sumpf, starr und sichtlich unschlüssig, was er von diesem aufgeregten Gekreische halten sollte. Die Spannung stieg. Was würde geschehen? Die knapp zweihundert Meter Entfernung waren mir noch zu riskant. Vor allem, da der Büffel spitz zu uns stand und ständig sein klobi-

In den stillen, von riesigen Seerosen bedeckten Billabong

ges, hornbewehrtes Haupt sowie die Schultern bewegte.
Dann übertraf die Neugier doch seinen Argwohn! Kniend, am Baumstamm angestrichen, erwarte ich ihn, als er sich im Stechschritt nähert. Der Stachel kommt in der Mitte des zu einem ledrigen Bug aufgefalteten Brustkerns zur Ruhe – tief, aber nicht zu tief sitzt sein Leben, durchfährt es mich noch –, dann bricht der Schuß. Auf die Stelle gebannt, ungläubig auf sein noch immer nicht identifiziertes Gegenüber starrend, sinkt der Recke in sich zusammen

...mmeln sich unzählige Fische und Wasserwild – auch Krokodile!

und hört nicht einmal mehr das hämische Gezeter der davonzigeunernden weißen Kakadus: Sie hatten ihn noch gewarnt! Ein Prachtbüffel kam zur Strecke!

Hirsche, Kröten und Blütenpracht

Dann wurde gratuliert und gefeiert. Als nach Stunden Schufterei das Haupt, die Decke und die edlen Teile des Wildbrets geborgen waren, marschierte ich mit Simon zurück, um den Pickup zu suchen. Als er nach einer guten halben Stunde noch immer nicht gefunden war, gingen mir etwas die Nerven durch: Jetzt hat irgendein Strolch den Wagen geklaut! Die Brieftasche, meine Pässe und unsere Moneten sind hops! So eine Dämlichkeit, die Brieftasche im offenen, »ach so sicheren« Wagen zu lassen.
Gottlob blieben meine Ängste reinste Phantasie! Bald darauf fanden wir den Wagen mit allen Utensilien – der Tag war doppelt gerettet. Auf zur Heimfahrt!

Die Gänse kommen! Zeit lassen! Weit vorhalten!

Nach einem kurzen Lunch zogen wir uns in die Zelte zurück – Siesta! Terry und Simon versorgten sich, eine Strecke vom Lager entfernt, mit den besten Stücken des Wildprets, die sie in mitgebrachten, großen Kühlboxen verstauten. Gleichzeitig wurde das mächtige Büffelhaupt entfleischt, um es am Spätnachmittag, wenn die drückende Hitze etwas nachließ, auf offenem Holzfeuer, in einem primitiv zerschnittenen, halben Benzinfaß auszukochen: Field-preparation nach Aussi-Art!
Währenddessen lagen wir faul auf den Holzpritschen im angenehm durchlüfteten Zelt. Wir lauschten der inzwischen ebenfalls etwas schläfrigen Unterhaltung des draußen auf den Seen erwartungsvoll der abkühlenden Dämmerung entgegendösenden Federvolks.
Schlaf kam trotz des schattenspendenden Blätterdachs nicht auf. Mir war jetzt allerdings auch nicht besonders danach. Terry hatte für diesen Spätnachmittag den »Nachtisch« versprochen! Ein Schauspiel ohnegleichen stand bevor. Jetzt war die Stunde, angenehmen Gedanken freien Lauf zu lassen, sich gelegentlich frischen Sprudel aus dem gasgekühlten Refrigerator zu holen und über die uns Europäern eigentlich immer noch wenig bekannten Jagdmöglichkeiten Australiens zu sinnieren.
Ich wußte natürlich, daß sich die Säugetiere und Vögel dieses seit Millionen Jahren von der übrigen Erdmasse isolierten Kontinents in eine beispiellose, sonst oft nirgends anzutreffende Tierwelt entwickelt hatten. Es gab nicht nur die endemischen, eierlegenden Beuteltiere, sondern Dutzende exotische Vögel, vor allem Papageien, einzigartige Pflanzen und Orchideen und unzählige fremdartige Blumen. Neben dem straußenähnlichen Emu, den Koalas und wahren Prachtexemplaren fliegender Fledermäuse, gab es Echsen und Schlangen sowie eine Unzahl, in den vergangenen 200 Jahren eingeführte, inzwischen verwilderte, europäische Tiere: den Fuchs, das Kaninchen, Schwarzwild, den Rusa- und Axishirsch. Sie gehören heute ebenso zu Australien wie viele überflüssige und inzwischen verfluchte »Neubürger«, wie etwa die giftige Aga-Riesenkröte, die vor der Jahrhundert-

wende zur Bekämpfung von Zuckerrohrparasiten eingeführt wurde und sich inzwischen zur gefährlichen Landplage mauserte. Hierzu zählen ebenfalls die vor Jahrtausenden von den Aboriginals mitgebrachten Dingos, hochbeinig schlanke, spitzohrige, windhundschnäuzige und längst verselbständigte Wildhunde, von denen uns bereits am Abend zwei besonders neugierige Artgenossen, allerdings in züchtigem Abstand zum Camp, einen Kurzbesuch abstatteten. Ihr aufmerksam gelassenes Verhalten lag wohl auch daran, daß sie inzwischen – als einziger »Raubritter« in dieser sonst eher trägen und gefräßigen Fauna! – höchsten Schutz genießen und nicht mehr verfolgt werden. Das war nicht immer so! Manch gerissenes Schaf oder Kalb ließ bis vor kurzem noch die Wut der Farmer aufkochen – wahre Vernichtungszüge gegen die Dingos mit Eisen, Blei und Gift waren die Folge. Der Guide hatte schon am ersten Tag deutlich gemacht, daß die orangefelligen Gesundheitspolizisten tabu seien! Terry, ganz »Crocodile-Dundee« und umsichtiger Profi in dieser Wildnis, gab nach der bei dieser Hitze ausgesprochen widersinnigen »Tea-Hour«, letzte Regieanweisungen. »Ihr geht auf die dort draußen sichtbare, mit einem mächtigen Bayan und dichtem Busch bedeckte, leicht aus dem seichten Wasser ragende Insel und wartet bis ein Schuß fällt«, erklärte er. Als ich ihn nach der Tiefe des Wassers und dem möglicherweise auf der Insel, insbesondere im Lianengewirr des mächtigen Würgfeigenbaumes hausenden »Ungeziefer« fragte, winkte er ab. »No problem!« grinste er und übergab mir – so feierlich, als sei es eine Monstranz mit Hostien – seine Bock-Doppelflinte und drei Schachteln 4 mm Winchester Schrotpatronen. Wir schnürten uns die Hosenbeine in die hohen Pirschschuhe und wateten aufgeräumt durch das seichte, keinesfalls arg schlammige, mit zart sprießendem Gras durchsetzte Wasser. Obwohl sich der Aussi und sein Kumpel sicherlich eins lachten, stopfte ich zwei Patronen ins Doppelrohr – Vorsicht ist die bessere Hälfte der Tapferkeit! Alex schleppte die Munition, meine Frau die schußbereite Kamera. 200 Meter können verdammt weit sein!

Schofe, soweit das Auge reicht

Erstaunlicherweise ruderten die bald auf Schußnähe erreichten Enten nur etwas seitlich weg. Ein wahres Durcheinander krickbis kolbenentengroßer Schwimm- und Tauchenten, ebenso prächtig bis schlicht gekleidet wie unsere heimischen Quaker. Offensichtlich hatten sie noch keine unheilvollen Erfahrungen mit Zweibeinern und gaben sich deshalb völlig vertraut.
Bei bestem Tageslicht, kurz vor Abendeinbruch, erreichten wir das kleine, leicht morastige Eiland und bezogen – nicht ohne wie die Luchse den riesigen Baum und dessen Krone sowie die umstehenden Büsche begutachtet zu haben – Stellung. Inzwischen wurde das Rufen und Prahlen der Ganter und Erpel und des übrigen Weibervolkes stärker, der Sonnenuntergang war nahe. Gelegentlich erhoben sich kleinere Entenflüge aus dem »Millionenheer«, die aber an anderer Stelle schnell wieder einfielen. Hier war ihnen schließlich alles geboten. Nur einige kleine Verbände begaben sich auf abendlichen Nahrungsflug ins Grasland. Die während des Tages äsungsbeflissenen Gänse – vorwiegend höckerbewehrte Magpie, nach Terrys Auskunft aber auch Kanada-Gänse und zig andere Arten – verlegten sich währenddessen aufs erholsame abendliche Nichtstun. Die Spannung wuchs! Was wird passieren, wenn der erste Schuß den Lauf verläßt? Hoffentlich geht mir der Gaul nicht durch! »Du hast fünf Gänse frei! Enten dreimal soviel!«, entschied Terry und vertrat damit die Linie des ihm vom Land-Lord vorgegebenen Limits. Bald darauf begab sich Simon, wie ausgemacht – die sicherlich auch schon geladene Flinte auf der Schulter, den an der Hüfte baumelnden Colt griffbereit – entlang dem seichten Ufer auf den Weg zu dem uns gegenüberliegenden Waldsaum. Ich verfolgte ihn im Glas und staunte immer wieder, wie wenig er von den erkennbar nahe zu ihm auffliegenden Schnatterern zur Kenntnis genommen wurde. Nach einer knappen halben Stunde war er vor Ort.
Da! Der Hebeschuß! Noch einer! Dann einige weitere. Jetzt ging die Wolke hoch!

Der Rusa-Hirsch ist eine der vielen eingebürgerten, anderorts oft ausgerotteten Wildarten.

Die Lawine war losgetreten, entwickelte sich jetzt wellenförmig auf uns zu. Die erwartete »Explosion« blieb aus. Durch die Schüsse verunsichert, standen zunächst die Simon am nächsten liegenden Hundertschaften auf. Wie gewünscht, bewegten sie sich laut rufend direkt auf uns zu und nahmen dabei mehr und mehr andere, erst jetzt locker gewordene Schofe und Flüge mit. Das war keine heranschwebende Wolke, sondern eine in Wellen anrollende Brandung! Dabei wurde nur ein Bruchteil der schwimmenden Geschwader hoch. Der Rest ignorierte die für ihn nicht einzuordnende Störung. Die zu Hunderten, vielleicht zu Tausenden schnell näher kommenden, teils fächerförmig nach allen Seiten ausschwärmenden und immer höher kreisenden Pulks, schwebten über uns wie ein lebender Schleier aus Federn und Schwingen. Die Gänse lagen erwartungsgemäß fester auf und trachteten andererseits – sofern sie sich überhaupt belästigen ließen – wesentlich schneller danach, sichere Höhe zu gewinnen. Nachdem ich vor allem auf diese gewichtigen Flieger erpicht war, lag hier die eigentliche Aufgabe: Ich hatte fünf Gänse frei! Hoffentlich packte ich sie, trotz des klingelnden Ansturms. Schon waren sie über uns! Vorhalten!, hämmerte ich auf mich ein und jubelte innerlich, als der erste, bald darauf der zweite »Großsegler«, in unmittelbarer Nähe laut, einmal sogar direkt neben der Insel, ins Wasser platschte. Die letzte Magpie segelte, vermutlich weidwund, im Flug immer tiefer werdend auf das rettende Ufer zu, wo wir sie später, inzwischen verendet, bargen.

So jagt man in Australien!

Dann war der Spuk vorbei. Schneller als gedacht! Leider! Wen dieser Anblick nicht packt, der hat kein Herz!, dachte ich noch Stunden später und genoß noch lange diesen einzigartigen Nachtisch. Später, als die Beute eingesammelt war, marschierten wir vergnügt ins Camp zurück und dachten weder an »Ungeziefer« noch an sonstige Unbill. Indessen kreisten die letzten aufgeschreckten Wasservögel bereits wieder über den Seen. Dann fielen auch sie ein, gerade so, als wäre nichts geschehen! »So jagt man in Australien!«, lachte Terry, der uns mit dem obligatorischen kühlen Bier erwartete. Dabei strahlte er vor Freude und verhaltenem Stolz, wie man es von »Crocodile Dundee« und einem echten Aussi, für den Outdoor-life und Jagdabenteuer das wahre Leben sind, auch erwartet. Für ihn ist diese Welt alltäglich, selbstverständlich. Er hat keine Ahnung, was solche Stunden für den Gast aus dem zivilisierten Europa und dessen stille Träume bedeuten.

»Man würde sich wünschen, daß es noch eine Welt gibt, die völlig unberührt ist; von der wir nichts geahnt haben«, meint voll Resignation Elias Canetti. Die gibt es noch! möchte man ihm nach solchen Tagen zurufen. Die Frage ist nur, wie lange noch?

Schof auf Schof. Der Himmel »verfinstert« sich. Eine Lust für Wasserwild-Fans.

Schatten des Himalaya

Auf Bharal
in Nepal

Ein Blick auf den Piloten sagt alles! Kreidebleich, Schweiß im Gesicht, stößt er ununterbrochen seinen Hilferuf »Mayday! Mayday!« in den Äther, während der Hubschrauber in einer engen Spirale nach unten schießt!

War das ein Vormittag! Pünktlich um zehn Uhr tauchte die kleine Propellerhummel zwischen den Sieben- und Achttausendern des Kanchenjunga-Massivs auf und landete kurz darauf im ostnepalesischen Himalayadorf Ghunza. Dem kleinen Alouette-Hubschrauber entstieg Major Romero, der jugendliche, hochdekorierte Chefpilot Ihrer Majestät, des Königs von Nepal. Seine pikfeine Eleganz – Paco Rabanne Sonnenbrille, hellgelber, hochgeschlossener Seidenschal, bequemste Khaki-Uniform, die Hose mit messerscharfer Bügelfalte, hellgewienerte Bally-Boots und eine hochkarätige Rolex am Gelenk – paßte überhaupt nicht zu den neugierigen, etwas »derb« erscheinenden Bergbewohnern. Schon gar nicht zu den seit zehn Tagen jeder Zivilisation entwöhnten europäischen Blauschafjägern! Romero und sein gläsernes »Luftschiff« – einer der drei mit Druckausgleich für diese Flughöhe ausgerüsteten Hubschrauber der königlichen Flotte – wurden insbesondere von den in buntem Festtagsgewand und prächtigem Silberschmuck erschienenen Mädchen wie Sendboten aus einer anderen Welt bestaunt. Dort, wo sie herkamen, mußte das wahre Paradies sein! Kein Bewohner des 3200 Meter hoch und knapp zwanzig Kilometer von der Staatsgrenze zu Sikkim gelegenen Dorfes Ghunza ahnte, daß in der acht Flugstunden entfernten Hauptstadt Kathmandu das Leben – besonders für solche »Naturkinder« – meist nichts anderes als Verslumung, soziale Entwurzelung und Verelendung bedeutet. Im Vergleich dazu lebten die Menschen hier, trotz ihrer teils gnadenlosen Lebensbedingungen, buchstäblich auf dem Olymp.

Major Romero drängte zu Eile. In unmittelbarer Nähe des gewaltigen Achttausenders Kanchenjunga und seiner wilden Gesellen traute er weder dem gerade strahlend blauen Himmel, noch dem sanften Lüftchen. Er fürchtete die oftmals überraschend um die Mittagszeit entstehenden, aus dem Mittelhimalaya und dem tropischen Terai in den Osthimalaya hereinbrechenden Fallwinde und Sturmböen.

Der Weg nach Ghunza ist steil und beschwerlich. Nach vier Tagen meuterten sogar die Träger.

Jedem das Seine! Die Helfer freuen sich. Jetzt wird geteilt und mit harter Münze bezahlt.

Die kleine Hubschrauber-Kugel bot gerade Platz für den Piloten, für unseren Guide und uns drei Jagdgäste. Zusammen mit den Gewehren, der streng auf 15 Kilo limitierten Ausrüstung je Jäger und unseren fünf Trophäen – drei brave Blauschafwidder, zwei Goralböcke sowie die luftgetrockneten Capes – war eine Last zu schleppen, die problemloses Flugwetter voraussetzte: Immerhin mußten wir in 4000–5000 Metern Höhe, mehr als drei Stunden lang, durch beklemmend steile und tief abfallende Schluchten fliegen, um in Taplejung, dem kleinen Handels- und Verwaltungszentrum im wesentlich dichter besiedelten Mittelhimalaya, zwischenlanden und auftanken zu können.

Als wenig später Major Romero, ein echter »Clark Gable«-Typ, den Motor startete und ich Lapka und Nathang, meine großartigen Jagdführer, ebenso wie die vollzählig versammelten Dörfler – jeder den unvermeidlichen Glimmstengel im Mundwinkel – voll ehrlicher Begeisterung und innerer Fröhlichkeit lachen und winken sah, während ihnen hochgewirbelte Blätter, Gras und Zweige nur so um die Ohren flogen, schwand jeder aufkeimende Trübsinn:

Abschied ist in dieser Welt eine Selbstverständlichkeit; echte Freundschaft verträgt keine Sentimentalitäten.

Wahrlich eine »Via dolorosa«

Plötzlich, inmitten des allgemeinen Trubels hob Romero ab und in der nächsten Minute lag das Gebirgsdorf mit den wie Almhütten schindelgedeckten, teils zweistöckigen Blockhäusern und Berghütten, tief unter uns. Seine Bewohner schrumpften schnell zu winzigen Ameisen zusammen – ein großartiges Jagdabenteuer war zu Ende! Beinahe!

Wir hatten acht lange Tage in vier- und fünftausend Metern Höhe mit eisigen Winden, überraschendem Schneetreiben, rutschigem Fels und gleißender Sonne gekämpft. Vor allem der teuflisch dünnen Luft widerstanden und letztlich die scheuen Bharal, wie die Engländer das Blauschaf bezeichnen, überlistet.

»Solche Siege zählen doppelt!«, schrieb ich an dem Tag in meine Reisenotizen, als ich »Fünf vor zwölf«, nach mehrstündiger Gewalttour endlich zum langersehnten

Erfolg kam. Immerhin war das innerhalb von zwei Jahren bereits mein zweiter Trip in diese entlegene Gegend, und irgendwie glaubte ich nach diesem hohen Einsatz ein Anrecht auf eine brave Trophäe erworben zu haben! Insbesondere jetzt, als ich beim Rückflug durch den gläsernen Kuppelboden des Hubschraubers blickte und Hunderte von Metern tief unter mir, immer wieder den sich in vielen Windungen durch dichte Rhododendren- und Bergkiefernwälder sowie über steinige Geröllstrecken dahinschlängelnden, deutlich abgehobenen Steig vor Augen hatte. Dort unten wand sich, teils über schwankende Seil- und Drahthängebrücken, teils auf verfallenen, stundenlang steil nach oben führenden Felsquadersteigen und -treppen, der alte indisch-nepalesisch-chinesische Handelsweg, auf dem seit Jahrhunderten hochbepackte Trägerkolonnen, neben Silberzeug und Salz, alle sonst notwendigen Handelsgüter schleppten.

Welch ein Vergnügen, diese »Via dolorosa« – links und rechts begleitet von endlosen, bis in die höchsten Almen hinauf mit blühenden, kastanienbaumgroßen Rhododendren durchsetzten Wäldern – diesmal vom bequemen Hubschrauber aus genießen zu können. Und nicht, wie vor zwei Jahren, nach viertägiger, täglich zehn- bis zwölfstündiger Schinderei, völlig entkräftet Ghunza zu erreichen und dort angeschlagen eine Bergjagd beginnen zu wollen.

Das war seinerzeit ein ehrgeiziges, vielleicht sogar ehrenhaftes Unterfangen – jagdlich geriet es zur Schnapsidee! Wir hatten unsere Kondition bereits im Anmarsch verpulvert. Das Ergebnis dieser schließlich nicht gerade harmlosen, jägerischen Herausforderung war entsprechend bitter! Während der Hubschrauber jetzt wie ein Uhrwerk gleichmäßig mit uns nach Westen schnurrte – wobei der Welt drittgrößter Bergriese Kanchenjunga uns mit seinen eisgepanzerten Flanken und Zinnen noch

Vorbei an blühenden Rhododendren, Richtung Kanchenjunga. Der Koch wartet auf Tauben.

Lohn für eine Woche Schinderei. Drei reife Widder aus 4700 Metern Höhe.

eine gute Stunde hinterhergrüßte – hingen wir gedankenverloren den letzten Tagen nach und dachten gleichzeitig an das lang entbehrte Bad, welches uns, neben anderen Annehmlichkeiten, im »Yak + Yeti« erwartete. Dabei beklagte ich insgeheim, daß meine Erinnerungen schon jetzt wieder langsam verblaßten und sich, von Meile zu Meile mehr, die bisher verdrängten Alltagsfragen zurückmeldeten.

Es bewahrheitete sich erneut der melancholische Nikolaus Lenau, wonach das Glück »ein rätselhaft geborener, und kaum gegrüßt, verlorener, unwiederbringlicher Augenblick« sei. Das galt auch für dieses eben beendete Jagderlebnis, vergleichbar einem Laubhaufen, dessen untere Schichten, wie Dürrenmatt sagt, leider viel zu schnell zu Humus werden.

Glatt überrumpelt

Ohne noch viel Glauben an Erfolg zu haben – wir wollten uns schon mit dem einzigen Widder unseres Begleiters begnügen –, hatten wir gestern beim Lagerwechsel, jenseits der buschbedeckten Bergflanken, in etwa 4600 Metern Höhe plötzlich zwei kapitale Berg-Prinzen entdeckt, deren sichelförmig nach hinten geschwungener Kopfschmuck, selbst auf die gut 1000 Meter Entfernung durchs Spektiv, sofort unseren Puls anrührte. Daß uns die Widder sogar bei dieser Entfernung mitbekommen hatten, war ein Beweis ihrer Aufmerksamkeit. Andererseits bestätigte ihr Verhalten unsere Vermutung, daß sich die schlauen Bergbewohner von dort oben mehr als einmal einen Braten holen – was die Schafe natürlich nie vergessen.

Während meine Hand jetzt beim Rückflug über das knuffige Horn des gut Vierzehnjährigen meiner beiden »Rams« gleitet – die aus der Überrumpelung heraus freihändig gestreckte Blauschaf-Doublette steht heute weit oben im SCI-Record-Book –, schnurrt die gläserne Motor-Hummel zielstrebig Taplejung zu. Bei einer kurzen Zwischenlandung, wo der Hubschrauber aus 200-Liter-Fässern nachgetankt wird – dabei versorgen sich Dutzende von Leuten ungeniert mit Brennstoff für die eigenen Benzinkocher –, verabschieden wir uns endgültig von den fernen, hinter Licht- und Luftschleiern kaum mehr wahrnehmbaren Bergen des

Goral. Heute geschützt – nicht vor Wilderern!

Kanchenjunga. »Three more hours«, lacht der schnauzbärtige Romero, und freut sich auf das Rendezvous mit einer »quite lovely KLM-Stewardeß«.

Zunächst benötigt er jedoch sein ganzes Können, um den Hubschrauber durch die engen Schluchten des Mittelhimalaya, in die weniger riskante Region der endlosen Geröll- und Sandwüsten am Fuße der Gebirgszüge, zu steuern.

Inzwischen wird die Besiedelung dichter; Almweiden und waghalsig angelegte Hochterrassenfelder säumen unsere Flugbahn. Ackerflächen führen teilweise viele Hunderte von Metern bis zu den höchsten Bergkämmen hinauf. Dieses Gebiet gilt als Getreide- und Fleischlieferant des Landes, insbesondere für Kathmandu. Wenig später erreichen wir die von gewaltigen Urstromtälern der Himalayaflüsse gestaltete und aufgeschotterte, meist unfruchtbare Gesteinswüste. Wir überfliegen sie in etwa 800 Metern Höhe. »Noch zwei Stunden bis Kathmandu«, meldet »Clark Gable« und hält in Erwartung seines »Dinners« frohgemut Westkurs, Richtung Hauptstadt, die er zur Cocktail-Hour gegen 16.00 Uhr zu erreichen gedenkt. Plötzlich taucht rechts von uns der majestätische Mount Everest auf, Nepals voll vermarktetes und übererschlossenes Traumziel aller großen Bergsteiger der Welt. Ansonsten bietet die Landschaft wenig Aufregendes. Auch der im Süden erkennbare, tropische Dschungel des Terai – dort ziehen unter strengstem Wildschutz noch Elefant und Tiger, Panzernashorn, asiatische Antilopen und Gazellen ihre Bahn – gibt augenblicklich wenig her. Außer der bedrückenden Nachricht über die Bedrohung des WWF-Programms für Nepals Panzernashörner in Chitwan, deren Population von 1968–90 immerhin von 15 auf 400 anwuchs. Aber, so das WWF-Journal 3/1992: »Politische Unruhen seit 1990 ließen die Rhinos zu Freiwild werden. Die Tiere werden meist vergiftet – mindestens neun starben bereits durch Rattengift oder Pestizide: eine höchst einfache und effektive Methode des Nashorn-Wilderns. Die Hörner werden anschließend wahrscheinlich für bis zu 10 000 US-Dollar pro Kilo an Händler verkauft und zum medizinischen Gebrauch in den Fernen Osten geschmuggelt. Diese Preise schaffen einen großen Anreiz bei den armen Bauern in der Nachbarschaft des Chitwan National Parks, Rhinozerosse zu töten. Rasches Handeln ist angesagt: Naturschützer vor Ort wollen nun auf eine bereits in der Vergangenheit bewährte Methode

»Biltong« auf nepalesisch.

zurückgreifen. Naturschutz-Beauftragte sollen den Dorfbewohnern für Wilderei-Hinweise Geld anbieten. So würden viele Wilderer erwischt und potentielle Täter abgeschreckt.« Allerdings! Geld muß fließen!

Mayday! Mayday!

Eigentlich glauben wir uns mit einem Fuß schon in der heiß ersehnten Badewanne des Hotels, als der Hubschrauber plötzlich eine abrupte, enge Kurve nach links zieht. Während ich Romero noch Anerkennung zolle: Prima, der hat für Heinz ein Supermotiv entdeckt und dreht bei!, belehrt mich ein deutlich bis zu uns auf die Hinterbank vernehmbares »Mayday! Mayday!«, welches der Major in höchster Erregung ins Mikrophon haspelt, blitzschnell eines anderen. Ein Blick auf den Piloten sagt alles! Kreidebleich, mit Schweiß im Gesicht, stößt er ununterbrochen seinen Hilferuf in den Äther, während der Hubschrauber in einer engen Spirale nach unten schießt. Plötzlich ist die Glaskuppel von schwarzem, schmierigem Öl verdunkelt. Der Rotor verlangsamt sich, so daß wir die Propellerblätter fast einzeln erkennen können. Doch der Hubschrauber gleitet noch und stürzt nicht ab, wie von uns – in immerhin noch 400 Metern Höhe und völlig ausgeliefert – erwartet! Gerade als ich krampfhaft überlege, wie und durch welche Öffnung beim Aufschlag zu entkommen sei, dreht sich der Hubschrauber – kein Mensch weiß, mit welchem Manöver Romero diese Bremsung durch Eigenrotation des Propellers bewirkte – mehrmals um seine eigene Achse und schrammt im nächsten Moment mit ruppigem Aufschlag in den betonharten Sand. Während der Hubschrauber noch leicht wackelt und ächzt, reißen wir die kümmerlichen Plexiglastüren auf und springen ins Freie. Romero bleibt am Steuer, nimmt den Helm vom Haupt und lehnt sich zurück: Die Gefahr ist gebannt! »Today no dinner with young ladies«,

Dramatische Notlandung bei +40° in der Wüste. Glück gehabt! Die Rettungsaktion läuft.

frotzle ich, während »His Majesties pilot« unverzüglich Funkkontakt mit dem 200 Kilometer südlich gelegenen Stützpunkt Biradnagar und der etwa 400 Kilometer westlich stationierten Helikopter-Staffel in Kathmandu aufnimmt. Romero meldet die Notlandung und gibt unsere Position durch. Wir gehen davon aus, daß in den nächsten zwei Stunden eine Ersatzmaschine aufkreuzt. Vorsorglich begebe ich mich auf einen kleinen Erkundungsgang durch die in unmittelbarer Nähe tief ausgeschwemmten, ausgetrockneten Flußläufe. Ich weiß, daß wir außer einer Flasche Mineralwasser für fünf Personen nichts Trinkbares an Bord haben und spüre bereits jetzt argen Durst. Vorsorglich suche ich Stellen in Flußbiegungen, wo es sich lohnen könnte, nach dem oft unter tiefem Sand verborgenen Grundwasser zu suchen. Dabei brennt eine gnadenlose Sonne auf uns herab, die Temperatur liegt bei etwa +35°C im Schatten. Als ich zurückkomme, zeigt mir Heinz die Ursache des Desasters: Die aus V2A-Stahl bestehende, etwa einen Zentimeter dicke Öl-Hauptdruckleitung zur Schmierung des Rotors ist geplatzt, weshalb die Rotorachse sich fraß und sämtliche Drucksysteme ausfielen. Materialfehler!, beruhige ich mich, bis Heinz voll Entrüstung reklamiert, daß die Druckleitung an dieser Stelle schon einmal geschweißt worden war. So eine Schlamperei! Mensch, sage ich mir mehrmals, wir wären alle hopsgegangen, wenn diese Leitung fünf Minuten früher, in einer der engen, von der Talsohle bis in die Hochlagen hinauf mit dichtem Mischwald bedeckten Schluchten gerissen wäre! Da hätte uns selbst der erfahrene Romero nicht mehr gerettet! Statt des harten Aufsetzens in einer Sanddüne wären wir voll in die Baumwipfel gekracht! Und alles nur wegen einer primitiv geschweißten Hauptdruckleitung!

Alle oder keiner

Da sich Romero jeden Kommentars enthielt und er in Kathmandu mit Sicherheit

Glückliche Kinder in einer schönen, scheinbar heilen Welt. Welche Zukunft wartet auf Sie?

Sensationelles Weidmannsheil in 4600 Metern Höhe. Zwei Weltklasse-Blauschafwidder.

sein »Rasiermesser« ziehen würde, verzichteten wir auf jede weitere Tüftelei. Ungemütlich wurden wir erst wieder, als nach drei Stunden, kurz vor der Dämmerung endlich ein Hubschrauber auftauchte. Unsere Batterien fürs Funkgerät hatten sich inzwischen erschöpft. Man brachte Verpflegung, Mineralwasser sowie zwei Soldaten zu unserer Bewachung und erklärte uns, man würde jetzt mit dem Major ins nahegelegene Biradnagar fliegen und uns übrige morgen früh zum Rückflug in das heute nicht mehr erreichbare Kathmandu abholen. Als ich dem flotten »Clark Gable« unmißverständlich verklickerte, daß »ein Kapitän als letzter das Schiff verläßt« und wir nur alle wegfliegen können oder aber hierbleiben müssen, erklärte sich die Besatzung des Rettungshubschraubers nach langem Palaver mit Romero bereit, noch in der Nacht – entgegen den Vorschriften, welche Hubschrauberflüge nach 17 Uhr verbieten – uns gemeinsam nach Kathmandu zurückzufliegen. Die Beschreibung dieses abenteuerlichen Nachtflugs im Schatten des gewaltigen Himalaya – vor uns ständig bedrohlich schwarze, wilde Gebirgsstöcke, darüber der sternenklare Himmel – wäre einer eigenen Schilderung wert. Das ständig große Zittern war erst beendet, als endlich am Horizont die Lichter von Kathmandu auftauchten und der Hubschrauber, erwartet von einer Schar aufgeregter Uniformierter, auf dem Rollfeld aufsetzte. Jetzt war »Jagd vorbei!«

Obwohl nicht überliefert ist, ob der allseits als großartiger Flieger geschätzte Romero noch zu seinem »Dinner« kam, ist von uns zu berichten, daß wir plötzlich erstaunlich viel Zeit hatten uns an den kleinen Dingen des Lebens zu erfreuen. Das zeigte sich schon am Abend in Boris' berühmter Bar im »Yak+Yeti«, wo wir ausgiebig und nicht ohne Grund »Geburtstag« feierten. Den tollen Romero schlossen wir mit ein!

Haarscharf am Reinfall vorbei

Auf Big game und Hyäne in Zambia

Der Kerl hat geflunkert, denke ich immer häufiger, und bin plötzlich wie vom Donner gerührt. Keine fünfzig Meter vor uns, leise aber deutlich vernehmbar, zersplittern Knochen! Pause. Jetzt wieder! Das bedarf keiner Worte.

Endlich die erste, leichte Abendbrise. Langsam kühlt die flirrende Luft über dem dichten Mopanewald ab. Ein Kudu-Schmaltier verhofft minutenlang am Saum des Buschs und sichert wachsam in die Grassteppe hinaus. Geduldig, sehnsüchtig, durstig. Jenseits des brusthohen Riedgrases locken die wasserführenden »Pans«. Die Gegend um die seichten, pfannenflachen Tümpel ist hoch begehrt und gefährlich zugleich. Jede Kreatur kommt hier zum Schöpfen vorbei, manche sogar mehrmals täglich. Das wissen alle vierbeinigen Wegelagerer, darauf spekulieren die großen und kleinen Räuber der Wildnis. Keinem Grasfresser, nicht dem Friedfertigsten und nicht dem Schlauesten, bleibt dieser unheilvolle Gang erspart. Behutsam setzt die anmutige Jungantilope einen Lauf aus dem Schatten des Waldes. Dann den nächsten, wobei sie zu ihrem Unglück übersieht, wie sich trotz Windstille, keine zehn Fluchten entfernt, seit Minuten einige hohe Grashalme auffällig hin und her bewegen. Das Schmaltier achtet auch nicht auf das erregte Gekecker des Honigvogels, als es den letzten, verhängnisvollen Schritt aus dem Schutz des Unterholzes wagt.
Zur gleichen Zeit verabschiedet sich unter aufgeregtem Geschnatter der Jugend unser Hilfskoch Lazarus von seinem Dorf. Er strebt wohlgemut – einen gerade erstandenen Karton Eier gekonnt auf dem Kopf balancierend – entlang dem plattgetrampelten Pfad Richtung Camp, das er unbedingt vor der Dämmerung erreichen will.
Sein Weg schlängelt sich durch Mopane und Steppengras genau dort vorbei, wo eben noch das aufgeregte Gezeter des Honigvogels ertönte und wo sich, trotz völliger Windstille, merkwürdigerweise einige Grasrispen bewegten.
Und genau zu dieser Stunde, während des täglichen Aufbruchs aller hungrigen und durstigen Geschöpfe, sitzen wir wieder im offenen Geländewagen und verlassen, voll von trübsinnigen Gedanken über die bisher nicht gerade begeisternden Jagdtage, das erst kürzlich am Rufunsa errichtete Safari-Camp. Trotz aller Skepsis noch immer voll Erwartungen und Zuversicht. Schließlich waren wir in Zambia, diesem großen, traditionsreichen afrikanischen Jagdland, das

heute noch vierunddreißig verschiedene Wildarten, darunter so exotische wie die Black und Kafue Lechwe, den Gelbrücken-Duiker, den Crawshay Defassa Waterbuck, Liechtenstein's Hartebeest, das Puku und vor allem Afrikas beste Jagdgründe auf Sable-Antilope anbietet. Das etwa 290000 Quadratmeilen große und von über 8 Mio.

Kapitale Sable. Afrikas begehrteste Antilope.

Menschen bewohnte Binnenland, im Osten von Tanzania und Malawi, im Norden und Westen von Zaire und Angola sowie im Süden von Mozambique, Zimbabwe, Botswana und Namibia umgeben – seit 1964 unabhängig und ein politisch relativ stabiles Land im südlichen Afrika – mußte doch für einige aufregende Jagderlebnisse gut sein! Bei den ersten freien Wahlen im Herbst 1991 wurde der Einparteienstaat des Präsidenten Kaunda abgelöst. Die in sich zerstrittene, stark stammesbezogene Opposition übernahm die Führung des wirtschaftlich zerrütteten und gesellschaftlich rückständigen Landes. Hier ist viel nachzuholen – auch touristisch!

Des Rätsels Lösung

»Nur keine Aufregung, schließlich wurden wir durch den Amerikaner Paul bereits bei der Ankunft in Lusaka vor diesem ›neuen, unberührten Jagdgebiet‹ gewarnt«, grinste Alex. Ich wollte leider nicht wahrhaben, daß Paul in ganzen zwei Jagdwochen, trotz täglicher Früh- und Abendpirsch, »weniger Tiere sah als im Zirkus«, wobei ihn besonders empörte, daß das mehr als seltene Wild noch dazu ungemein »spooky« war. Gleichzeitig pries er das von ihm vor einigen Jahren bejagte Luangwa Valley, wo er jede Nacht Löwengebrüll ums Zelt hatte, während er in Rufunsa nicht einmal von Ferne eine Großkatze hörte.

Unser Professional-Hunter, den wir schon bald – wie sich später zeigte, mit gutem Grund – »Mr. No-Problem« nannten, ging mit einer schnippischen Geste über diese vornehme Frühwarnung hinweg. Schließlich hatte Paul ja eine »Katze« bekommen! Erst später erfuhr ich, daß der Ami den Leoparden am hellichten Tag am Straßenrand, beim Verzehr einer Riesenechse überrascht und mit einem Schnappschuß – wie sich bald herausstellte, versehentlich und als zu geringe Trophäe – gestreckt hatte. Damit war bereits am Airport die erste, etwas ernüchternde Entzauberung perfekt. Das Maß lief vollends über, als mir anschließend der Zoll für neunzig Schuß .458er und .375er Munition glatte 250,00 US$ »Startgeld« abknöpfte. Die siebengescheite Aufklärung des Professional, ich hätte den Wert der Munition eben niedriger angeben sollen – dann wäre »no problem« entstanden! – war hinterher nicht mehr sonderlich hilfreich.

Aber was soll's! Jetzt waren wir in Zambia, das in diesem Frühsommer 1989, mit der Übertragung seiner sechzehn Jagdgebiete auf sechs anstatt bisher zweiundzwanzig Veranstalter, einen Neuanfang unternahm. Vor uns lagen zwei Wochen Großwildsafari auf Büffel, Antilopen und wahlweise Löwe oder Leopard. Also, ab ins Revier!

Die halbtägige Fahrt im Geländewagen durch die wilde, unerschlossene Ostprovinz des Landes, zunächst über breite, erst kürzlich für gewaltige Erzabbauprojekte in die Landschaft geschobene Sandstraßen, oder durch ausufernde, oft metertiefe Flüsse und über ausgedehnte, mischwaldbedeckte, teilweise schon stark gerodete Bergwaldregionen, war ebenso anstrengend wie abenteuerlich. Und gleichzeitig eine herbe Enttäuschung! Obwohl wir, meist im Schneckentempo, durch völlig menschenleeres, unbesiedeltes Gebiet holperten – dieses Grenzgebiet zu Zimbabwe ist wegen der unausrottbaren Tse-Tse-Fliege für Mensch und Haustier bisher unbewohnbar und deshalb weitgehend unberührt geblieben – begegneten wir keinerlei Wild. Weder während des Tages, noch nachts, als wir den großen »Lower Luangwa« Nationalpark durchquerten. Das war gespenstisch, rätselhaft! Es schien, als hätte eine unbekannte Seuche gewütet. Unbegreiflich! Wir sahen kaum einen Vogel, selbst während der stundenlangen Nachtfahrt leuchteten entlang des Weges nirgends, wie sonst üblich, die Seher neugierig verhoffender Wildtiere auf. Und die paar Karnickel, die gelegentlich den Weg langwetzten, waren beileibe kein Ersatz für die in Afrika üblicherweise hinter jeder Wegbiegung zu erwartenden Herden abspringender Antilopen. Nirgends die Begegnung mit einem Büffel, kein Elefant, geschweige denn ein Löwe oder Leopard, weder ein Schakal noch eine Hyäne! Nirgends wiesen Fährten und Spuren, höchst selten alte, verwitterte Losung überhaupt auf deren Existenz hin. Erst während der Rückfahrt in die Hauptstadt, sahen wir fern am Horizont im Nationalpark – die Schutzgebiete Zambias bedecken knapp ein Drittel des Landes, der Kafue-Nationalpark gilt

Für warme Dusche ist gesorgt. Echter Luxus.

als der fünftgrößte der Erde – eine etwa zehnköpfige Elefantenherde.

Müde und erschöpft erreichten wir nach ganztägiger Jeepfahrt das fast luxuriöse, bestens organisierte Camp. Ein sogar warmes Duschbad und ein lukullisches Begrüßungsdinner unter freiem Himmel, mit Crêpe suzettes zum Nachtisch, bestens bedient vom schwarzen Koch, ließen bald die ersten, bösen Ahnungen bezüglich Wildvorkommen und Jagdchancen vergessen. Bereits beim Frühstück, nach einer ruhigen, leider allzu ruhigen und gar nicht afrikanischen Nacht unterm Moskitonetz, äußerte ich aufkeimende Zweifel. Dabei war unser Jagdführer, welcher zum ersten Mal wie er zugab, selbständig eine Safari führte, noch recht kaltschnäuzig und voll rechthaberischer Ausflüchte. Aber das kannte ich!

Nach der anschließenden Erkundungsfahrt durch oftmals schier unüberwindbare Wildnis, entlang großflächigem Galeriewald, über ausgedehnte Riedgras- und Elefantendornflächen, durch Sumpfgelände oder über waldbedeckte Bergrücken hinweg, später zurück durchs zauberhafte Rufunsatal ins Camp, war der Guide dann doch etwas kleinlaut geworden. Während eines halben Tages Pirschfahrt hatten wir gerade sieben Impalas, ein Kleinrudel schwache Wasserböcke, einige Paviane und eine sofort in panischer Flucht abpolternde, mittelstarke Büffelherde gesichtet. Auf den Sandwegen waren kaum Zeichen von großem nächtlichen Treiben zu entdecken. Meine kitzlige Frage, ob das Fehlen des Großraubwildes, das uns, ausgenommen eine jugendliche Leopardenspur, bisher nirgends begegnete, nicht damit zu erklären sei, daß es für Großkatzen – ebensowenig wie für Greifvögel und Geier, nach denen wir ebenfalls vergeblich Ausschau hielten – hier einfach nichts zu holen gibt, brachte nach einigen weiteren Ausreden dann allmählich die Wahrheit zutage: Die Gegend war während des Befreiungskrieges des Nachbarn Zimbabwe Aufmarschgebiet regulärer Truppen und Guerilleros, die sich vorwiegend mit gewildertem Fleisch verpflegten. Dabei lag dieses Gebiet pausenlos unter feindlichem Bombardement. Diese folgenschwere Geschichte liegt gut sieben Jahre zurück. Die Wunden, die der Landschaft geschlagen wurden, sind inzwischen erst leidlich vernarbt; insbesondere die Wildbestände haben sich – was der Veranstalter vermutlich selbst nicht so recht wußte – bis heute nicht erholt. Das mußte noch andere Gründe haben! Die Antwort erhielten wir am späten Nachmittag, der überraschenderweise noch ausgesprochen spannend wurde.

◁ *Baobab. Der bis zu 20 m hohe und 10 m dicke Affenbrotbaum ist ein Teil der afrikanischen Savanne.*

Achtung! Wilderer!

Wir waren schon über eine Stunde unterwegs und hatten, außer den uns bekannten Impalas und Wasserböcken, noch keinerlei Anblick. Plötzlich herrschte bei den auf der offenen Ladefläche stehenden Schwarzafrikanern helle Aufregung. »Poachers! Wilderer!«, stammelten sie in Lenje, ihrem mit englischen Brocken durchsetzten Dialekt. Die nächsten Augenblicke erinnerten eher an einen Abenteuerfilm. Im nachhinein mußten wir schmunzeln, wie schnell wir den Geländewagen zum Stehen gebracht und die beiden unterladenen .458er durchrepetiert hatten. Auf den Sitzen stehend, entdeckten wir auf Büchsenschußentfernung am jenseitigen Waldrand, fünf oder sechs in armselige Klamotten gekleidete Schwarze, die kurz verharrten, sich beratschlagten und dann gebückt – mehrere davon mit Gewehren – in großer Eile Reißaus nahmen und im Busch verschwanden. Persönlich war ich froh, daß der Berufsjäger die Fahrt fortsetzte und nicht, was bei den scheinbar ungemein kampfeslustigen Schwarzafrikanern auf völliges Unverständnis stieß, mit einer waghalsigen Verfolgung Sheriff spielte. Es war offenkundig, daß zur Versorgung der hungrigen Dorfbevölkerung Wilddieberei auch hier zum Alltag gehörte und geduldet wurde. Später erfuhr ich, daß in der weiteren Umgebung zwei Siedlungen der Lenje, dem drittgrößten Stamm des Landes, liegen. Deren Bewohner sehen in der freilebenden Tierwelt – angesichts der allgemeinen Not vielleicht zu Recht – erbtes Eigentum. »Innerhalb der nächsten 20

Der Hinterlauf war zertrümmert. Wilderer! Deshalb griff uns die Büffelkuh urplötzlich an.

Jahre wird sich die Bevölkerung Zambias verdoppeln«, so der WWF 1992, »angesichts wachsender Armut und Arbeitslosigkeit ist illegales Jagen und Fischen immer noch an der Tagesordnung.«

Kaum war diese bei unglücklichen Verwicklungen gar nicht so harmlose Begegnung verdaut, als sich ein weiterer aufschlußreicher Zwischenfall ergab. Wir hatten gerade den einige Kilometer flußaufwärts zeltenden Wildhütern etliche Kartons mit Mehl, Zucker, Brot und Tabak überbracht. Kurz danach, bei der Heimfahrt, polterte vor uns in wilder Flucht eine kleinere Herde Büffel ab, die eine riesige Staubwolke aufwirbelte. Während wir noch über eine Verfolgung sprachen, trat urplötzlich, kaum fünfzig Schritt vom gestoppten Allrad entfernt, eine wütend prustende Büffelkuh aus dem Dickicht, offensichtlich im Begriff, uns im nächsten Moment anzunehmen. Da ich hinter einem kapitalen Bullen her war, verzichtete ich dankend auf den mir angebotenen ersten Schuß! Unmittelbar darauf, als der schwarze Brocken – eigenartigerweise mit gesenktem Haupt eher ziehend als heranstürmend – auf dreißig Meter nahe war, feuerte der Guide »In self-defense! Zur Selbst-Verteidigung«. Durch den Schub des 33-Gramm Geschosses gebremst, ließ die Angreiferin sofort von uns ab und strebte schwerkrank einem Dickicht zu. Kurz davor zwang sie meine auf den Trägeransatz gesetzte .458 TM zu Boden. Das ersparte uns eine zeitraubende, vielleicht nicht ganz ungefährliche Nachsuche, nach der sich mit Sicherheit niemand drängte.

Als nach arger Plackerei, mit lauten Kommandos, viel Geschrei und langen Stangen endlich die stark abgekommene Büffelkuh auf dem Jeep war, entdeckte der hartgesottene Breaker – der Tracker lief nur barfuß durch den Busch und drückte jede Zigarettenglut mit der nackten Fußsohle aus! –, daß der linke Hinterlauf der Büffeldame stark verdickt und völlig steif war. Wir zählten vier oder fünf Einschußverletzungen. Da war eine mit Schrauben, Bolzen und Nägeln gestopfte, primitive Patrone mit einer selbstgebastelten »Pupu« der Schwarzen aus nächster Nähe abgefeuert worden, die das Kniegelenk des Hinterlaufes zertrümmert hatte. Eine üble, wenngleich nicht seltene Wilderertaktik! Man zerschießt einem Büffel oder Elefanten ein Bein und hat dann leichtes Spiel! Die schmerzhafte Verletzung erklärte die widernatürliche Aggressivität der Büffelkuh, die plötzlich den Schutz der Herde entbehrte und sich als Einzelgänger sofort verteidigte. Während der Vorfall den Berufsjäger kaum erstaunte, bestätigte er mir schlimme Befürchtungen. Unsere Helfer interessierte verständlicherweise nur das ihnen zugeteilte Fleisch. Hunger schert sich wenig um Gesetze!

»Lazarus schwindelt nicht«

Ungeachtet des kühlen Biers und guten Abendessens, wäre das ein ziemlich trübseliger Abend geworden – ich hatte fest vor, die Jagd abzubrechen, schließlich war ich nicht zum Autofahren durch eine Wilderergegend gekommen! –, wenn nicht der Hilfskoch Lazarus mit einer sensationellen Neuigkeit aufgewartet hätte: Er war auf seinem Heimweg vom Dorf völlig ahnungslos und rein zufällig an jenem stillen Winkel vorbeigekommen, wo kurz vorher ein Kudu-Schmaltier aus dem Busch getreten war und übersehen hatte, daß sich unweit von ihm höchst verdächtig einige Grashalme bewegten. Und dann berichtete der Bursche, der vor Schreck seine Eierkiste fallen ließ und im Sauseschritt ins Camp spurtete, auch mir seine schier unglaubliche Leopardenbegegnung.

Trotz hartnäckigem Hinterfragen – wer sitzt schon gerne einem Gemisch aus Phantasie und Kafferbier auf? –, blieb er steif und fest bei seiner Story: »Lazarus schwindelt nicht!«. Deren Glaubwürdigkeit stieg, als er uns mit entsetzten Augen immer wieder schilderte, wie ein von ihm an einem Kudu-Riß überraschter Leopard, mit »furchtbar wütendem Gebrüll« durchs hohe Gras davongehetzt und keine hundert Meter ent-

Wer hätte zu diesem Helfer kein Vertrauen?

fernt, in einer riesigen Akazie aufgebaumt war. Vor Angst fast »tot umgefallen«, ließ unser Koch die Eier Eier sein, und lief, ohne sich umzusehen, so als sei der Leibhaftige höchstpersönlich hinter ihm her, ins Lager.
Ein Leopard am hellichten Nachmittag beim Ludern – das nimmt einem natürlich die Luft! Ausschließen wollte die fast unglaubliche Erzählung, insbesondere wegen des geringen Vorkommens an Beutetieren in dieser Gegend, allerdings keiner! Nach einem siegessicheren »No problem« des Jagdführers, beschlossen wir den Leoparden morgen, in aller Frühe, an seiner Beute zu überraschen. Zugegeben, ein waghalsiges, fast aberwitziges Unterfangen! Aber trotz der Risiken, im hohen Gras keinen tödlichen Schuß anbringen zu können oder die Raubkatze auf Nimmerwiedersehen zu vergrämen, setzten wir alles auf diese Karte. Jetzt schlugen auch eine gehörige Portion Ungeduld und angestauter Jagdeifer durch! Wir wollten's endlich wissen!
Noch im Einschlafen, begleitet vom hysterischen Geheul jener Hyäne, die allabendlich in der Nähe des Camps aufkreuzte, buchstabierte ich Wissen und persönliche Erfahrung über Wesen und Erfolg, Taktik und Tücke einer Leopardenjagd herunter. Wohl wissend, daß morgen dann alles ganz anders – eher wie eine schlechte Parodie auf diese Gedanken – ablaufen würde.
Bereits beim Anmarsch knisterte es vor Spannung. Der ortskundige Lazarus führte uns trotz tiefster Dunkelheit so umsichtig, als sei er sein Lebtag Fährtensucher und nicht Koch gewesen. Es erstaunt immer wieder, wie ausgeprägt in diesen scheinbar der Jagd und Wildnis längst entwöhnten Naturburschen auch heute noch Jagdinstinkt und Passion erhalten sind. Nicht nur in Afrika!

Nur noch einen Schritt

Allmählich dämmert der Morgen herauf. Wir kommen gut voran. Mich nervt natürlich die völlig unberechenbare Situation: Läßt sich die gerissenste aller Großkatzen bei Tageslicht, noch dazu im meterhohen Gras, überhaupt anpirschen? Wie ist sie sicher anzusprechen und zu strecken, wenn man alles nur vom Hörensagen kennt? Was tun, wenn der Räuber sein Opfer inzwischen ebenerdig in die schwer zugänglichen Felsen verschleppt oder in einem schlecht einsehbaren Baum versteckt hat? Was, wenn Lazarus gestern die durchtriebene Katze bereits so verstörte, daß Hyänen, Geier und Schakale inzwischen den gedeckten Tisch abräumten?
Plötzlich erstarrt der Afrikaner und geht in die Knie. Aha! Irgendwo hier in der Nähe mußte sich gestern das Schicksal des Kudu erfüllt haben! Die Anspannung wird unerträglich. Rechts dichter Busch, links dürres, brusthohes Riedgras. Das geht daneben!, prophezeie ich und umklammere meine .375er dennoch voll trotziger Zuversicht. Gebückt pirschen wir weiter. Warten, horchen – so geht es einige hundert Meter. Inzwischen liegen die ersten Sonnenstrahlen über dem Land. Der Kerl hat geflunkert, denke ich immer häufiger, und bin plötzlich wie vom Donner gerührt. Keine fünfzig Meter vor uns, leise aber deutlich vernehmbar, zersplittern Knochen! Pause. Jetzt wieder! Das bedarf keiner Worte. Die entsetzt aufgerissenen Augen des guten Lazarus sprechen Bände: Der Leopard ist am Luder, und verdammt nahe! Was tun? Die schaurige Walstatt entzieht sich jedem Einblick. Gottlob paßt der Wind! Auch der Guide scheint unschlüssig. Wenn das nur gut geht!
Da der Berufsjäger nichts unternimmt, entschließe ich mich zum Alleingang. Am Weg steht ein armdickes Bäumchen. Dort angekommen erhebe ich mich in Zeitlupe, stelle mich auf die Zehen, streiche an und gewahre durchs Gras, höchstens eine Schrotschußweite entfernt, eine kurze, schattenhafte Bewegung. Immer untermalt von diesem unheimlich leisen Knacken zersplitternder Knochen! Das aufkommende Jagdfieber, gepaart mit der lähmenden Ratlosigkeit, wie in dieser verzwickten Lage das nicht ganz ungefährliche Raubwild überhaupt angegangen und befunkt werden kann, frißt an den Nerven. Ich wähne mich mit meinem Latein schon am Ende, als das Geknacke erneut verstummt. Mich wundert es nicht, wenn der sicherlich längst vollgenudelte Leopard jetzt im hohen Gras ver-

duftet, resigniere ich. Schließlich ist schon heller Tag.

Da stockt mir erneut der Atem. Hier ist kein Leopard zu Gang! Durchs Gras zeichnen sich – nun ganz deutlich erkennbar – die kantigen Umrisse einer auf der Hinterkeule sitzenden, mißtrauisch nach allen Seiten sichernden Hyäne ab. Ein wahres Monster! Daß ich daran nicht dachte! Das ständige Knacksen hätte mich längst stutzig machen müssen. Andererseits: Eine alte Hyäne, ein ausgesprochener Nachträuber, bei Sonnenschein am Riß, noch dazu keine dreißig Schritt entfernt, das spricht gegen jede Erfahrung. Egal! Bei so einer seltenen Gelegenheit lasse ich mich nicht zweimal bitten! Da wird der Freibeuter kurz erneut sichtbar. Er horcht und wittert in alle Richtungen. Angst vor einer Leopardenattacke? Mein Entschluß steht fest: So ein Prachtexemplar, noch dazu ein unleidiger alter Herr ohne seine anrüchige Sippe in der Nähe, bietet sich so schnell nicht mehr an! Erneute Stille. Die Hyäne streckt argwöhnisch ihren Windfang in die Höhe. In Gedanken zeichne ich über Haupt, entlang Träger und Widerrist den im Gras verborgenen, hinten abfallenden Körper nach und entscheide mich für einen Schuß voll durch den grünen Vorhang. So etwas ist für eine .375er, noch dazu bei dieser Entfernung, kein Hindernis.

»Mach' noch einen Schritt!«, flehe ich insgeheim und spüre, daß mir das seit einer kleinen Ewigkeit angeschlagene Gewehr allmählich wie Blei in den Armen liegt.

Eine üble Verleumdung

Dabei dachte ich unvermittelt an die dressierte Hyäne in Alexander Doyles weltberühmter Erzählung »Der Hund von Baskerville«. Für einige Sekunden kam in mir, untermalt von der knochenbrechenden Begleitmusik, die seit der Jugend eingeimpfte Abneigung vor diesem »stinkenden, feigen, widerlichen Aasfresser« hoch. Reinste Voreingenommenheit und Verleumdung, nachdem ich doch längst wußte, daß das Gegenteil richtig ist! »Das Vorurteil«, hieß es schon vor zweihundert Jahren, »ist

Der Kudu, ein Symbolwild Afrikas.

das Kind der Unwissenheit!«. Wie wahr! Bekanntlich ist die bis eineinhalb Zentner schwere, in der Schulter knapp einen Meter hohe Tüpfel- oder Fleckenhyäne, deren Unterarten in nahezu allen afrikanischen Gras- und Buschlandschaften südlich der Sahara vorkommen, im Gegensatz zur kleineren Streifenhyäne Nordafrikas, Arabiens, Vorder- und Mittelasiens, weitaus mutiger und »appetitlicher« als ihr Ruf. Insbesondere die Tüpfelhyäne lebt nicht von den »Brosamen, die vom Tische der Reichen fallen«! Es ist unter Fachleuten unbestritten, daß die nicht mit den Hunden sondern eher mit den Schleichkatzen verwandten »Haifischaugigen«, wie Doyle übertreibend die Hyänen diffamiert, in der Regel ihre Beute in ehrenhafter Rudeljagd selbst töten. Das wissen die Forscher seit über einem Vierteljahrhundert, das dokumentiert auch der einzigartige Film »Die Wanderzüge der ostafrikanischen Wildebeest«. Und Grzimek, der Löwengebrüll und Hyänengekicher mittels Band aufzeichnete und später die »Musik« anderorts über Lautsprecher wieder abspielte, schreibt: »Dabei kam etwas sehr Verblüffendes heraus. Nicht die Hyänen kümmerten sich um das Löwenbrüllen, sondern die Löwen ließen sich umgekehrt durch das Hyänen-›Gelächter‹ anlocken... Diesem Ruf können die meisten Löwen nicht widerstehen; einer nach dem anderen geht dort hin... sie verjagen die Hyänen und tun sich selbst an der Beute gütlich«.

Die Geschichten über den häßlichen Unratfresser mit dem abschüssigen Rücken, dem »Geier« unter den Säugetieren, mit dem höllischen, mißtönenden Geheul, das einem kalte Schauder über den Rücken jagen kann – wohl ein Hauptgrund für die »Verteufelung« des »Heulwolfes« – der heimlich sogar Kinder stehlen und Leichen beseitigen soll, wie die Mär berichtet, ist ebenso falsch wie der Glaube, Hyänen seien Zwitter. »Da die Geschlechtsorgane der Männchen und Weibchen äußerlich gleich sind,« schreibt Grzimek, »halten sogar manche alten Farmer in Afrika an dem Märchen fest, eine Tüpfelhyäne könnte abwechselnd als Männchen Junge zeugen und als Weibchen Junge gebären«.

Selbst der aufgeklärte Robert Ruark saß der Legende »...daß die Hyäne häufig ein Zwitter ist...« auf. »Das Zwittertum scheint die letzte Pointe eines grimmigen Witzes über ein armseliges Biest zu sein«, verrennt er sich. Er ist wenigstens bereit, »Fisi, die Würdelose... gern zu haben und zu bedauern«. Dazu haben er und viele andere Afrikajäger auch guten Grund. Schließlich taten sie alle der Hyäne unrecht!

Den Aberwitz des Zwittertums tischte später auch unser Guide auf. Er wußte nicht, daß die sich an der Beute der nächtlichen Rudeljäger vergnügenden Löwen die eigentlichen Abstauber sind, welche die schwächeren Hyänen einfach um den verdienten Erfolg prellen. »Von 1052 Hyänen, die bei der Nahrungsaufnahme beobachtet wurden, verzehren 82 Prozent Beutetiere, die von Hyänen selbst getötet waren und nur elf Prozent die Beute anderer Raubtiere. Der Rest blieb unklar«, faßt der Forscher F. C. Eloff seine Untersuchungen über Hyänen in Südafrika zusammen.

»Fisi« hat's erwischt

Zurück zu »meiner« Hyäne. Als sie erneut hoch wurde, ohne mir einen Schuß zu ermöglichen, mußte ich die Waffe endgültig absetzen. Die Gefräßigkeit des gefleckten Räubers, der es auf 65 km/h bringen soll und selbst vor jungen Löwen und Nashornkälbern nicht Halt macht, scheint, im Gegensatz zum Unsinn der Zweigeschlechtlichkeit, weniger dem Reich der Fabel zu entspringen. Auch nicht die Berichte, wonach in die Enge getriebene oder hungrige Tüpfelhyänen Eingeborene angegriffen und sogar getötet haben.

So gesehen, erschien mir die überraschende Begegnung und die Absicht, dieses oft verkannte, ungemein schlaue und kräftige, die Phantasie sowie den Aberglauben des Menschen seit Jahrhunderten beflügelnde und selten in fairer Pirsch gestreckte Wild jetzt erwischen zu können, plötzlich als Herausforderung. Damit

◁ *»Fisi«, die alte Hyäne, hat es erwischt! Ein glatter Zufall, bei hellichtem Tag!*

konnte später öffentliche Wiedergutmachung gegenüber einem übel verleumdeten Geschöpf betrieben werden, welches insbesondere in seiner Heimat rücksichtslos verfolgt und verachtet wird.

Genau das beschreibt eine Geschichte in »Märchen aus Tansania«: »Es geschah einmal, daß zwei Hyänen Freundschaft schlossen. Täglich begrüßten sie einander. Eines Tages wurde die Frau der einen Hyäne krank, und ihr Mann sandte ein Kind zu seinem Freund. Ihm wurde ausgerichtet: Die Frau deines Freundes ist krank. Er antwortete: Ich werde kommen. Aber er ging nicht hin. Schließlich starb die Frau seines Freundes. Da wurde er wieder aufgesucht, und er sagte: Oh, ist die Frau meines Freundes gestorben? Ich werde hinkommen! Er blieb noch drei Tage, am vierten Tag brach er auf. Als er nahe an das Dorf gekommen war, begann er zu schreien: Frau meines Freundes Zimbiri, kehre zurück! Frau meines Freundes Zimbiri, kehre zurück! So schrie er, aber ins Dorf trat er nicht ein, er schrie nur davor. Dann verstummte der Schrei auch dort. Am Morgen schickte die Hyäne Leute: ›Geht, seht im Grab nach!‹ Die Leute kamen hin und sahen, daß der Leichnam herausgenommen war; die Frau der Hyäne war nicht mehr im Grab. Da wußten die Leute, daß derjenige, der mit soviel Geschrei herumgelaufen war, die Frau seines Freundes herausgescharrt hatte. Darauf gingen sie hin und sagten zu der Hyäne: ›Deine Frau befindet sich nicht mehr im Grabe.‹ Die Hyäne erwiderte: Ich weiß, wer schuld daran ist. So geht das Begräbnis der Hyänen vor sich. Und alle Leute wissen nun, daß das Begräbnis der Hyänen im Auffressen besteht.«

Minuten später ist alles vorbei. Vom peitschenden Büchsenknall tief erschreckt, kreist über uns ein mächtiger Batteleur mit gellendem Schrei. Der schwarzbraune Adler gewinnt schnell an Höhe, wobei sich sein neugierig nach unten gerichteter, zitronengelber Schnabel auffällig vom sonst schmucklosen Federkleid abhebt. Er verfolgt mit sichtlichem Interesse die zweibeinigen Gestalten, die sich gerade ungemein vorsichtig dem von ihm längst aus der Luft beobachteten, rotleuchtenden Fleck nähern. Dorthin, wo langgestreckt eine gefleckte, bewegungslose Kreatur liegt: mit halb geöffnetem Fang und leerem Blick, das struppige Fellkleid über den dicken Wanst gespannt, eine breite Schweißbahn auf der Brust.

»Gott hat ihr die Nacht geschenkt, warum muß sie allen anderen Wildtieren auch noch den Tag stehlen?«, meint vorwurfsvoll der Fährtensucher. Der Schwarze heizt meine Begeisterung über den unverhofften Jagderfolg erst richtig an, als er mehrmals die Ausmaße der Beute bestaunt und am Boden kniend, zu dem kaum mehr wahrnehmbaren Bäumchen am Wegrand zurückvisiert. »Lucky shot«, entfuhr es dem englischsprechenden Guide, der mir gut gelaunt zu meiner ersten »spotted« oder »laughing« (gefleckten oder lachenden) »Fisi« gratulierte. Das Wild hatte überhaupt nichts von einem übelriechenden, häßlichen Scheusal an sich. Es strahlte vielmehr die immer wieder eigenartige Würde einer verendeten Kreatur, und stank keineswegs, wie Ruark fabulierte, »...wie das verdorbene Fleisch, das sie frißt«. Im Gegenteil!

Ich war froh, daß meine schwarzen Begleiter sich sofort dem inzwischen übel zugerichteten Kudu-Riß widmeten. Er interessierte mich insoweit, als am Träger noch deutlich die tödlichen Eingriffe der scharfen Krallen und Fänge des Leoparden zu erkennen waren. Vor allem aber, weil der verblie-

Das blitzblanke, mächtige Gebiß des Räubers.

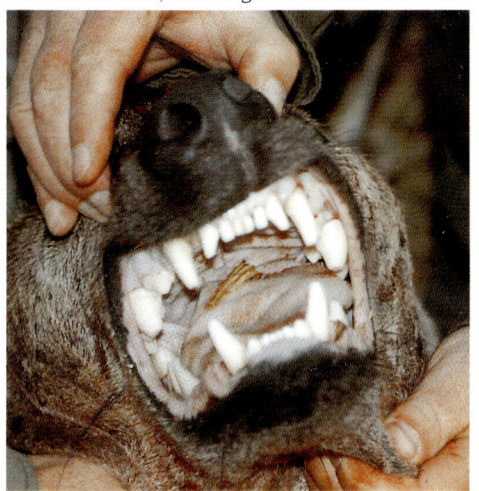

bene Rest immer noch einen wohlfeinen Leopardenköder abgab. Vorausgesetzt, die fröhlich in der Landessprache Chinyanja und im Lenje-Dialekt durcheinanderquasselnden Jagdhelfer bedienten sich nicht zu sehr für den eigenen Kochtopf! Plötzlich hatte jeder eine Plastiktüte.

Auf Löwe und Leopard

Als ich das bis zu den Lauscheransätzen blutverschmierte, wuchtige Haupt des »Tigerwolfes«, wie die Hyäne im südlichen Afrika früher genannt wurde, hochhob und die hinter fleischigen Lefzen und dicken Kaumuskeln verpackten, gewaltigen Kiefer entriegelte – welch ein herrliches Gebiß! –, verstummten die Afrikaner vor Graus: Wie kann man nur! Zum Glück sind sich diese Nachtjäger, deren hysterisches Gelächter, wie Ruark meint, »einem Gesellschaftsabend in der Frauenabteilung einer Irrenanstalt ähnelt«, nicht der furchtbaren Überlegenheit ihres Beißapparates bewußt, dachte ich mir, das würde die Rangordnung in der Räuberzunft ändern!
Nachdem die Trophäe auf dem Wagen verstaut und der Kudu-Kill in einer ausladenden Schirmakazie für einen Leoparden verführerisch und für den Jäger gut sichtbar »hingetüftelt« und verzurrt ist, wird in knapp 40 Metern Entfernung noch schnell ein Schirm für den Dämmerungsansitz improvisiert. Voll Hoffnung, gepaart mit leiser Skepsis, geht es heim ins Camp.
Ob der Leopard bei diesem Rummel nochmals Appetit auf seinen Kill bekommt? Nun, sagte ich mir, die Sonne des nächsten Tages bringt es an den Tag, während mein Blick fasziniert auf dem kraftstrotzenden Körper der Hyäne lag, welcher die halbe Pritsche des Wagens ausfüllte. Kein Wunder, daß die Menschheit seit ihren frühesten Tagen diesem Geschöpf, mit seinen schiefen Augen im kantigen, stumpfen Kopf, alles Boshafte, grenzenlose Raubgier, tiefe Grausamkeit und jede Abscheulichkeit, bis hin zur Leichenfledderei, andichtet.
So sehr ich mich auch bemühte, von diesen unsinnigen Verteufelungen wegzukommen, ständig ertappte ich mich bei solch

Ansitzschirm, wie eine Riesenmaske.

unhaltbaren Verketzerungen. Was kann auch Gutes an einer Kreatur sein, die mit scheinbar unstetem Blick ihren dicken Träger und keilförmigen Schädel immer nur flach – wie das leibhaftige schlechte Gewissen – über den Boden schleppt und deren Trott auf krummen, viel zu langen Vorderläufen und fast lahmem Hinterteil, nur mißgestaltet und klapprig wirkt? Der nächste Morgen glich mit seinen Über-

Den Trackern entgeht so leicht nichts.

raschungen und schier unglaublichen Verkettungen wie aus dem Leben Münchhausens.

Zu tiefster Nachtzeit schreckte uns urplötzlich ein gewaltiges Löwengebrüll, in nächster Nähe vom Camp, aus dem Schlaf. Als uns der Berufsjäger, vom Dröhnen der majestätischen Musik ebenfalls hochgescheucht, wecken wollte, waren wir schon marschbereit. Unterbrochen vom anhaltenden, inzwischen genau einzuortenden Löwengedonner, schlürften wir noch schnell eine Tasse Tee und waren uns einig: Zunächst rücken wir dem Löwen »auf die Mähne« und versuchen erst anschließend unser Glück am Leoparden-Kill. »Wer den Fuchs fangen will, muß mit den Hühnern aufstehen!«. Lange vor dem »Federvieh« marschierten wir los, wollten dem überraschend aufgetauchten Pascha keinen Vorsprung lassen. »Er zieht auf der Sandstraße«, sagte der Tracker, »er bewegt sich schnell und schneidet querfeldein einfach die Wegkurven ab!«.

Es dauerte geraume Zeit, bis wir – der Fährtensucher immer etwas voraus – entlang der im Sand eingegrabenen Löwenspur allmählich aufholten.

Dazwischen packte uns immer wieder seine Donnerstimme: »Gut gebrüllt Löwe, wir kommen!«. Die kurzen Zweifel des Guides, der im diesigen Morgenlicht einen neben der Löwentatze laufenden, kleineren Abdruck zunächst als Zeichen einer Löwin mit Nachwuchs angesprochen hatte, wurden gottlob schnell wieder ausgeräumt. Die Nägeleingriffe bestätigten: Hyäne! Nun, Vorsicht ist hier kein Luxus!

Schließlich gilt die Jagdstrategie, wonach der Löwe mit seinem Gebrüll solange für Panik in den Wildherden sorgt, bis seine abseits lauernde Begleiterin mit sicherem Sprung zugeschlagen hat, als Regel. Gottseidank war dieser Schwerenöter alleine unterwegs, die Gefahr zwischen zwei jagende Löwen zu geraten schien damit gebannt. Trotzdem sorgte das explosive Löwengedröhn, oft keine 50 Meter neben uns in der nahezu undurchdringlichen Wildnis, mehr als einmal für höchste Aufregung und hastigen Schluckauf. Einmal schien die Großkatze so nahe, daß wir glaubten, ihren Atem zu spüren. Bei jedem »...iahh ...iahh ...iahh ...« ging die Büchse reflexartig in Halbanschlag, lag der Zeigefinger am Abzug. »Ein Löwe in Freiheit..., ohne Gitter davor, ist größer als der Löwe, an den man sich vom Zoo her erinnert«, berichtet Ruark, »seine Zähne sind länger, vielleicht ist er schäbiger, verliert dadurch aber nichts an Wildheit«. Ehrliche Löwenjagd ist die wohl beste Schule für die Moral eines Jägers!

Plötzlich, links neben uns, zerbirst der Busch. Äste zersplittern. Mit lautem Pru-

Diesen Bassen respektiert selbst ein Leopard.

sten preschen, kaum mehr als 50 Schritt entfernt, Büffel ab und nehmen den Löwen natürlich mit. Auf diese Herde hatte es also der Eindringling abgesehen! Endstation unserer Träume! Das schnell in der Ferne verebbende, furchterregende Gebrüll verriet, daß der Raubritter den pechschwarzen Hornträgern noch auf den Fersen war. Seine Attacken schienen bisher aber ins Leere gelaufen zu sein. Für ihn ist hier nichts mehr zu ernten!

Am Köder ertappt

Bald darauf ist der Safari-Jeep zur Stelle. Alex, der mit meiner 7 mm als »Begleitschutz« bei den drei schwarzen Begleitern und meinem Ehegespons im Jeep zurückgeblieben war, erzählte lachend, daß die gelangweilt auf der Straße lungernden »Locals« förmlich auf den Allrad hechteten, als – keine 20 Meter entfernt – die vom Löwen gehetzten Büffel den Busch durchbrachen.

Der Berufsjäger hält – trotz des erst anbrechenden Morgens, den Tag bereits für zu weit fortgeschritten, um mit halbwegs Erfolgsaussichten noch eine Leopardenpirsch zu wagen.
»Weshalb«, widersprach ich, »sollte es so gänzlich ausgeschlossen sein, einen Pardel beim Morgenschmaus zu überraschen?«
Dann – der Lügenbaron läßt grüßen! – die unglaubliche Sensation! Als wir strumpfsokken, auf das allerkleinste raschelnde Blatt achtend, endlich im Schirm hocken, ertap-

Safari-Romantik, Spannung immer gratis. Was wird sich hinter der nächsten Wegbiegung zeigen?

pen wir, gegen die aufgehende Sonne mit bloßem Auge erkennbar, einen Leoparden am Köder. Hier herrscht wahrlich Hunger!, triumphiere ich, setze gleichzeitig tief enttäuscht das Glas ab. Am Kuduriß vergnügte sich ein höchstens halbwüchsiger Leopard, vermutlich sogar ein Weibchen. Nichts altes, weder schlau noch aufregend. Das Jagdglück ließ mich erneut im Stich!
Als ich, zur Beruhigung des beleidigten »Ego«, das so faszinierend nahe Raubwild mehrmals mit Zielübungen aus dem Baum hole, stutzt die Katze plötzlich und erstarrt. Sie sichert abrupt zu uns herüber und taucht mit einem Katapultsprung weg. Diese Sprungkraft, diese pfeilgeschwinde Flucht den Stamm hinab – so schnell, daß mein Auge die Bewegung nur noch als Wischer mitbekam – gab Zeugnis von der enormen Geschmeidigkeit und Angriffsgeschwindigkeit dieser schönsten und abgefeimtesten Großkatze Afrikas.
Ein Jammer! Das wäre ein Bilderbuchabschluß meiner Safari gewesen: Einen Leoparden am eigenen Kill überrascht, an seinem eigenen Riß überlistet und am hellichten Tag aus der Baumkrone geholt, da hätte selbst Münchhausen klein ausgesehen!
Wie erwartet, sagt der Professional auf dem Rückweg zum Wagen nur achselzuckend »No problem!« und vertröstet uns auf morgen. Trotz seiner Zuversicht weiß ich, daß dieses Wild seiner Dienstbeflissenheit engste Grenzen setzt!
Während der Mittagshitze sitzen wir, mit einem kühlen Bier versorgt, im eiskalten Rufunsa-Fluß und sind mit unserem Pech schnell wieder versöhnt. Allerdings werden jetzt nicht nur von uns neue Pläne geschmiedet. Auch der Koch, dessen handgeschriebenes Rezeptbuch die ehrliche Bewunderung aller findet, hat Pläne. Überraschend gesteht er, daß er die Wildnis längst satt habe und lieber heute wie morgen, am liebsten gleich mit mir, nach Deutschland abreisen würde. Danach gelüstet es uns noch nicht. »Des einen Freud, des anderen Leid«, wehre ich ab, und schiebe sein Ansinnen von mir. Zunächst erwarten uns noch einige Jagdtage. Und der Herausforderung, doch einem Löwen oder Leoparden auf die Schliche zu kommen, will ich mich möglichst unbehelligt stellen. Vor allem, da nach Meinung des Professionals hierzu beste Aussicht besteht und der Erfolg vielleicht doch »No problem« ist.
Oder?

Diesen Sonnenaufgang erlebt man nur in Afrika. Ein neuer Safaritag bricht an.

Auf Rehbock in Schweden

Ich konnte nur beten, daß der Büchsenmacher meine Mauser so gewissenhaft gebaut hatte, daß die Kugel auch ohne Optik ihr Ziel fand! An einen Schuß über die nackte Visierung hatte ich überhaupt nicht gedacht!

Mein Schwedenbock – ein Regenbock

Die Unterkunft auf Schloß Snogerholm war komfortabel, das Wetter eine Zumutung. Vier Tage tiefe Wolken über Südschweden, ständiger Nieselregen und eine feuchtkalte Ostsee-Brise, das verlangt – trotz aller Faszination des Zauberwortes »Schweden-Böcke« – ein großes Jägerherz. Gerade dann, wenn man sich bei einem Reisetermin Ende Oktober, also lange nach der Brunft, sowieso keine zu großen Illusionen mehr macht. Nun, wir vertrauten unserer Pirscherfahrung und freuten uns auf die herbstlich bunten Mischwälder Schonens. Dabei hatten wir gründlich die Verlockungen der überall angebotenen Eichel- und Buchenmast verkannt. Hier bestätigte sich mal wieder, daß selbst scheinbar alltägliche Jagden voll Tücke sind!

Bei unseren großen Erwartungen störte es zunächst nicht, daß das Gepäck irgendwo auf dem Hoovercraft-Bootstrip zwischen Kopenhagen und Malmö hängenblieb und erst Stunden nach unserer Ankunft im Jagdgebiet eintrudelte. Wir waren in der Phantasie vollauf mit knuffigen, perlenübersäten Rehbockgehörnen beschäftigt. Dabei geisterte natürlich die im Vorjahr im Nachbarrevier gestreckte, über 900 Gramm schwere, Rehbock-Weltrekordtrophäe durch unsere Köpfe. Nachdem sich der Graf, der liebenswürdige Gastgeber dieser 5000 ha Privatjagd, nicht unserer Logik

Schloß Snogerholm, eine gute Jagd-Adresse

verschloß, daß sich solche Champions auch über Reviergrenzen hinweg vererben, stieg das innere Barometer. Tagträume und Hoffnungen dieser Art stärken die Moral und kosten nichts!

In der Strohburg

Bereits während der ersten abendlichen Pirschfahrt entlang gepflegter, für die Holzfrächter mit Namensschildern versehener Wege, teils durch offenes, inzwischen abgeerntetes und umgepflügtes Acker- und Wiesenland, beobachteten wir Dutzende auf der jungen Saat äsende Rehe. Dieses hügelige Bauernland, durchsetzt von langgezogenen Mischwaldflächen, Feldgehölzen, Deckung und Äsung bietenden Wind- und Bummelstreifen, entsprach dem Ideal eines Rehreviers! Das Rehwild, nach Aussehen und Gewicht etwa um die Hälfte größer und schwerer als unser heimisches, gleicht eher dem Sibirischen Rehwild Zentralasiens. Seine Stärke verdankt es, neben der Weitläufigkeit der schwedischen Reviere und der vergleichsweise geringen Wilddichte, insbesondere dem zu jeder Jahreszeit hervorragenden Äsungsangebot sowie den kalkreichen Böden der Region.

Verständlicherweise galt unser Sinnen und Trachten vor allem den »Herren der Schöpfung«, die uns allerdings einiges an Geduld, Einsatz und List abverlangten.

Als wir uns bei Dunkelheit und zunehmendem Regen im fahlen Licht der Hotelauffahrt für den nächsten Morgen verabredeten, dachte jeder wohl dasselbe: »Hoffentlich sehen wir nicht nur wieder eine Handvoll junger Heißsporne, sondern auch einige der vielgerühmten schwedischen Klotz-Böcke!«

So sehr wir uns aber – bei meist strömendem Regen, verschanzt hinter unauffällig im freien Feld übereinander geschichteten Strohballen – die Augen aussahen, wobei wir wehmütig an den Ansitzkomfort zu Hause dachten, wir hatten kaum Anblick. Selbst die überall in Buketts versammelten, farbenprächtigen Fasanhahnen, die teilweise in unmittelbarer Nähe der vielen schmucken Fachwerkgehöfte – auf denen sich Bedienstete des Grafen meist im

Hier hatte Kaiser Wilhelm II. Erfolg.

Nebenerwerb ein Zubrot erwirtschaften – herumvagabundierten, schienen gelangweilt und lustlos.

Nach vier vergeblichen Ansitzen und Pirschen wandelte sich unsere Begeisterung allmählich in Aufmüpfigkeit: »Diesen Anblick hätten wir, ausgenommen die vielen Geißen mit ihren meist zwei oder drei Kitzen, und die einzigartige, von Seen durchsetzte Landschaft, auch im eigenen Revier haben können!«. Doch wir fügten uns ins Schicksal und blieben unverdrossen am Ball. Die Annehmlichkeiten Snogerholms taten ein übriges und hielten uns bei Laune. Trotz allem Einsatz blieb der Erfolg jedoch aus. Erst am letzten Morgen, buchstäblich vor dem Kofferpacken, wendete sich mein Blatt.

Noch hing beißend kalter Bodennebel über der nächtlichen Landschaft, als ich mich in einer liederlichen Strohballenburg am Rande eines stadiongroßen Luzernefeldes einigelte. Den hufeisenförmig von dichtem Mischwald gesäumten Einstand am Fuße eines sanft ansteigenden Nordhanges, der gegen den Horizont von vier, frei im offenen Feld stehenden Eichen begrenzt war, hatte ich nur zu gerne gewählt. Immerhin war mir gestern abend bei der Heimpirsch, ganz in der Nähe dieser Baumgruppe, ein auffallend vorsichtiger Graukopf abgesprungen. Seine Statur und der flüchtig noch erfaßte, knorrige Hauptschmuck machten mich neugierig: Das war der aufregendste »Rahbock« der letzten Tage!

Ulkig, dieses »Rahbock«, welches übrigens in unmittelbarer Nähe zu meinem Morgenansitz in einen verwitterten Gedenkstein gemeißelt, daran erinnerte, daß hier, am 20. September 1899, Kaiser Wilhelm II. bei seiner ersten Bockpirsch Weidmannsheil hatte. Diesem historischen Ereignis würde ich heute morgen gerne eins auf meine Art draufsetzen!

Mit zunehmender Dämmerung klarte es auf. Am anderen Ende des Turnierplatzes hob sich jetzt die kleine Eichengruppe wie das Panorama in einem riesigen Schaufenster ab. Dort oben und überall sonst im leckeren Klee, tummelten sich plötzlich Rehe. Mehr als zwanzig! Es machte Spaß, die übermütigen Kitze hakenschlagend durch die Gegend flitzen zu sehen, allerorts die Begrüßungsarie goggender Fasanhahnen während ihrer Morgengymnastik zu beobachten und sich in Gedanken den geschwätzigen Gänsen anzuschließen, welche sich, noch im Schutz der Dämmerung, schofweise von den Seen auf die Felder überstellten.

Plötzlich sichern einige der emsig in die Eicheln vertieften Rehe zum nahen Grenzwald hinüber. Jetzt bräuchte ich mein Spektiv! Kein Zweifel! Dort steht, knapp fünfhundert Meter entfernt, bewegungslos – eigentlich viel zu argwöhnisch für diese

Der unnahbar »vornehme« Border-Terrier läßt den Bock nicht mehr aus den Augen.

ungestörte Gegend – der Graukopf: Das massige Haupt mit dem nicht allzu hohen, irgendwie »verhakten« Gehörn trutzig erhoben. Völlig klar: Hier im Talgrund, versteckt hinter meinem Strohhaufen, bin und bleibe ich abgehängt! Der vorsichtige Bursche zieht in jedem Fall zu den Eichen hinüber. Er ließ – ganz Kavalier, wie bei uns zu Hause – aus Sicherheitsgründen lieber den Damen den Vortritt. Erst nachdem die Luft rein scheint, tritt der Pascha auf den Platz! Da über das freie Feld für mich überhaupt nichts zu holen ist, bleibt nur der schnelle Rückzug ins Dickicht und die sofortige Bergaufpirsch in der Deckung des Waldsaums. Wenn das nur gut geht!

Wie mit der Saufeder

Mühsam schinde ich mich durch mannshohe Wildnis, über vermoostes, modriges Fallholz den Hang hoch. Vom abtropfenden Regen und dem patschnassen Buschwerk aufgeweicht, erreiche ich, meist auf ausgetretenen Wildwechseln innerhalb der Waldgrenze, die von lichtem Erlenbestand, Dornschleh und meterlangem Ginster bewachsene Anhöhe. Gottlob verschlucken das Glucksen eines zu Tal fließenden Rinnsals und das leise Trommeln des Regens auf das Blätterdach des Mischwaldes jedes Geknackse.

Von der Schinderei und Aufregung fast atemlos, sinke ich, keine fünf Meter vom Luzernefeld entfernt, hinter einer schon völlig laublosen Haselnußstaude auf den Hosenboden. Höchstens eine Steinwurfweite zwischen mir und den freistehenden Eichen entfernt, gibt sich die Rehsippe der ganzen Gegend gerade ein Stelldichein! Durch das Randgebüsch erspähe ich, wie vermutet, den mürrisch um sich äugenden Gebieter inmitten seines Harems.

Jetzt wird es kritisch! Soweit irgend möglich, behalte ich den sich ständig bewegenden Verband im Auge und rutsche auf dem Hintern zu einer vom auswechselnden Wild freigetretenen Luke der Randbebuschung. Jeglicher Ballast, einschließlich des abmontierten Zielfernrohrs, bleibt zurück. Keine Frage: Wenn ich – ähnlich wie die in den berühmten Bildern Catlins dargestellten Prärieindianer, welche sich auf Pfeilschuß-

Der »Graukopf« wollte schlauer sein!

nähe an die Büffelherden heranrobbten – hier einen Stich machen will, dann höchstens freihändig, ohne lange anzusprechen und zu zaudern. Ich muß auf allernächste Entfernung, nur über Kimme und Korn, einfach mein Glück versuchen!

Für unsicheres, meist eher beunruhigendes Hin und Her bleibt allerdings keine Zeit mehr. Ich hatte noch nie aus kaum zehn Metern ein Reh beschossen, noch dazu durch ein Gewirr von Zweigen. Schon gar nicht über Kimme und Korn! Ich konnte nur beten, daß der Büchsenmacher vor einem Jahrzehnt meine Mauser so gewissenhaft gebaut hatte, daß die Remington auch ohne Optik ihr Ziel fand! An einen Probeschuß über die nackte Visierung hatte ich bei diesem Gewehr noch nie gedacht! Gerade, als eine schon mehrfach in meine Richtung sichernde, langhalsige »Tante« sich wieder etwas beruhigt hatte und dem Hauptwechsel zustrebte – an dem ein vor Aufregung schlotternder, den Ereignissen nun völlig ausgelieferter Jäger am Boden hockte – entschloß sich der graugrindige Alte ebenfalls zum Rückzug. Im nächsten Augenblick erreichte er, nicht mal zehn Schritt von mir entfernt den Waldrand. Diese aufregende Begegnung, den entsicherten Repetierer auf ein so nahe verhoffendes Wild gerichtet, ähnelte weit mehr dem Bild eines den wehrhaften Keiler mit der Feder abfangenden Grünrocks, als dem eines üblicherweise unter ganz anderen Umständen pirschenden Rehjägers! Ich glaube, ich habe selten vorher so geflattert!

Gestrichen Korn! Paß' auf die Zweige auf!, durchfuhr es mich, dann faßte das rasante Geschoß, mein nahezu vom hellen Mündungsfeuer eingehülltes Gegenüber spitz von vorne. Ich zählte höchstens zwei bange Sekunden, ehe das im strömenden Regen vor mir auf den Fleck gebannte, leicht schaukelnde und buchstäblich zum Greifen nahe Wild sich zusammenfaltete. Die nächste, die letzte halbe Stunde vor dem endgültigen »Jagd vorbei« dieser Reise, gehörte dann verständlicherweise ganz dem Jäger und seiner unbändigen Freude.

Als ich mit dem Grafen, der bald darauf, wie immer in Begleitung seines drolligen, ungemein »vornehmen« Border-Terriers Hubert, aufkreuzte, den inzwischen vor Nässe triefenden »Regenbock« in den Allrad hievte, bemerkte ich rein zufällig eine leicht verschorfte, keineswegs alte Knieverletzung. »Streifschuß«, entfuhr es dem überraschten Jagdherrn, der anschließend sicherlich eigene Betrachtungen anstellte. Deshalb war der Racker so mißtrauisch!, dachte ich und rieb mir insgeheim – wie Lessings ›Nathan der Weise‹ – nun erst recht die Hände: »Ich geh', und geh' vergnügter als ich kam!«.

Jetzt war die Trophäe doppelt verdient!

Von allen guten

...uf Argali und Gazelle
... West-China

Diese Bergjagd bestand eben nicht
nur aus Argali und Kugelschlag.
Die eigentliche Herausforderung lag
in den extremen Wüstengebirgen,
in den öden Landschaften entlang der
Seidenstraße und im Besuch des alten
Dunhuang.

Geistern verlassen

Tempo! In einer Stunde ist es stockdunkel. Dann muß die kleine Höhle als Nachtlager aus dem kiesigen Steilufer des Tshuloto gebuddelt sein.

Obwohl wir mit Hölleneifer an unserem primitiven Unterschlupf gegen den eisigen Nordwind rackern und gut vorankommen, quälen mich Sorgen: Wenn der Konvoi in der nächsten Stunde nicht aufkreuzt, steht uns eine böse Nacht bevor. Inzwischen verzichten auch meine chinesischen Begleiter – zwei mongolische Nomaden aus der Gegend – darauf, den Horizont nach den beiden überfälligen Jeeps und dem LKW abzuglasen. Während sich vom Fluß herauf eine naßfeuchte, kalte Dämmerung über die Landschaft stülpt – im Umkreis von 50 Meilen haust keine Menschenseele, das nächste Nomadenzelt ist gut neun Reitstunden entfernt – wird zur Gewißheit: Den Fahrzeugen ist etwas zugestoßen! Entweder der vorausfahrende Truck sitzt in einer Gebirgsschlucht fest, oder eine der aus lokkeren Bohlen abenteuerlich zusammengezimmerten, über reißende Flüsse führenden Brücken ging unter der Last des LKW in die Knie. Damit war für die nachfolgenden Geländewagen kein Durchkommen mehr.

Eine plötzliche Krise

Also Selbsthilfe! Der eisige Bergwind dringt durch unsere viel zu sommerliche Kleidung, so daß wir, trotz der Schufterei, bald völlig ausgefroren sind. Der 13-Stunden-Ritt hat uns mehr mitgenommen, als wir wahrhaben wollen. Insbesondere da wir seit dem Frühstück kaum etwas in den Magen bekamen, außer ein paar Flaschen Mineralwasser, einer Handvoll Dampfnudeln, zwei Tomaten und gekochten Schafrippen. Alles übrige, selbst unsere private Naschreserve, war im letzten Lager zurückgeblieben. Es sollte kurz nach unserem Abritt abgebrochen und in ein neues, 60 km weiter nördlich gelegenes Jagdgebiet versetzt werden, wo die Chinesen mehr Jagderfolg als bisher vermuteten.

»Bis ihr mit den Pferden das neue Gebiet erreicht, stehen die Zelte«, prahlte »Der Lange«, wie wir den für Jagd- und Wildschutz zuständigen Zuo Quing Jun nannten. Pfeifendeckel! Als wir am Abend hundemüde auf dem letzten, steinigen Bergrükken standen und den Blick aufs weite, bis zum Horizont von baum- und strauchlosen Gebirgszügen gesäumte Flußtal frei hatten, roch es plötzlich nach echter Krise. Vor uns, zwischen meterhohen, steilen Kieswänden lag, inmitten einer weiten Flußbiegung, eine riesige, flachgespülte Sandbank: Der Treffpunkt! Weit und breit kein Fahrzeug, nichts von einem Camp!

Nach kurzem Disput, ritten wir mit den etwas kleinlaut gewordenen Mongolen zu Tal. So eine Pleite! Daran hatte ich überhaupt nicht gedacht! Jetzt ist Krisenmanagement gefragt. Das größte Handicap: In diesem Wüstengebirge, noch dazu auf 4200 m Höhe, findet man nicht einen Stecken Holz. Deshalb sammeln wir etwas dürres Gras und dessen Wurzelstöcke. Das feuchte Zeug besitzt höchstens Symbolwert! Gottlob habe ich im handlichen Tagesrucksack mein Survival-Kit. Ohne diese Sammlung kleiner Nützlichkeiten gehe ich auf keine Tour. Mit dünnem Draht

Im unwirtlichen Danghe Nan Shan/Westchina

Ein Wüstensturm kommt auf. Im Nu ist die Ziegenherde von Sandkristallen eingehüllt.

und zwei Sicherheitsnadeln wird eine Verspannung gebastelt, auf die wir eine Satteldecke als Dach zurren. Verankert wird der Unterstand mit Felsbrocken. Wir müssen uns auf fünf Grad minus und Rauhreif, möglicherweise sogar auf Schneefall einstellen. Schlimm, wenn der Voraustrupp tagelang durch Abwesenheit glänzt oder – wozu ich auf jeden Fall dränge – wir morgen wegen schlechten Wetters nicht hinaus in die Steppe zu den dort hausenden Nomaden reiten können.

Als uns die schwarze Nacht umfing, schwanden die letzten, insgeheim noch gehegten Hoffnungen: Für heute blieb uns nur das klamme Erdloch und die Illusion von warmem Tee und heißer Suppe. Ein zunehmend beißender Wind erinnerte daran, daß wir in Zentralasien, am Rande der altehrwürdigen Taklamakan waren, jener Wüste, die zu allen Zeiten menschlicher Annäherung und Zivilisation trotzte, und selbst bei kleinsten Fehlern kein Erbarmen kennt.

Um die frostige Nacht auf 4200 m Höhe einigermaßen durchzustehen, legten wir uns die Decken und Filzunterlagen der Sättel zurecht. »Hoch modisch«, lachte ich, als sich meine Frau eine verschlissene Decke um die Schultern legte. Obwohl wir zum Umfallen müde waren, zwangen wir uns über zwei Stunden, trotz des eisigen Windes, auf der tristen Sandbank hin und her zu gehen. Die Bewegung kam dem Kreislauf zugute. Wie schon oft erlebt, klappt die Verständigung mit den Einheimischen, obwohl keiner die Sprache des anderen versteht. Insbesondere, nachdem ich meinen Begleitern die zur Survival-Strategie jetzt wichtigen Worte »Maschine«, »kalt« und »morgen« eingebleut hatte.

Später hockten wir, eingezwängt wie Heringe in der Dose, in unserem modrigen Verlies und starrten trübsinnig in die vom Gurgeln des Tshuloto erfüllte Nacht hinaus. Von wem wohl die hirnrissige Idee stammte, noch am vorletzten Tag der bisher nicht gerade erfolgreichen Jagdreise, das Revier zu wechseln? Hätte man mich von dieser Entscheidung nicht erst in der Frühe, zehn Minuten vor Abritt zur Argali-Jagd, fast nur so nebenbei und vermutlich nur wegen der schnell zu packenden Koffer unterrichtet, ich hätte mich dieser Schnapsidee mit Händen und Füßen widersetzt. Andererseits mußten es die Chinesen besser wissen! Schließlich wollten sie mit dieser Testjagd ins internationale Tourismusgeschäft einsteigen und hatten mit dem bisherigen Verlauf alles andere als überzeugt.

Nichts war so gelaufen, wie es vollmundig vorhergesagt war. »Bitte stellen Sie trotz der 3000 Argalis keine zu hochgestochenen, über 50 Inch Hornlänge hinausreichenden Wünsche!«, hatte man großspurig getönt. Wäre mir von Anfang an reiner Wein eingeschenkt worden, läge jetzt vermutlich ein braver Widder auf der Decke! Zumindest am ersten Tag hatte ich kurz einen ordentlichen Recken im Visier. Nachdem diese einzige Chance vertan war und mir erst während der nächsten Tage die Augen aufgingen – besser gesagt, Wildbestand und Panikverhalten, als Ergebnis intensiver Bejagung, sprich Wilderei, offenkundig wurden – war es jetzt zu spät. Nach über 50 Stunden Reiterei in einem kleinen, für einen europäischen Hintern äußerst qualvollen Martersattel, hatte ich insgesamt nur 21 Widder gezählt. Von 50 Inch oder mehr war dabei nie die Rede!

Trotzdem waren die Tage ungemein aufregend. Begegnungen mit den Steppenbewohnern und ihrer nomadischen Kultur, die tägliche Auseinandersetzung mit einer trostlosen Wüstenlandschaft und dem in dieser Höhe unberechenbaren Klima, machten die Reise bereits jetzt zu einem unvergeßlichen Erlebnis. Diese Bergjagd bestand eben nicht nur aus Argali und Kugelschlag, sondern aus dem Reiz des weitgehend unbekannten Westchina. Die eigentliche Herausforderung lag in den extremen Wüstengebirgen, in den öden Landschaften entlang der Seidenstraße und im Besuch des alten Handelszentrums Dunhuang. Dort gabelt sich auch heute der einst berühmte, antike Karawanenweg in eine nördliche und südliche Route, welche entlang einsamer Oasen, die gefürchtete Wüste Taklamakan und das heiße Tarim-Becken umgehen, um sich, fernab aller Zeiten, dort zu verlieren, wo die goldene Sonne im fernen Abendland versinkt.

Mao ist tot, Peking boomt

Eigentlich begann die Serie der Turbulenzen dieser Reise bereits beim Check-In am neuen Airport München. Der Sicherheitsbeamte, anscheinend zum ersten Mal mit einem Gewehr befaßt, wollte gleich den Zoll rufen. Nachdem ich ihn über Waffenein- und -ausfuhr, in Verbindung mit Waffenbesitzkarte und Jagdschein aufgeklärt und ihm die vorschriftsmäßige Verwahrung der Waffen, der Munition sowie des Schlosses meines Repetierers in verschiedenen Gepäckstücken verklickert hatte, durften Koffer und Seesack endlich aufs Band. Daß ich zuguterletzt der Check-In-Dame auf ihre vorlaute Frage, was man denn in Peking so alles jagen könne, nur mit »Natürlich Peking-Enten!« antwortete, hatte sicherlich seinen Grund in diesem nervenden Security-Seminar!

Der neunstündige Nonstopflug Frankfurt–Peking, in den heraufziehenden Tag hinein, war eher erholsam als stressig, sofern man darüber hinwegsah, daß es im LH-Jumbo während des ganzen Fluges, »aus technischen Gründen«, kein warmes Wasser und damit auch keine Tasse Tee gab. Eine erste Einstimmung auf das kommende Jagdabenteuer, wo sicherlich eine Menge Geduld und Verzicht gefragt waren! Gegen Mitternacht überquerten wir Sibirien und sahen im vollen Licht des Mondes, trotz großer Höhe, den oft kilometerbreiten Flußlauf des Jenissej durch endlose Wälder und Bergtaiga ziehen. Mit sechs Stunden Zeitunterschied landeten wir kurz nach acht Uhr, auf die Minute genau, in Peking.

Im Vergleich zum vorvorigen Jahr hatte sich wenig geändert. Der zuverlässige Wang Bing Xi war wiederum zur Stelle. Eine Viertelstunde später, nachdem die Waffenregistrierung erledigt war, saßen wir im klimatisierten Toyota, Richtung Hotel. An der erstaunlich weit fortgeschrittenen, neuen Stadtautobahn wimmelte es, wie vor zwei Jahren, noch immer von Arbeitern. Handarbeit gegen den Arbeitsplatzvernichter »Maschine« heißt die Devise. Überall emsige Geschäftigkeit. Man hofft, als Konkurrent zu Berlin, auf den Zuschlag für Olympia 2000. Wohl deshalb versucht die Stadt noch europäischer zu erscheinen. Sheraton, Kempinski und Mövenpick zeigen entlang den Zufahrtsstraßen ebenso ihre Werbeflagge wie McDonald's, VW und IBM. Im Vergleich zum früheren sozialistischen Bruder Rußland erscheinen die Menschen satt und zufrieden. Chinas wirtschaftlicher Aufschwung ist, trotz des – wegen der Niederschlagung des Tienanmen-Studentenaufstandes – weltweiten Sympathieverlustes, ungebrochen. Der Jüan – jetzt DM 0,30 – ist stabil, der graue Devisenhandel völlig uninteressant. Am Lebensmittelexport – natürlich nur gegen westliche Währung – in die GUS-Länder und in die Mongolei wird bestens verdient. China, das drittgrößte Land der Erde, mit einer Nord-Südausdehnung von 5800 km, nur zu 15% echtes landwirtschaftliches Kulturland, ist trotz seiner 1,2 Milliarden Menschen – 80–90% der Bevölkerung Chinas lebt auf dem Land – heute ein Agrarexportland. Wenn das der große Mao erlebt hätte! Dabei darf nicht übersehen werden – so »China Daily« im Oktober 1992 –, daß 85 Millionen Menschen immer noch in Armut, 27 Millionen ohne das Lebensnotwendigste hausen. Das gilt insbesondere für viele ländliche Regionen, wo die Menschen oft nicht einmal ein Jahreseinkommen von 55 US$ haben.

Apropos Mao: Auffällig ist, daß viele öffentliche Fahrzeuge, Taxis und Privat-PKW plötzlich ein Foto des großen Vorsitzenden ziert, dessen historisch-politische Bedeutung längst überholt ist. Auf meine überraschte Frage erklärt Wang schmunzelnd, daß der 1976 verstorbene Mao inzwischen zu einer Art Mehrzweckheiligem wurde. Seit neuestem zu dem der Autofahrer, weil ein vollbesetzter, an allen Fenstern mit Mao-Bildern verzierter Kleinbus, der sich bei einem Unfall mehrfach überschlug, fast 100 Meter tief in eine Schlucht stürzte und sich keiner der Insassen nennenswert verletzte. Das offensichtliche Glück wird dem wundersamen Schutz Maos zugeschrieben, eine neue Legende nahm ihren Lauf. Ansonsten erscheinen die Menschen Pekings lockerer und freier, aber auch etwas gehetzter als noch vor zwei Jahren. Leider ging, zumindest in den Großstädten, die erfreulich unbefangene Offenheit gegenüber Fremden etwas verloren.

Peking boomt. »Von Marx, über Mao, zum Markt«, heißt die amtliche Devise, »reich werden ist herrlich« sagt die Jugend. Die Menschen leben zunehmend nach westlichem Vorbild, insbesondere die junge Generation. Pop-Musik, Jeans und T-Shirt beherrschen das Straßenbild. Die mit viel staatlicher Unterstützung gepäppelte China-

Die Nachtmärkte Pekings und die zahllosen Kleinrestaurants gehören zu jedem China-Besuch.

Oper ist nicht nur bei der Jugend out, wie Wang Bing Xi erklärt. Die typische Herrenfrisur Chinas, sich mit den Fingern kreisförmig durchs lockere Haar zu streichen und damit den Scheitel nach vorne über eine Schläfe zu ziehen, ist fast verschwunden. Der Hotelservice, Selbstvermittlung nach Europa aus dem Hotelzimmer, Faxverbindung in jedem Büro, entsprechen internationalem Standard. Richtig »alt«-chinesisch, wie vor etwa 15 Jahren oder auf dem Lande wird es erst, wenn man durch einen der vielen Nachtmärkte schlendert. Die Stimmung dieser Imbißbuden-Straßen, wo sich der einfache Chinese für fünf Jüan, bei einer unvorstellbaren Auswahl von Gerichten aus allen Provinzen Chinas, richtig sattessen kann – im Hotel zahlt man das 15-fache – darf man sich nicht entgehen lassen. Die Auswahl an Fleischgerichten – natürlich auch an lebendig Aufgespießtem und in heißem Fett Gebratenem –, an Suppen, Gemüsen, Teigwaren und Gebäck, läßt manch europäische Küche blaß aussehen. Neu sind die hygienische Verwendung von Einwegstäbchen und das keimfreie Geschirr. Beides wird von einem Verleih zum Einmalgebrauch angeliefert und anschließend zur Dampfreinigung wieder abgeholt. Ein echter Fortschritt!

Wildreichtum oder Illusion

Am nächsten Tag, nachdem wir uns im stinkteuren »Supermarket« des Kunlun-Hotels mit allem eindeckten, was es im einige Tausend Kilometer entfernten Jagdgebiet nicht gibt, etwa Rosinen und Trokkenobst, Marlboro, Gin, Kondensmilch und Tang, flogen wir von Peking zu einem flugplanbedingten Zwischenaufenthalt in die 2,4 Millionen-Stadt Langzhou. Dort verwöhnten uns die Chefs der Wildlife- und Forstbehörden mit einem lukullischen 20-Gänge-Schmaus! Am nächsten Tag – Wecken um 5.00 Uhr – ging es mit einer betagten russischen Antonov weiter nach Westen, hinweg über die 450 000 qkm große, mit gut 20 Millionen Menschen eigentlich dünnbesiedelte, chinesische Provinz Gansu. Beim Flug in die Hauptstadt Dunhuang überquerten wir – meist entlang der alten Seidenstraße – den legendären »Gansu-Korridor«. Dieser unregelmäßig verlaufende Oasengürtel, über den sich bereits vor eineinhalbtausend Jahren die Seidenstraße durch die öde, menschenfeindliche Wüsten- und Berglandschaft Richtung Dunhuang und Taklamakan-Wüste wand, hat natürlich wenig mit Wild und Jagd zu tun! Anders als die im Süden bis zu 6000 Meter aufragenden Bergketten des Danghe Nan Shan, die wegen des für Juli überraschenden Wettersturzes bis auf 2500 Meter herab mit einer dichten Schneedecke überzogen sind. Erfreulich für die anstehende Hochgebirgsjagd, dachte ich, das zwingt die Wildschafe in die tieferen Tal- und Äsungsgründe!

Das Land ist voll beispielloser Gegensätze. Wüstengebirge und Dünenlandschaften, ausgedörrte Steinwüsten und seit ewigen Zeiten tote Flußtäler, stoßen an blühende Oasen. Dazwischen schlängelt sich, von Oase zu Oase, der mit dem Osten Chinas, mit Pakistan und dem fernen Europa verbundene, heute gut ausgebaute und mit Sandwällen gegen Dünenbildung gesicherte, legendäre Handelsweg.
Wang Bing Xi und ich besprechen die Jagd. Ich erkläre ihm nochmals was ich alles erwarte. Diese Argali-Jagd – ich hatte sie schon zweimal verschoben – steht seit Jahren in meinem Kalender ganz oben. Auch deshalb bin ich voll Erwartungen. Als der asthmatische Russenjet am Rande der Oase Dunhuang aufsetzt, ist alles klar. Die Provinz Gansu, ein bisher völlig unbekanntes Jagdland, erstreckt sich wie ein riesiger Schlauch von der Wüste Gobi – nördlicher Nachbar ist die Äußere Mongolei – entlang der östlichen Taklamakan bis in die südlichen Gebirgsmassive des Nan Shan und des Kunlun hinein. Dort stehen übrigens Chinas größte Blauschafvorkommen, das ich vor knapp zwei Jahren bejagt hatte. Die wichtigsten Jagdgebiete und Nationalparks Gansus werden von der kleineren, ca. 80 km südlich von Dunhuang gelegenen Kreisstadt Subei aus verwaltet. Dort geht man offiziell von einem Wildbestand von ca. 4000–5000 Argalis, 6000–7000 Steinböcken, etwa 30 000 Blauschafen, 10 000 Weißlippenhirschen, 7000 Wildyaks und von etwa 20 000 Gazellen sowie

einigen Hundert Schneeleoparden aus. Der schon erwähnte »Lange«, bezieht sich auf Wildzählungen aus den Jahren 1989 bis 1991. Ich glaube eher – weil er sich über die Methoden ausschweigt und von Hubschrauberkontrolle nichts hält – an großzügige Schätzungen. Oder Illusionen? Im Süden Gansus leben außerdem etwa 100 der insgesamt 1500 Großen Pandabären Chinas. Zu ihrem Schutz werden über 150 Wächter beschäftigt.

Aufschlußreich während dieser Reise waren die vielen Gespräche mit einigen für die Panda-Politik Gansus und Chinas Verantwortlichen, welche ich insbesondere beim Besuch der Panda-Station im Zoo von Langzhou führen konnte.

Die Zukunft des »Prankenbären«

Da standen wir also vor einem der herrlichen, mit Panzerglas und Eisenstäben gesicherten Großen Pandas. Den »Da Yong Mao« – die große Bärenkatze – hatte Pater Armand David 1869 als erster Europäer zu Gesicht bekommen. Der Dresdener Stürzer

Braver Blauschaf-Widder in 4600 m Höhe.

war 1914 der erste deutsche Augenzeuge. Der schwarzweiße Bär mit dem kurzschnauzigen, überdicken Kopf, den ulkig schwarzen Ohren und seinen kummervoll schwarzen Augenscheiben, schien die ihm aufgezwungene Umgebung kaum wahrzunehmen. Ich dachte unwillkürlich an Rilkes »Panther«: »Sein Blick ist vom Vorübergehen der Stäbe so müde geworden, daß er nichts mehr hält; ihm ist als ob es tausend Stäbe gäbe, und hinter tausend Stäben keine Welt.«

Der Panda lag, mit dem Rücken gegen die Gitterstäbe seines Käfigs gelehnt, bis zum Bauch eingehüllt, im frisch geschnittenen Frühstück leckerer, dünner Bambuszweige. Der Panda, Vertreter eines der am meisten gefährdeten und zugleich schönsten Geschöpfe der Erde, ordnete mit der linken Pranke laufend ein kleines Bündel Zweige, aus dem er sich mit der anderen »Hand« Ästchen für Ästchen fischte, um es dann genießerisch zu mampfen. Dabei änderte er weder Gesichtsausdruck noch Körperhaltung, er wirkte selbstvergessen und mit seinem Schicksal versöhnt. Jedem Zeitgenossen, insbesondere einem Jäger, dem Wild in freier, möglichst unzerstörter Wildbahn das halbe Leben ist, geht so ein Anblick an die Nieren. Doch weiß auch er, ehrlicherweise, keine überzeugende Alternative!

Herr Mahar, zuständig für die in Gansu noch freilebenden Pandas, berichtete von den vielfältigen Problemen zum Schutz und Fortbestand dieser schwarzbärgroßen Petze. Was für Gansu galt, beleuchtete die Panda-Situation ganz Chinas. Neu war nur, daß zwischenzeitlich selbst der Lebendfang des Bären für Zoos verboten ist. Der erste Panda wurde 1936 erstmals außerhalb Chinas, im Zoo von Chicago gezeigt. Heute leben weltweit etwa 100 Pandas in den verschiedenen Zoos. Etwas überrascht war ich vom tatsächlichen Ausmaß der bisher ungelösten Probleme des Riesen-Panda. Sein Überleben schien mir – nach den alarmierenden Meldungen der 70er Jahre, wo von Lebensraumbedrohung, sterbenden Bambuswäldern und Hungersnot sowie von übler Wilddieberei die Rede war – nicht nur als sympathisches Logo des World Wildlife Found (WWF) gesichert. Nach Aus-

Der Takin ist eine bedrohte Kostbarkeit.

kunft des Forstministeriums in Peking, der Zentrale für das Panda-Programm Chinas, sollen in den 13, seit 1975 in Zentral- und Südchina, in Gansu, Sichuang und Schaanxi eingerichteten Panda-Reservaten und Nationalparks noch 1000 bis 1500 Große Pandas leben. Schwierig zu beurteilen, ob zutrifft, was gelegentlich behauptet wird, daß mindestens doppelt soviele Pandas in freier Natur leben, deren tatsächliche Zahl jedoch aus Gründen der internationalen Spendenfreudigkeit bewußt niedrig gehalten wird. Ähnlich wie beim gefährdeten Aje-Aje, dem Fingertier, das als Vorläufer der Primaten angesehen wird und nur noch auf Madagaskar lebt. »Bald nachdem Artenschützer versuchten, nach den Fingertieren zu suchen, stießen sie zunächst auf wenig Gegenliebe«, schrieb DIE ZEIT, »inzwischen beginnt sich dies zu ändern, weil auch die Madagassen erkennen, daß ...Lebewesen wie das Fingertier, als Symboltiere des Artenschutzes, die Entwicklungshilfe fließen lassen«. Nun, die Motive sind letztlich egal. Hauptsache, das Umweltbewußtsein »vor Ort« ändert sich, und es wird tatsächlich »geschützt«!
Beim Großen Panda, den Brehm 1893 in seinem Standardwerk noch »Prankenbär« nennt, geht gottlob die Unterstützung jährlich immer noch in die Millionen, wobei die Erträge der Tourismusindustrie aus Tagesausflügen in die Panda-Reservate, leider wenig zur Finanzierung der Überlebenschancen des Bären beitragen. Im Gegenteil. Die Störungen und Belastungen der Reservate erreichen zwischenzeitlich bedrohliche Ausmaße. In vielen Gegenden wurde der Riesen-Panda, vor allem wegen der ungehemmten Bevölkerungsexplosion, in immer unwirtlichere Hochlandgebiete, teils bis über 2000 m Höhe hinauf, verdrängt. Dies gilt auch für das mit 2000 qkm größte Pandaschutzgebiet Wolong im Nordwesten Sichuangs, wo der wegen seiner zarten Blätter und Sprossen beliebteste, aber immer seltenere Pfeilbambus in den Bergwäldern nur bis zu 3000 m Höhe vorkommt. Ein Grund, weshalb man inzwischen generell auf andere Bambusarten zurückgreifen muß.
Der Panda benötigt täglich 20–40 Kilo frischen Bambus – das entspricht 30% seines Lebendgewichts –, der beispielsweise in Langzhou jeden Morgen über 50 km weit herangebracht werden muß. Die Feinschmecker erhalten außerdem noch etwas Milch und Fleisch. Daß Pandas nicht nur Vegetarier sind, zeigt eine Nachricht vom Sommer dieses Jahres, wonach eine Pandasippe, den ihr benachbarten Viehzüchtern, über 20 Kälber riß. »Die Ernährung der Pandas in Gefangenschaft ist ebenso schwierig wie ihre Fortpflanzung«, erklärt ein Veterinär. Da ich vom Fiasko des einzigen, durch künstliche Befruchtung in Wolong zur Welt gebrachten Panda-Baby gelesen habe – es starb bald nach der Geburt im Sommer 1986 – und außerdem vom Erfolg anderer zoologischer Gärten in den USA, in Spanien und insbesondere in Japan weiß, wechsle ich aus Höflichkeit das Thema. Feststeht, daß heute insbesondere die Japaner den richtigen Zeitpunkt für eine künstliche Befruchtung durch höchst sensible gynäkologische Meß- und Behandlungsmethoden feststellen, und aufgrund dieses wissenschaftlichen Know-how ständig gesunden Pandanachwuchs »produzieren«. Weshalb diese Methoden nicht ausgetauscht werden, bleibt selbst Fachleuten ein Rätsel. Nationales Prestige, wissen-

schaftlicher Ehrgeiz? In freier Natur nehmen Pandaweibchen nur alle zwei Jahre auf und bringen höchstens dreimal in ihrem Leben 1–2 Junge zur Welt.

Bedrohte Kostbarkeiten

Hauptursache für die Bedrohung des Panda ist, neben der fortschreitenden Zerstörung seines natürlichen Lebensraumes, die – trotz öffentlicher Hinrichtungen! – nur schwer einzudämmende Wilddieberei. Der Erfolg konsequenten Pandaschutzes hängt heute nicht mehr von den zur Verfügung stehenden Finanzmitteln ab. Dazu die kürzlich mahnende Stimme des Päsidenten des WWF, Prinz Philip, welcher »die Ausgaben zum Schutz der chinesischen Panda-Bären durch den World Wildlife Found (WWF) als Geldverschwendung bezeichnet; obwohl der WWF ein Vermögen ausgegeben habe, seien die Überlebenschancen der Tiere schlecht. Grund: 80% der Bambuswälder Chinas – die Lebensgrundlage der Pandas – seien inzwischen durch rücksichtslose Siedelungsprojekte vernichtet worden« (BZ). Andererseits entschloß sich der WWF Ende 1992 erneut ein 52 Millionen teures Programm zum Schutz der Panda für die nächsten zehn Jahre aufzulegen. Damit sollen 14 neue Reservate mit insgesamt 4240 qkm angelegt und 5000 Bauern umgesiedelt werden.

Das Schicksal des chinesischen Goldhaaraffen, zu dessen Studium uns der Zoodirektor sogar in den Käfig ließ – »außerhalb Chinas finden sie kein einziges Exemplar«, erklärte er voll Stolz – ist kaum weniger bedroht. Vom Schneeleoparden, dem Kleinen Panda und dem Tiger ganz zu schweigen. Genauso einzigartig sind die im Zoo gezeigten, auch noch in freier Wildbahn lebenden, geheimnisumwitterten Takin, die einem kleinen Wildrind ähneln und nur in den chinesischen Provinzen am Ostrand des Himalaya beheimatet sind. Eine Kostbarkeit! Ihr im Sonnenschein goldgelb aufscheinendes Fell gilt nach der Legende als das »Goldene Vlies« der antiken Argonauten. Wie überall, so sind auch in China Lebensraumkonkurrenz zwischen Wildtier und Mensch der Kern des unheilvollen, weltweiten Konflikts. In Bezug auf tiefgreifende Änderungen ist zumindest Skepsis angebracht, wenn man etwa die dpa-Meldung vom August 1992 liest: »Wie der Welt-Naturschutzbund in Gland, Schweiz berichtet, werden immer mehr Wilderer von den in China steigenden Preisen für Tigerknochen angezogen. Sie spielen dort traditionell eine wichtige Rolle in der Medizin... Händler (erhalten) für die Knochen zwischen 170,-- US$ und 250,-- US$ pro Kilogramm, berichtete Peter Jakson... Er schließt in einer Studie nicht aus, daß die noch knapp 7000 wildlebenden Tiger (gemeint ist sicher der Weltbestand!) in nur 10 Jahren ausgestorben sein könnten!«. All diese Bedrohungen – das sollten gerade die gerne und zu Unrecht angeprangerten Jäger herausstellen! – haben mit selektiver, kontrollierter und an Überpopulation orientierter Auslandsjagd überhaupt nichts zu tun. Fest steht vielmehr, daß gerade in Entwicklungsländern durch Jagdgäste Geld »vor Ort« kommt, um Schutz und Kontrolle mitzufinanzieren. Entrüstung und moralische Appelle bewirken wenig. Man muß Tucholsky zustimmen: »Der

Streng geschützt! Prächtige Goldhaaraffen.

Zustand der gesamten menschlichen Moral läßt sich in zwei Sätzen zusammenfassen: We ought to. But we don't. Wir sollten. Aber wir tun's nicht.« Die Menschheit scheint im Bereich Umwelt und Natur nach wie vor »von allen guten Geistern verlassen«! Wir sind gespannt, was uns diesbezüglich im Nan Shan erwartet.

Dunhuang, eine »wüste« Etappe

Zunächst hatten wir den Ausgangspunkt unserer kleinen Expedition erreicht. Wir waren im historisch und kulturgeschichtlich bedeutenden Dunhuang gelandet, einem auch heute wichtigen westchinesischen Handels- und Verwaltungszentrum: »Es gibt keine beschwerlichere Reise durch China als die Fahrt in die verschlafene, von Sand gepeitschte Wüstenstadt in der Provinz Gansu«, warnt ein moderner Reiseführer sogar Bahnreisende.

Kaum hatten wir das Flugzeug verlassen, überfiel uns die trockenheiße Wüstenluft wie ein Saunaschock. Die Fahrt durch die ländliche, von zahllosen Bewässerungskanälen durchzogene, eher grau als grün wirkende 20 000 Einwohner Oasenstadt, war wenig aufregend. Überall ein wüstes Durcheinander von Eselskarren, Kleintraktoren und Fahrrädern. Nomaden und Landarbeiter versorgten sich mit den Dingen des Alltags. Trotz der Geschäftigkeit herrschte eine fast ländliche Idylle.

Beim Stop an einer Kreuzung stellen wir überrascht fest, daß die Bevölkerung – wie früher überall in China – noch immer aus öffentlichen Lautsprechern berieselt wird. »Es geht um die Vorzüge der eigenen Schweinezucht«, lästert unser Dolmetscher, der gegen diese überholte Indoktrination ebenso immun scheint wie die vorbeieilenden Passanten. Wesentlich aufschlußreicher ist der neben uns anhaltende Traktor, auf dessen Anhänger ein altertümliches Klavier, ein modernes Schlagzeug und ein imposanter Schlagbaß stehen; behütet von vier ausgesprochen westlich gekleideten, jungen Musikern, die sich vermutlich auf dem Weg zu einer abendlichen Tanzparty befinden. Auch hier überholt die Zukunft die Vergangenheit!

Da unser Reiseveranstalter knauserte, landeten wir in einem arg schlichten Nomaden-Hotel, wo Wasser und Strom nur stundenweise zur Verfügung stehen, und von einer Klimaanlage – bei +45 Grad nicht zu verachten – leider keine Rede ist.

Nun, für eine Nacht ließ sich das verkraften. Bereits morgen abend schlafen wir jenseits der im Süden leuchtenden, neuschneebedeckten Berge. Damit war diese »wüste« Etappe vergessen.

Die eigentliche Attraktion Dunhuangs, die weltberühmten Mogao-Grotten, wollen wir erst nach der Jagd besichtigen. Auch die Reste der Großen Mauer, von der eine in Dunhuang entdeckte Handschrift aus dem 8. Jahrhundert berichtet, daß sie acht Fuß (2,4 Meter) hoch, an der Basis sechs Fuß und am oberen Rand vier Fuß breit sei: »Sie befindet sich in einer Entfernung von 63 Li (1 Li = 360 Schritt oder 644,4 Meter) nördlich der Stadt. Im Osten reicht sie bis zum Signalturm Jieting, also 180 Li weit... Im Westen reicht sie bis zum Signalturm Quze, also 212 Li weit, wo man direkt in die Wüste eintritt«.

Am nächsten Morgen verließen wir auf der alten Seidenstraße Dunhuang zu unserem 300-km-Trip ins Hochgebirge. Im Unterschied zum berühmten chinesischen Wandermönch Faxian, der Dunhuang um das Jahr 400 auf der Nordroute der Seidenstraße verließ und halb Asien durchquerte, nahmen wir Südkurs. Bereits am Ortsrand, der aus höchstens dreistöckigen Häusern gebauten Stadt, erhoben sich – wie von Geisterhand vor dieser Oase zum Stillstand gebracht – gewaltige, im Morgenlicht orangefarben aufleuchtende Sanddünen; die östlichen Ausläufer der 350 000 qkm großen Taklamakan. Vom Süden grüßte der majestätische Danghe Nan Shan. Unser Ziel! Vorbei an alten Festungsanlagen und Wachtürmen, umgeben von einer bereits zur Morgenstunde flimmernden, heißen Luft, vermittelte die wie zu Beton gebackene Kieslandschaft einen Vorgeschmack von der einst von allen Reisenden gefürchteten Taklamakan, deren Name im Uigurischen »Wüste des unausweichlichen Todes« heißt. Hier wird aus einer Chinareise mehr, als nur ferne Länder und Zeitzonen überwinden! Man entwickelt ein anderes Zeitver-

Auf Gazellensuche am Rande der Taklamakan, der »Wüste des unausweichlichen Todes«.

ständnis. Alles scheint in Ruhe und gleichzeitig in Bewegung, ein Kommen und Gehen. So wie die Lehren des Großen Konfuzius, die schon im 3. Jahrhundert vor Chr. verbrannt wurden und plötzlich wieder hochaktuell sind.

Marco Polo, der Dunhuang als »Saciu« bezeichnet, »das voll von buddhistischen Götzendienern ist«, berichtet: »Ich sage euch, diese Wüste ist ... so lang, daß man in einem Jahr nicht ankommen würde ... sinnlos wäre es, wollte man sie der Länge nach durchwandern, denn für eine so lange Zeit könnte man nicht genug Lebensmittel mit sich führen. Durchmißt man sie in der Breite, so findet man, ... einen Monat lang kein Dach ... sie besteht nur aus Bergen und sandigen Flächen und Tälern. Auf diesem Weg trifft man keine vierfüßigen Tiere und keinen Vogel...«.

Unsere knapp einstündige Fahrt auf der weltberühmten »Silkroad« – der Name »Seidenstraße« wurde vor mehr als 100 Jahren vom Geographen und Forscher Ferdinand von Richthofen, einem Lehrer Sven Hedins, geprägt – vermittelt das Gefühl eines unendlichen Sandmeeres, einer »Todeswüste«, »die nur entlang der am Wegrand liegenden Tier- und Menschenskelette durchquert werden kann«. Während Marco Polo von der »wohlbekannten Tatsache« spricht, daß »diese Wüste vielen bösen Geistern zum Aufenthalt dient«, und vor ihren zahllosen Gefahren warnt, ist dem modernen Reisenden »die Wüste so rein wie Wasser und ebenso karg im Aufwand.« -

»Wie man im Wasser schwimmt, so muß man in der Wüste gehen ... wer geht, löst seine Phantasie aus ... und läßt das Denken von der Kette los«, sagt Otl Aicher.

Viel Steine gab's und wenig Luft

Nach etwa vierzig Kilometer verlassen wir die antike Straße nahe der Stelle, wo heute ein gewaltiger Stausee die Wasser aus dem Nanshan zur Versorgung Dunhuangs sammelt. Gelegentlich nähert sich unsere immer wieder von Sanddünen überwehte Straße dem gewaltigen Flußbett des Tang Ho. Dessen Ausmaße – obwohl sich durch die Talsohle augenblicklich nur ein Flüßchen schlängelt – zeugen von ungeheuren Wasserfluten: Teilweise bis zu 100 m breit und mit über 10 m hohen, rot leuchtenden Sandsteinufern, hat man den Eindruck eines Mini-Grand-Canyon! Während der nächsten Stunde begegnet uns nur ein verbeulter Omnibus, der einmal täglich Dunhuang mit der Kreisstadt Subei verbindet. Dort endet die triste Route, die sich anschließend in zahllosen kleinen Sandstraßen und Gebirgspfaden verliert. Hier gesellt sich »Der Lange« mit einem zweiten Jeep zu uns. Er ist ortskundig und übernimmt mit einem Höllentempo die Führung. Wenn da nur die Achsen mitmachen! Gottlob habe ich mein Zielfernrohr gut verpackt!

Unsere Reise führt durch eine trostlose Mondlandschaft. Überall ist die spärliche Grasnarbe von den Schaf-, Ziegen- und Yakherden der hier durchziehenden Nomaden kahl gefressen. Kein Wunder, daß wir nach acht Stunden Fahrt durch diese einsamen »Naturschutzgebiete« und endlosen Schwemmlandsteppen, vorbei an Jurten und Herden, kein Wild, kaum einen Vogel, weder eine Blume noch einen blühenden Zweig entdecken: Viel Steine gab's und wenig Brot! Knapp zehn Kilometer vorm Camp ändert sich das Bild. Unsere Jagdregion war – zumindest vorübergehend – als Weideland offiziell gesperrt worden. Plötzlich säumen Grasflächen, Moospolster und leuchtende Blumen den Weg, insbesondere entlang der vielen wasserführenden Gebirgsbäche.

Am Spätnachmittag erreichen wir das von vegetationslosen Bergmassiven umkesselte, großzügig angelegte Zeltlager. Bei den beachtlichen 4000 m Höhe fällt plötzlich das Atmen schwer. Ab 3200 m muß man sich, zumindest als Flachlandtiroler, eben auch auf die Höhenkrankheit einstellen. Für uns ist das eine gute Gelegenheit, das neue Mittel Nifidipin, ein erst kürzlich angepriesenes Medikament gegen die Höhenkrankheit, zu testen. Zunächst warten wir jedoch im gemütlichen Hauszelt, ausgestreckt auf einem der beiden riesigen Pol-

Der Große Panda, das Wappen-Tier des WWF, gilt nach wie vor als höchst bedroht.

stersessel – die groteskerweise zu unserem Pläsier herangeschafft wurden –, wie der Kreislauf ohne Nachhilfe zurechtkommt. Die etwas gespreizte Begrüßung ist, wie immer und überall, ein eher vorsichtiges Abtasten: Mal sehen, mit wem man es zu tun hat! Das gilt übrigens für beide Seiten. Beim Abendessen und während der nächsten Tage wurde unsererseits tüchtig Mineralwasser gestemmt: drei Liter pro Tag sind zur Vermeidung der Höhenkrankheit das Mindeste!

Kurz vor Mitternacht verstummte dann das kleine Stromaggregat, das Licht erlosch und eine nur in solcher Abgeschiedenheit erlebbare, unendliche Ruhe erfüllte die Nacht. Und plötzlich, kurz nach dem Einschlafen, wurde uns das Atmen wieder schwer. Eine schon früher erlebte, leise Panik griff nach mir. Jetzt kam das neue Medikament zum Einsatz! Bald darauf normalisierten sich Atmung und Puls und wir schliefen dem nächsten, mit großer Spannung erwarteten, neuen Tag entgegen.

Im ersten Morgengrauen saßen wir auf vier zierlichen, unglaublich zähen Mongolenhengsten. Da mir diese gelegentlich beißenden und kickenden Racker aus früheren »hautnahen« Begegnungen in der Mongolei und in China nicht ganz unbekannt sind, gehe ich den für mich bestimmten Vierbeiner mit dem notwendigen Respekt an.

Da wir uns – gottseidank! – vom ersten Augenblick an verstehen, wird der schäbige, für die zierliche Anatomie eines Mongolen geschneiderte Sattel etwas erträglicher. Vermutlich traut der Begleitjäger dem Frieden nicht ganz, denn er schultert unaufgefordert meine Mauser 66. Er selbst führt keine Waffe, ebensowenig wie der zweite Begleiter. Ihn, den wettergegerbten Siebzigjährigen nennen wir, nachdem es unmöglich ist, sich die schwierigen mongolischen Namen zu merken, kurzweg »Opa«.

Zunächst geht es in einem geröllübersäten Flußbett bergauf. Wir gewinnen schnell an Höhe. Bald ist das Lager unseren Blicken entschwunden. Es ist erstaunlich, mit welchem Eifer die kleinen Pferde durch diese wüste Mondlandschaft schuften, obwohl sie – bei dieser kargen Weide kein Wunder – alles andere als gut genährt aussehen. Die beiden Mongolen drücken auf Tempo, gönnen uns kaum eine Verschnaufpause und reiten mit großem Abstand voraus. Nach drei Stunden Gewaltritt, ununterbrochen leicht bergauf, durch wilde Schluchten und über gefährlich abschüssige Geröllhänge hinweg – teilweise führten wir die Pferde, besonders bei fließendem Gestein, mühselig am Zügel –, bestehe ich auf einer Trinkpause. In diesem trockenen Klima muß man sich, selbst wenn man keinen Durst hat, zur Vermeidung der für die Höhenkrankheit gefährlichen Dehydration, zum Trinken zwingen. Dabei gebe ich den Chinesen zu verstehen: Wir reiten zusammen und nicht mit 500 Meter Abstand, und der »Opa« bildet die Nachhut! Außerdem hätte ich gerne etwas mehr Erläuterungen, insbesondere wenn wir vermeintlichen Argali-Einständen nahekommen! Die Freunde kapieren, sind zunächst aber etwas verschnupft.

Und dann, gerade so als hätten wir's herbeigeredet, kreuzen wir mehrfach Argalifährten. Leider keine frischen! An sonnendurchfluteten Hängen versetzen wir immer wieder ganze Kolonien aufgeregt pfeifender Murmeltiere in helle Panik und amüsieren uns an ihrem schusseligen, von Neugier und Argwohn bestimmten Verhalten. An kleinen Bachläufen, wo sich auf dünner Humusschicht grün schillernde Moose und eine schmale Palette gelb und blau leuchtender Blumen hält, entdecken wir mehrmals einzelgängerische, teils frische Bären- und Wolfsspuren. Dem Raubwild wird in diesem Wüstengebirge nichts geschenkt, das verraten seine unsteten Wanderungen. Überall huschen, sobald sie nur die kleinste Bewegung mitbekommen, steingraue Gekkos in den Schatten sonnenwarmer Steinplatten, während uns zwei aufmerksame, über den Gipfeln krächzende Raben nicht mehr aus den Augen lassen. Auch das sind Jägerfreuden!

Die ersten Wildschafe!

Am frühen Nachmittag, nach sechs Stunden hartem, für einen Schreibtischhintern nicht gerade erholsamen und auch sonst wenig stimmungsfördernden Ritt, kommt Skepsis auf: Entweder die Mongolen haben

Aufschlußreiche Vermessung eines Fallwild-Argali: acht Jahre alt, Schlauchlänge knapp 1,15 m.

keine Ahnung von dieser Gegend und seinem Wild, oder von den 3000–4000 Argalis der Statistik ist wenig übrig geblieben! Wenigstens haben sich die kurze Atemnot und die leichten Kopfschmerzen gelegt. Das vorsorglich in der Frühe nochmals eingenommene Nifidipin zeigt beste Wirkung. Ansonsten fühlen wir uns selbst bei 4800 m Höhe pudelwohl und genießen den herrlichen Tag. Hubertus und die guten Geister des Nan Shan werden es schon noch richten!

Erstmals spannend wurde es, als wir ein gewaltiges, von einem reißenden Fluß durchzogenes Hochtal erreichten. Nicht nur, weil ich dort den verwitterten Schädel eines Kragenbären fand, dessen erstaunliche Ausmaße (21 Inch Länge und 11 Inch Breite) spielend mit jedem mir bekannten Braunbär- oder Eisbärschädel konkurrieren können. Seit diesem Fund habe ich Zweifel, ob die in der Literatur angegebenen etwa 140 kg Höchstgewicht des Kragenbären nicht viel zu tief angesetzt sind. Nicht weit davon stieß ich auf das von Wind und Sonne gebleichte, schneckenbewehrte Haupt eines Fallwild-Argali. Die Vermessung des sechs Jahre alten Widders ergab eine Schlauchlänge von 41 Inch und einen Basisumfang von 17,5 Inch. »Diese Trophäe wäre mir um drei Jahre zu jung!« erklärte ich dem Guide, »unter 50 Inch (= 127 cm) mache ich keinen Finger krumm!« Während der fünf Tage habe ich noch vier weitere Argalischnecken gefunden und vermessen. Die Beste brachte es auf acht Jahre und knapp 45 Inch. »Freunde, an Altersschwäche sind diese Widder nicht eingegangen!«, stellte ich klar.

Plötzlich hält der Jäger an und läßt sich förmlich aus dem Sattel fallen. Die ersten Argali! Winzige Punkte. Mit freiem Auge gerade noch im Gegenhang erkennbar, knapp 5000 m hoch. Leider – das wurde mir erst jetzt bewußt – war von dem vor Tagen beobachteten Neuschnee nicht viel übrig geblieben. Von wegen »Der Schnee hat die Schafe in tiefere Regionen gezwungen!«, ärgerte ich mich, während wir uns behutsam in ein kleines Seitental verdrückten, aus dem heraus die halb schräg über uns stehenden Widder angegangen wurden. Endlich bekamen Beine und Lunge Arbeit! Gedeckt durch den Berg, Schritt für Schritt durch abrutschendes Gestein tastend, erreichten wir nach geraumer Zeit den Kamm. Oben angekommen, spielte uns, wie befürchtet, ein unsteter Ostwind böse mit. Kaum spähten wir über den Grat, da setzte sich das Rudel, keine 300 Meter entfernt, auch schon in Bewegung – und wie! Es verfiel in eine solch panikartige Flucht, daß es nur mit Mühe möglich war, die Burschen überhaupt anzusprechen. Dabei gab es keinen Zweifel: Halbstarke Angeber! Höchstens vier bis fünf Jahre alt!

Unverständlich blieb die ungestüme Flucht des Trupps, welche weder jenseits der Schlucht, noch hoch oben im Gegenhang endete. Was denen wohl solche Angst macht?, dachte ich und gab den Mongolen mit meinem Abzugfinger zu verstehen, daß hier wohl öfter »privat« Dampf gemacht wird. Sie verstanden und nickten etwas betreten. »Wenn ihr Jagdgäste und Devisen wollt, müßt ihr euer Wild schonen. Das Fleisch gehört nach der Jagd sowieso euch«, hatte ich schon im Camp gepredigt. Zurück bei den Pferden, fuchtelte der »Opa« ins Flußtal hinab und hielt mir dienstbeflissen sein Glas vor die Augen. Dort unten, aufmerksam zu uns hochsichernd, stand eine Wildeselstute mit einem noch arg wackeligen Fohlen. Die mit ihrem hellorange, steingrau abgesetzten Fellkleid ausgesprochen hübsch anzusehende Dame, verharrte steif wie ein Denkmal und traute dem Frieden in keinster Weise. Urplötzlich wandte sie sich ab und suchte in leichtem Trab, das unsicher staksende Eselchen hinterdrein, das Weite.

»Argali« und nicht »Pan Yang«

Mittagspause. Jiamuyin, der Jäger, breitet eine Decke aus und versucht mit ein paar Tomaten, mit Dampfbrot und einer Fischkonserve – da er kein Messer dabei hat, nehme ich meines – die etwas angefressene Stimmung zu heben. Bald darauf verfinstert sich der Himmel. Es ziehen blauschwarze Wolken herauf, die wenig Gutes

Meine 7 mm Remington Magnum hatte für die Nomaden eine fast magische Anziehungskraft.

verheißen. Zu unserer Überraschung tauchen tief im Tal plötzlich zwei Reiter auf, halten auf uns zu und nehmen nach stürmischem Hallo Platz. Vater und Sohn, zwei Nomaden, die irgendwo in der Gegend – trotz Weideverbot! – ihre Jurten aufgeschlagen hatten. Als ich mehrmals das Wort »Argali« höre, weiß ich, daß sie ebenfalls mongolischer Abstammung sind, denn auf chinesisch heißt das »Ovis ammon ammon« nicht »Argali« sondern »Pan Yang«. Ein Hinweis auf alten mongolischen Einfluß in dieser Region. Die Mongolen unterhalten nach wie vor engsten Kontakt zu ihren Verwandten in der benachbarten Äußeren Mongolei. Ab Mitte 1992 dürfen sie zum gegenseitigen Besuch sogar ohne Visum über die Grenze. Ein geschickter Zug der Regierung, die mit solcher Freizügigkeit, die nichts kostet, Ärger vermeidet. Eine Einsicht, zu der Honecker und seine Clique nie fähig waren!

Die beiden Mongolen deuten meine erstaunten Blicke auf ihre Gewehre absolut richtig und zeigen mir mit unschuldigem Lächeln ihre »harmlose« KK-Munition. Als ich mit entsprechender Gestik – den Zeigefinger direkt auf mein Auge haltend – zu verstehen gebe, daß man damit auf kurze Entfernung und einem Schuß auf die richtige Stelle, jedes Wild dieser Gegend zur Strecke bringen kann, wechseln sie das Thema. Überall dasselbe! Keine Frage, weshalb die Schafe derart schnell in Panik geraten sind!

Während wir uns zum Weiterritt fertigmachen – nicht ohne die von den Mongolen achtlos weggeworfenen Plastikflaschen, Papierreste und die Konservenbüchse demonstrativ wieder eingesammelt und zu deren Erstaunen vergraben zu haben, was während der nächsten Tage Wirkung zeigte – prasselt unvermittelt ein ausgesprochen widerlicher Graupelschauer auf uns herab. Hätte ich nicht im letzten Augenblick die von meinem Weib zu handlichen Paketen gerollten Gummikotzen wieder aus dem Seesack gefingert – »im Wüstengebirge braucht man sowas doch nicht!« –, dann wären unsere Jacken und Hosen trocken geblieben. Später, während des fast vierstündigen Rückritts, wobei ich nicht mehr wußte, ob ich auf dem als »Sattel« bezeichneten, durch eine dicke Decke »gefederten« Gestell, mit der linken oder rechten Backe sitzen sollte, kreuzten wir noch einmal frische Argalifährten. Das Rudel bestand aus mindestens zehn Häuptern. Es hatte uns vermutlich längst mitbekommen und sich postwendend aus dem Staub gemacht. Der quirlige »Opa« wurde ganz wild. Vermutlich kannte er den Einstand des Rudels, bei dem sich, erkennbar an den starken Schalenabdrücken, einige ältere Widder befinden mußten. Doch Jiamuyin winkte ab, es war ihm für heute zu spät. Alle guten und bösen Geister hatten sich gegen uns verschworen!

Moralisch leicht angeschlagen, erreichten wir bei Dunkelheit das Camp, wo uns der Dolmetscher Wang und Zuo Qing Yu sowie die übrige Crew schon gespannt erwarteten. Dann wurde Kriegsrat gehalten, der nächste Tag besprochen, insbesondere die Verbesserung meines Sattels und der viel zu kurzen Steigbügelriemen. Der Abmarsch war 6.00 Uhr früh. Mein Weib beschloß, aus verständlichen Gründen, am nächsten Tag einige Stunden solo durch die Steppe zu galoppieren und die kaum sonstwo noch mögliche »Große Freiheit«, ohne lästige Begleitung, auf ihrem Pferd alleine zu genießen.

Mit einem optimistischen »Heute klappt's«, verabschiedete ich mich im Morgengrauen. Durch ein nach Süden führendes Quertal gelangten wir schnell in die höheren Regionen. Mir klang noch die Schilderung eines Begleiters im Ohr, der gegenüber Wang zugab, daß auf den das Camp umstehenden Bergen vor zehn Jahren noch unzählige Argali standen, »bis die Nomaden kamen«.

Typisch Testjagd

Begleitet von einem eiskalten Wind, erreichten wir am frühen Vormittag eine Gebirgsarena, die mir sofort nach Argalis roch. Wenn irgendwo, dann mußten sich in diesem Eldorado Wildschafe rumtreiben; einen idealeren Lebensraum für Bergwild gibt es kaum! Die beiden Mongolen dachten wohl dasselbe und verlangsamten den Ritt. Vorsichtig glasten wir die teils wild zerklüfteten Bergflanken ab. Beim Weiterritt entlang des in vielen Verästelungen zu Tal fließenden Bergbachs, kreuzten wir plötzlich ein im sandigen Bachufer deutlich abgezeichnetes, breit gefächert bergauf weisendes Fährtenbild, mit teilweise imponierend starken Argalisiegeln. Also doch!, reimte ich mir zusammen, die Mongolen waren hinter dem gestern entdeckten, starken Rudel her! Sie kannten dessen Einstand! Während der Opa jetzt mit den gehobbelten Pferden zurückblieb, machten wir uns auf den Weg. Ich vermutete die Schafe jenseits des gegen den blauen Himmel abgezeichneten Bergkamms – und behielt recht! Etwa 200 Meter unter uns ästen, verteilt auf die Fläche eines halben Fußballfeldes, insgesamt elf Widder jeden Alters und jeder Stärke. Auf dem Bauch liegend, hatte ich noch nicht mal richtig Atem geholt und das Glas am Auge, als mich der Jagdführer schon aufgeregt anfeuerte, endlich zu schießen. »Zuerst Ansprechen!«, bedeutete ich ihm gereizt und signalisierte mit Achselzukken, daß ich von ihm jetzt vor allem einen Hinweis auf den stärksten Widder erwarte! Jiamuyin war aber aufs Geradewohl-Schießen aus! Hätte er blitzschnell angesprochen, wäre es mir ein Leichtes gewesen »fliegen zu lassen«. Trotz aller Beschwörungen im Camp hatte er nicht kapiert, was seine Aufgabe war. Notgedrungen mußte ich mich selbst ins Bild setzen! Wo steht der stärkste Widder? Ist überhaupt ein jagdbarer dabei? Gerade, als ich, nach kaum einer Minute Anblick, zu dem ernüchternden Ergebnis kam, daß – vielleicht außer einem! – dies ebenfalls nur eine Versammlung halbstarker Prahler war, warfen die Hornträger aus mir bis heute unerklärlichem Grund unvermittelt auf. Wie auf Kommando äugten sie herauf, wendeten und gaben unglaubliches Fersengeld. »Verdammt nochmal!«, fluchte ich laut und ärgerte mich erst recht, als sich der Mongole anschließend mit wilden Gesten entrüsten wollte. So eine Frechheit! schäumte ich, zunächst hilflos wie ein Ölgötze neben mir sitzen und vor lauter schießgeilem Gezapple die Schafe auf Trab bringen und hinterher sogar meutern!

Breit auseinandergezogen hetzten die Argali – unter ihnen vermutlich ein achtjähriger Widder mit passablem Hornmaß –

Die Wüste lebt! Wir warteten in dieser glühendheißen Arena auf einwechselndes Steinwild.

den flach auslaufenden Berghang hinab. Nach gut einem Kilometer erreichten sie den Talgrund, durchmaßen die weite Flußlandschaft und rannten, ohne anzuhalten – ein völlig untypisches Verhalten! – bis weit in den nächsten Berghang hinauf, wo ich sie nur noch mit dem Glas wahrnahm.
Nun saßen wir buchstäblich wie die Ochsen vorm Berg da und hatten die vielleicht einzige, sicherlich die beste Chance verbeutelt. Nachdem ich vergleichbar starke Argali aus dem Gobi-Altai kenne und auch mit den bereits vermessenen Fallwild-Trophäen Vergleiche anstellen konnte, nahm ich dem Guide nicht ab, daß in diesem Verband ein ganz kapitaler 50-Inch Widder gewesen sei. Nicht nur darum hielt ich die von ihm vorgeschlagene, unverzügliche Verfolgung für hirnlos, sondern auch deshalb, weil wir gegen die aus sicherer Entfernung beobachtenden, augenblicklich auch nicht zu übersteigenden Wildschafe im offenen Gelände chancenlos waren.
Typisch Testjagd, tröstete ich mich, es dauert eben, bis die einheimischen Jäger durch eigene, praktische Erfahrung mit Jagdgästen verstehen, was selektives Jagen ist! Der Rest des Tages ist schnell erzählt. Trotz aller Anstrengungen stießen wir auf keine weiteren Wildschafe mehr. Wir rakkerten uns durch dieses wilde Gebirge, bergauf und bergab, und kamen nach 16 Stunden (!) Ritt, wobei ich über eine gewisse Körperpartie aus Pietät kein Wort mehr verliere, erst gegen Mitternacht ins Camp – seit vier Stunden überfällig. Die Aufregung dort war ebenso groß wie meine Bewunderung für die Trittsicherheit unserer Pferde beim Ritt durch die stockdunkle Nacht, hinweg über Geröllfelder, entlang steiler Schluchten und tückischer Abstürze.
Später berichtete mir meine Frau, daß auch Herr Wang und »Der Lange« bereits auf Kohlen saßen. Die Chinesen waren vorher ebenso enttäuscht wie sie, als sich ein über den Bergen plötzlich aufsteigendes Licht »nur« als aufgehender Stern entpuppte. Konnten sie ahnen, daß wir nicht einmal eine Taschenlampe dabei hatten? Nach dem Abendessen machte ich Zoff und rief gleichzeitig den nächsten Tag zum »Kampftag« aus. Ich wollte es einfach wissen! Schließlich war ich nicht alleine zum Reiten in diese gottverlassene Gegend gekommen! Das einzige Problem sah ich in den Pferden, die durch die zweitägige Gewalttour ziemlich mitgenommen und geschwächt schienen. Die Gastgeber wischten diese Bedenken einfach vom Tisch.
Ich dachte mehrmals an Reinhold Messner, der 1993 eine Durchquerung der Taklamakan »ohne Kamele«, nur zu Fuß, plant. Man darf gespannt sein, wie es ihm auf der 900 km langen Expedition durch die »Wüste des Todes« ergeht.

Absonderlichkeiten

Um 6.30 Uhr früh waren wir erneut gerüstet. Vielleicht hatte ich heute, am vorletzten Tag, Glück. Doch da kam das eingangs erwähnte Ungemach über uns! Irgendein Schlaukopf hatte – sicherlich gut gemeint – den aberwitzigen Entschluß gefaßt, das Lager abzubrechen und es im Yema Shan aufzubauen, »da dort wesentlich mehr Argali vorkommen!«. Wir packten in Windeseile unsere Habseligkeiten und waren bald darauf querfeldein unterwegs, um »viel besseren« Jagdfreuden nachzugehen. Verständlicherweise hielt sich meine Begeisterung in Grenzen. Als wir an der letzten Wegbiegung ins Tal zurückblickten, war der Abbau des Camps bereits voll im Gang. Kein Zweifel, der LKW und die beiden Jeeps werden das neue Revier mit Sicherheit lange vor uns erreichen und das neue Camp rechtzeitig errichten! Auf uns warten zunächst über zehn Stunden harter Ritt und die Chance, endlich zu Schuß zu kommen.
Wir sind schnell auf 4400 m und heilfroh, inzwischen an die dünne Luft angepaßt zu sein. Immer wieder nimmt uns die endlose Monotonie des Wüstengebirges gefangen. Wir haben ausgiebig Gelegenheit – da dieser Tag ebenfalls, um es gleich vorweg zu sagen, zumindest auf Argali ein Flop wurde – eigenen Gedanken nachzuhängen.
Ist diese Gegend heute vergessen im Vergleich zur Blütezeit der Seidenstraße, die einst den Mittelmeerraum mit Südsibirien, mit Indien und China, bis hin nach Japan verband! Die Faszination dieser vormals

größten Handelsroute der Erde, die ihre Glanzzeit vor mehr als 1000 Jahren erlebte und ihre Bedeutung mit dem Einbruch des Islam, vor allem aber mit der Entdeckung des Seeweges nach China einbüßte, ist jedoch ungebrochen. Die Wüste Taklamakan, die alten Oasen und Karawanenzentren, das weitverzweigte, bis in den Himalaya hineinreichende, weitläufig um das »Dach der Welt« führende Wegenetz der Seidenstraße, geheimnisumwitterte Städte wie Dunhuang, Khotan oder Kaschgar, die Welt der Hochgebirge und Sanddünen, ziehen heute zunehmend Touristen aus aller Welt an. Auch die Jäger! Alle erfaßt vom rastlosen Gefühl, welches vor 100 Jahren bereits den 30-jährigen Sven Hedin zu seinem Unternehmen, die Taklamakan zu durchqueren, trieb: »Dort am Horizont waren die edlen, gerundeten Formen der Sanddünen, die anzuschauen ich nie müde wurde. Hinter ihnen in der Grabesstille erstreckte sich das Unbekannte. Das Land, das ich als erster durchmessen sollte«. Solche Stimmungen – sicherlich nicht in dieser heroischen Form – erfüllten irgendwie auch uns: Unsere weltfernen Pfade im Nan Shan hatte vermutlich noch nie ein Europäer gekreuzt! »Weshalb auch?«, meinte später, in bezug auf diese Einöde, meine Frau etwas anzüglich. Wang Bing Xi, der vorwiegend Abenteuerreisen von Westchina nach Tibet und Pakistan organisiert, hatte von einigen Absonderlichkeiten berichtet, die nachträglich den großen Marco Polo zu bestätigen scheinen: »Es gilt als wohlbekannte Tatsache, daß diese Wüste vielen bösen Geistern zum Aufenthalt dient, die den Reisenden allerlei sonderbares Blendwerk zu ihrem Verderben vorführen. Wer den Fehler begeht, sich von der Karawane zu entfernen, wird von wohlbekannten Stimmen in die Irre gelockt und kommt elendiglich um«. Hatte davon Wangs Mitarbeiter, der vor zwei Wochen eine zwölfköpfige Trekkinggruppe durch das wenig erschlossene Kunlun-Gebirge führte und dort vor etwa 10 Tagen, nach einem abendlichen Spaziergang, spurlos verschwand, noch nie gehört? Unterschätzte er das Wüstengebirge und dessen übelgesonnene Geister? Eine von Polizei und Militär mit Hubschrauberunterstützung durchgeführte Suchaktion wurde erst vor einer Woche erfolglos abgebrochen. Der Chinese, ein Opfer eigener Überheblichkeit oder finsterer Kräfte? In die Irre gelockt?

Ebenso von allen »guten Geistern verlassen«, wie jener 71-jährige Japaner, den Wang Bing Xi im Vorjahr als Einzelreisenden zu den Quellen des Yangtse brachte? Am Ort der »Erfüllung eines Lebenstraumes« angekommen, verkündete der Japaner dem entsetzten Wang Bing Xi und seinem Kollegen plötzlich – nachdem er sich vorher zu einer kurzen Andacht in den an der Quelle des Stromes errichteten Tempel zurückgezogen hatte –, daß er nun beabsichtige, freiwillig aus dem Leben zu scheiden. Die beiden zu Tode erschrockenen Chinesen versuchten den Japaner umzustimmen und ließen ihn nicht mehr aus den Augen. Schließlich einigte man sich, ein kurzes Picknick zu nehmen und dann unverzüglich zur Kreisstadt zurückzufahren. Obwohl es buchstäblich nur ein paar Minuten dauerte, bis Campingstühle aufgebaut und ein Imbiß angerichtet waren, kamen

Bei +40° gelten besondere Pirsch-Gesetze.

die Reiseführer zu spät. Der Japaner hatte sich zwischenzeitlich mit einem schnell wirkenden Gift das Leben genommen! Durch wohlbekannte Stimmen in die Irre gelockt?

Man soll nie »nie!« sagen

Gegen Mittag hatten wir trotz des ewig langen Ritts – außer einem kreisenden Adlerpaar und einigen Hasen sowie drei weitab von uns äsenden Wildeseln – nichts entdeckt, was meinen Jägerwünschen nahe gekommen wäre. In dieser öden Bergwelt ist eben mit Überraschungen nicht zu rechnen. Ein »Nirwana«, mit fast lähmender Wirkung aufs Gemüt: leblos, monton, ewig. Welch ein Unterschied zu den herrlichen Berg- und Waldlandschaften in Mitteleuropa, in Nordamerika, selbst in Afrika! Offensichtlich hatten sich alle guten und bösen Geister gegen mich verschworen. Dann ein Lichtblick! Wir durchquerten gerade eine weite, schüsselförmige Schlucht, als der nicht gerade hoffnungsvolle Jiamuyin aufgeregt nach vorne wies: Mongolische Gazellen – zunächst nur als Dreingabe gedacht! Drei Böcke mit gut halbmeterlangen, fast steil aufragendem, schwarzem Ringwulstgehörn. Im nächsten Moment lag ich im Geröll! Die Böcke, mindestens 500 Meter entfernt, hatten uns jedoch sofort weg und begannen, leicht tribbelnd, sich unverzüglich abzusetzen. Eine Wahnsinns-Entfernung!, dachte ich, aber vielleicht die allerletzte Chance überhaupt noch zu Schuß zu kommen! Fieberhaft überlegte ich: dünne Luft, 500 Meter mit Seitenwind, die 7mm Remington Magnum auf 175 Meter eingeschossen! Wie hält man da an, wie hoch drüber? Da die impalagroßen, steingrau getarnten Wüstenbewohner offensichtlich nicht daran dachten, länger auszuharren, faßte ich einfach einen ganzen Meter über dem Widerrist des besten Bocks Korn, holte Luft und machte krumm. Nicht geschossen ist auch gefehlt, überredete ich mich und sah sofort, daß ich den Racker mindestens »um einen Bauernschuh« unterschossen hatte. Wütend repetierte ich, fuhr den relativ pomadig abziehenden Böcken nach, hielt doppelt so hoch über den Nachzügler und unterschoß erneut! Schluß, dachte ich, jetzt ist endgültig ›Jagd vorbei‹!

Einzig bemerkenswert war, wie elegant die Böcke, bei hell aufscheinendem, weit geöffnetem Spiegelfächer – ähnlich den Springböcken Afrikas – leichtfüßig, doch mit Karacho durch die Geröllhänge preschten, so als flögen sie darüber. Richtig aufregend wurde es erst wieder, als wir am frühen Abend über den letzten Berg ritten und zu unserem Entsetzen – hundemüde, durchgefroren und hungrig – erkennen mußten, daß der überfällige Konvoi nicht am Treffpunkt war. Ein Hammer! Der eisige Wind blies uns ins Gesicht, düstere Wolken hingen in den Bergen, und in längstens einer Stunde war tiefe Nacht. Also Selbsthilfe! Ein warmes Zelt konnten wir uns für heute höchstens malen!

Der Rest der Geschichte ist bereits bekannt – unsere Stimmung auch! Trotz einer beißenden Kälte und der mißlichen Lage begeisterte uns die unvorstellbar klare, nur vom Licht der Sterne ausgeleuchtete Nacht und eine unendliche Milchstraße, deren überirdisches Feuer aus dem Innersten des Himmels zu kommen schien. Noch »schöner«, wenn auch in einem anderen Sinn, war allerdings kurz nach Mitternacht der Aufschrei meiner inzwischen vor Kälte schlotternden Begleiter. »Maschine! Maschine!«, riefen die Mongolen und klopften sich gegenseitig vor Begeisterung auf die Schultern. Die Wende! Als dann eine Stunde später die drei Fahrzeuge auf unsere Halbinsel tuckerten und als erstes – grotesker kann eine Szene nicht sein! – die zwei klobigen Clubsessel im Freien standen, eine Weile später unser Zelt errichtet und die erste heiße Nudelsuppe serviert wurde, ließ mich der jagdliche Mißerfolg der vergangenen Tage plötzlich völlig kalt. Die Erfah-

Wildeselstute mit Fohlen nimmt Reißaus.

Schafkopf auf chinesisch.

rungen dieser Reise waren so einmalig, daß wir sie auch so als Privileg empfanden. Wim Wenders Meinung, »es sei heute schwer, etwas aus 1. Hand zu erleben, da es bereits von überall Bilder gibt«, galt für diese Reise jedenfalls nicht! Außerdem: Vor mir lag immer noch ein ganzer Tag! Und bekanntlich soll man bei der Jagd nie »nie!« sagen – auch wenn es Enttäuschungen hagelt. Die Frage, wo die Fahrzeuge hängen geblieben waren, wurde nie beantwortet.

Eine hauchdünne Chance

Nach dem bitteren Ergebnis des »Umsiedelungstages« war klar, daß auch hier nichts zu holen war. Obwohl ich noch am Abend schwor, »bis zum Jahr 2010« kein Pferd mehr zu besteigen, hatte ich trotzdem nichts gegen einen letzten, auf Zufall und Improvisation angelegten Jagdtag. Um unser Glück vollzumachen, schneite es bis in den frühen Morgen hinein, sodaß auch mit Ausfährten nichts mehr lief. Völlig lustlos suchten wir im Jeep, mehr zum Zeitvertreib, die Umgebung ab, kehrten gegen 11.00 Uhr ins Camp zurück, verabschiedeten uns kurz und schmerzlos von den Mongolen und verließen die ruhmlose Arena. »Wir stoßen sicherlich auf Gazellen«, prophezeite der jetzt am Steuer sitzende Begleitjäger. Schön wär's, hoffte ich insgeheim, sonst komme ich tatsächlich als Schneider nach Hause! Zwei Stunden später erreichten wir die Ebene und gerieten auf einen lehmig schlammigen, von tiefen LKW-Furchen zerpflügten Weg. Die flache Schwemmlandsteppe war gleichbedeutend mit dem Ende jeder Hoffnung auf Erfolg. Plötzlich tauchten einige Jurten auf, behütet von wahren Höllenhunden: Da steigt kein ungebetener Gast aus dem Auto! Meine Frau und »Der Lange« nahmen anschließend eine Einladung zum Tee an, während ich mit Wang Bing Xi und dem Jäger erneut versuchte, zumindest noch einen Gazellenbock zu überlisten. Umsonst! Zu erwähnen sind nur noch die steinzeitlichen Höhlenwohnungen, die den zur Bergwerksarbeit verbannten politischen Gefangenen vor einigen Jahren hier als Unterkunft dienten. Näheres war nicht zu erfahren. Staatsgeheimnisse, wie jene der Taklamakan, über die Bruno Baumann, der die Wüste 1990 persönlich durchquerte, schreibt: »Die Chinesen, die sich rühmen, ›die nutzlose Wüste entwickelt zu haben‹, nutzten sie auf ihre Weise. Sie machten sie zum atomaren Testzentrum..., errichteten darin große Staatsgefängnisse und entzogen dem Tarim-Fluß soviel Wasser zur Bewässerung von Staatsfarmen, daß der See Lop Nor, ein einmaliges Öko-System, gänzlich austrocknete«. Ist so ähnlich auch unsere enttäuschende Jagd erklärbar? Meine Frau bekam in der Jurte der jungen Nomadin, die dort mit ihrem einjährigen Buben, ihrem Mann und zwei Verwandten hauste, einen interessanten Einblick ins bedürfnislose, aber lebensfrohe nomadische Dasein. Ansonsten war Endstation! Nach einer unglaublichen »Über-Stock-und-Stein-Fahrt«, durch mehrere wilde Pässe und über gut hundert Kilometer alte Seidenstraße, erreichten wir lange nach Mitternacht Dunhuang. Aufgeben wollte ich jedoch nicht! Schließlich ging das Flugzeug erst am übernächsten Vormittag. Das bedeutete noch eine hauchdünne Möglichkeit, das Glück zu zwingen. Während meine Frau darauf bestand, den Tag, wie vorgesehen zur Besichtigung der weltberühmten Mogao-Grotten zu nutzen, und mir entsprechend ins Gewissen redete, wollte ich die vom Jäger in Aussicht gestellte, allerletzte Chance, in den Vorbergen der Taklamakan auf Gazellen zu jagen, nutzen. Bei der Hitze wurde unser Unterfangen, selbst im klimatisierten Wagen, zur

Die Felsgrotten bei Dunluang. Über 1500 Jahre alt, Zeugnis buddhistischer Vergangenheit.

argen Strapaze. »Der Mut stellt sich die Wege kürzer vor!«, warnte schon Goethe. Vorweggesagt, ich blieb Schneider! Das Ganze blieb eine Testjagd ohne Test!

Ein touristischer Geheimtip

Gottlob hatte meine Frau am Abend, nach dem Besuch der »Tausend Höhlen«, wesentlich Aufregenderes zu berichten. »Dunhuang ist voll Monasterien und Abteien, alle sind voller Idole und Symbole«, schrieb Marco Polo, der seinerzeit die Gegend als ein Zentrum des buddhistischen Glaubens erlebte. Die Geschichte dieser östlich von Dunhuang in eine steil aufragende, mit Sand bedeckten Felswand gehauenen Grotten – man spricht von über 2000 Buddhas in diesen Höhlen – ist aufs engste mit der Seidenstraße verknüpft. Die Dolmetscherin zitierte meiner Frau eine aus dem 8. Jahrhundert stammende chinesische Beschreibung der unzähligen Statuen und der mit bunten Schmuckbildern ausgemalten Grotten, deren erste Mitte des 4. Jahrhunderts entstanden sein soll. »Südlich der Stadt Chazhao (Marco Polo spricht 500 Jahre später von ›Saciu‹, dem heutigen Dunhuang) in einer Entfernung von 25 Li, befinden sich die Mogao-Grotten. Der Weg dorthin zieht sich durch eine Steinwüste entlang eines Berges. Wenn man dort anlangt sieht man, wie steil alles abfällt. Im Osten liegen die Berge der drei Gefahren; im Westen die Berge des singenden Sandes. Zwischen beiden fließt, von Süden kommend, ein Fluß, den man ›Quelle der Höhlen‹, Dangquan, nennt. Hier gibt es Tempel und Klöster in großer Zahl. Auch riesige Glocken findet man hier. Die Wände sind bemalt, zu Ehren des Königs von Tibet ... auf der ganzen Vorderseite des westlichen Berges hat man von Nord nach Süd, auf einer Spanne von 2 Li, hohe und geräumige Grotten gegraben und behauen. Sie enthalten modellierte oder gemalte buddhistische Bildnisse.

Jede einzelne Grotte hat eine beträchtliche Summe Geldes gekostet. Davor wurden mehrstöckige Pavillons errichtet. Da gibt es einen Saal mit einem 160 Fuß hohen Buddha. Die kleinen Nischen lassen sich gar nicht zählen. Alle Grotten sind durch Balustraden verbunden, wodurch Pilgerzüge und Besucher Zugang erhalten.« Das ist auch heute noch so.

Treffender kann dieses Heiligtum am Schnittpunkt antiker, insbesondere indisch-tibetischer und chinesischer Kulturen, nicht beschrieben werden. Gleich aufschlußreich ist die Inschrift auf einer im Jahr 698 in Dunhuang errichteten Stele. In der meterhohen, blankgeschliffenen Steinsäule steht eingemeißelt, daß die Mogao-Grotten auf das zweite Jahr Jianyuan ›der Östlichen Jen‹ (360 n. Chr.) zurückgehen: »Der Mönch Luokun, lauter und demütig in seinem Verhalten den Geboten entsprechend, durchlief die Wälder und Ebenen, seinen Pilgerstab in der Hand. Während er ging,

gelangte er zu diesem Berg und bemerkte plötzlich ein goldenes Licht, dessen Form aus 1000 Buddhas gebildet war. Er grub eine Höhle, anschließend kam Faliang, der Meister von ›hynana‹ hier an, von Osten kommend. Und neben der Höhle des Meisters Luocun schuf auch er einen Bau.«
Die künstlerische Ausstattung der Grotten ist ein Spiegel der komplizierten religiösen Vergangenheit Westchinas und ihrer vielfältigen Stilformen. Die Kultstätten wurden mit dem Vordringen des Islam und dem Niedergang der Seidenstraße, entweder von Fanatikern zerstört oder vorher zugemauert. Dadurch gerieten sie häufig in Vergessenheit. »Es ist paradox«, schreibt Baumann, »dieselbe Wüste die ständig die Oasen bedrohte, verwahrte deren Vermächtnis. Das trockene Wüstenklima ließ nicht nur Malereien und Schriften überdauern, sondern ganze Städte wurden vom Sand zugeweht und gerieten danach in Vergessenheit. Ihre Ruinen schlummerten für Generationen unter dem Sand, bis sie europäische Forscher um die Jahrhundertwende entdeckten«.

Uralte, fast »moderne« Höhlen-Wandmalerei.

Da begann allerdings für die Heiligtümer um Dunhuang ein aus heutiger Sicht wenig ruhmreiches Kapitel. Europäische Archäologen, wie der erfolgreiche Engländer Aurel Stein (1906 bis 1908) oder der Amerikaner Langdon Warner (1924) gingen hierbei alles andere als zimperlich vor. Während es Stein gelang, »durch geschickte Überredungskunst den chinesischen Mönch Wang Yuanlu, der die Schätze der ›vermauerten Bibliothek‹ hütete, zur Herausgabe vieler Manuskripte – zunächst zum privaten Studium (for inspection) – zu bewegen, und sie dann beiseiteschaffte«, löste der Amerikaner »mit Hilfe eines speziell für diesen Zweck entwickelten Verfahrens, eine Reihe von Wandbildern ab... Warner fand Dunhuang verlassen vor, sodaß er die Fresken sowie eine Reihe von Skulpturen unbehelligt abtransportieren konnte«, schreibt Klinkheit.
Ärger und verletzter Stolz der Chinesen hierüber sind heute noch so groß, daß sie unter Hinweis auf diese Vorgänge nur von »Dieben und Gaunern« sprechen.
Inzwischen gilt der Besuch dieser einzigartigen Grottenberge als Geheimtip und »Muß« für jeden Chinabesucher. Ich bin trotz aller verbissenen Jagdversuche froh, zumindest am Abflugtag, während eines mageren zweistündigen Besuchs und anhand der »Vorauswahl« meiner Frau, doch noch in den Genuß dieser einzigartigen Kulturstätte gekommen zu sein. Damit führte die Reise zu einem von der Jagd unabhängigen, aber nicht minder packenden Erlebnis! Verständlicherweise verließ ich den heiligen Ort mit seinen Grotten und den über 2000 reich bemalten, aus Lehm auf kleinem Holzgerüst modellierten Skulpturen – von der Größe einiger Zentimeter bis zu 38 Metern Höhe, sowie Wandmalereien mit einer Gesamtfläche von insgesamt 45000 qm – mit leicht angekratztem Jägerherzen.
Nun, ein wackerer Nimrod hält es trotz solcher Prügel mit dem alten Plinius, der »den Wert eines Hasen nicht darin sieht, daß man ihn besitzt, sondern darin, daß man ihn verfolgt hat«.
So einsichtig kann man werden! Vor allem, wenn man das Programm für einen Wiederholungstrip schon in der Tasche hat!

Mensch, wir stürzen ab!

Auf »Big Five« in Zaire

Noch im Absturz zurre ich den armseligen Sitzgurt enger, verschränke instinktiv die Arme vor meinem Gesicht und warte, jeden Muskel zum Zerreißen angespannt, völlig verkrampft und unendlich hilflos, auf den großen Knall.

Im Barassuswald kommt Safaristimmung auf! Die Fächerpalmen bieten Deckung und Äsung.

Ganz so glimpflich, wie sich die Geschichte mit diesem Flugzeugabsturz in Zaire heute darstellt, verlief sie leider nicht. Der bekannte Jäger, Pilot und Filmemacher D. S. – er wurde für den Streifen »Gorilla Trail« Mitte der 80er Jahre sogar mit einem Oscar ausgezeichnet – hatte mich mit seiner zweimotorigen Cessna in Bujambura, der Hauptstadt von Burundi, abgeholt und in den kleinen Grenzflughafen Bukavu in Ost-Zaire geflogen. Wir wollten dort gemeinsam während einiger Testflüge die Chancen des Jagdtourismus diskutieren. Der routinierte Pilot D. S., dem sich bei Rundreisen durch die Provinz Kivu der Präsident Zaires sogar persönlich anvertraut, zeigte mir aus der Vogelperspektive einige Tage lang die üppigen Berglandschaften und endlos verzweigten Flußniederungen westlich der Metumba-Berge, vor allem die dort anzutreffenden gewaltigen Wildvorkommen. Der allseits geschätzte Belgier hatte in dem riesigen Gebiet, jeweils in der Nähe kleiner Dörfer, eine ganze Reihe schmalbrüstiger, kurzer Landepisten angelegt, welche von Einheimischen mehr recht als schlecht grasfrei gehalten wurden.

Weder harmlos noch schlafmützig

Überall in den weitläufigen Nebenflüssen des Lualaba tummelten sich faßrunde Flußpferde, an den Ufern standen beachtliche Elefantenherden sowie große Ansammlungen von Kaffernbüffeln, und unzählige kleine Trupps der aggressiven Rotbüffel durchzogen die weiten Buschsavannen. Eine erfreulich unberührte Wildnis. Nur selten entdeckte man, verstreut und versteckt, meist in der Nähe der Flüsse, kleine Siedlungen mit den typisch runden, strohgedeckten Eingeborenenhütten. Am aufregendsten war während dieser Beobachtungsflüge die Aggressivität der im Vergleich zum »Syncerus caffer« wesentlich kleineren, kurzhornigen Rotbüffel: Zog die einmotorige, für langsame Beobachtungsflüge geradezu ideale Supercub – zur Jagd waren wir in den kleinen Zweisitzer umgestiegen – auf eine Herde herab, so stob der Rotbüffel-Nachwuchs voll Panik in alle Himmelsrichtungen davon. Anders die

Ein exzellenter Ausguck. Ein wackeliger dazu! ▷

alten Bullen! Sie »stellten« sich sofort der lästigen Flugzeugattacke und sprangen aus Wut, teils mit allen Vieren aus dem Stand, das hornbewehrte Haupt drohend gegen den vermeintlichen Angreifer werfend, förmlich in die Luft. Gegen diese mutigen Kerle wirken die wuchtig-beeindruckenden Kaffernbüffel schwerfällig wie harmlose Pflugochsen.

Am dritten Tag landeten wir mit dem kleinen Flieger auf einem mir arg kurz erscheinenden Airstrip. Er lag eingebettet inmitten eines lichten, offenen Urwalds. Nach kurzem Fußmarsch erreichten wir einen breiten, träge dahinfließenden, lehmbraunen Fluß und bestiegen mit zwei auf uns wartenden Schwarzen ein ungewöhnliches Aluboot, welches von einem Außenbordmotor angetrieben wurde. In der Mitte des flachen Kahns befand sich ein drei Meter in die Höhe ragender, fest montierter Aussichtsturm, dessen Plattform über eine kleine Leiter zu erreichen war. Von diesem fahrbaren »Wasser-Hochsitz« konnten – sofern einem beim ewigen Geschaukle in luftiger Höhe nicht bald speiübel war – der lehmfarbene Fluß, vor allem aber seine für das Wild attraktiven Uferböschungen hervorragend abgeglast werden. Den ganzen Tag über beobachtete ich Büffel und Elefanten – sogar die scheuen, sumpfangepaßten Sitatunga und viele andere Antilopen des zentralafrikanischen Gürtels – insbesondere aber unzählige, faul an den Ufern und auf Sandbänken dösende, bis zu fünf Meter große Krokodile. Da das Boot ohne Motor lautlos mitfluß trieb, nur gesteuert mit einer langen Holzstange, hatten wir mehr als einmal das Überraschungsmoment auf unserer Seite. Faszinierend war jedoch immer wieder der vom Auge kaum erfaßbare, blitzschnelle Sprung überraschter Krokodile von der Böschung in die rettenden Fluten. Unvorstellbar diese Geschwindigkeit und Reaktion, wenn man an die normalerweise plump und behäbig im Wasser dahintreibenden, fast schlafmützigen Panzerechsen denkt! Obwohl meine Waffe den ganzen Trip schwieg, wurde dieser beschauliche Tag auf dem Fluß zu einem unvergeßlichen Erlebnis. Am Abend aßen wir gegrillten weißen Fisch sowie zarte Krokodilfilets mit süßen Kartoffeln und genossen kaltes Dosenbier aus einem eigens ins Camp gebrachten Gas-Kühlschrank. Wir waren bester Stimmung, wobei keiner ahnte, daß sich der Daumen schon gesenkt hatte! Bereits am nächsten Morgen hatte ich Glück im Unglück, wie nie zuvor im Leben.

Heikel ist nur der letzte Meter

Als wir zum kleinen Flugzeug marschierten, hatte die Morgensonne längst den schweren Tau von Gräsern und Pflanzen genommen. Alles »was da kreucht und fleucht«, selbst die emsigen Webervögel gönnten sich bereits die erste frühe Verschnaufpause. Ich zwängte mich hinter dem Piloten in den ausgebeulten Segeltuchsitz und freute mich, eingekeilt zwischen den Gewehren, einer Kühlbox, etwas Proviant und Treibstoff, auf den mehrstündigen Erkundungsflug. Jetzt würde mir D. S. mit seiner akrobatischen Einmotorigen aus der Luft sicher die »Big Five« zeigen! Auf meinen süffisanten Hinweis beim Einsteigen, ja ordentlich zu fliegen, feixte er nur etwas makaber: »Keine Angst! Heikel ist sowieso nur der letzte Meter!«

Dieses »Pfeifen im dunklen Wald« kenne ich schon, dachte ich und erinnerte mich insbe-

Im Camp. Zwischen Lunch und Abendpirsch.

Dieser wackere Gesell vergnügte sich zu ungeniert im Erdnußfeld des »Local chief«.

sondere an zwei böse Flugerlebnisse in Alaska. Einmal, kurz nach dem Start, mußten wir mit Motorschaden auf einem der Dutzend kleinen Airstrips von Anchorage runter. Nach einer wackelig-stotternden »Ehrenrunde«, wobei die Maschine gerade noch über die Dächer der Stadt, knapp am 10-stöckigen Hotel »Captain Cook« vorbei und über die vollbesetzte Stadtautobahn hinwegkam, notlandeten wir im hastig aufgebrachten Schaumteppich des Airport. Der Motor war mit dem ihm verabreichten Benzin-Kondenswasser-Mix nicht einverstanden gewesen. Ein andermal drückte ein, trotz Vorhersage bewußt ignorierter Schneesturm unsere kleine Supercub dermaßen nahe auf den Timberwald herab, daß wir nahezu die Wipfel streiften. Glücklicherweise konnten wir kurz vor Fairbanks mit Mühe und Not auf der holprigen Zufahrt einer Tankstelle landen und an deren kümmerlichem Kleinflugzeugparkplatz festmachen. Lustig und bezeichnend war das Schild vor dem Eingang des bescheidenen Coffee-Shop: »Pilot, please don't exhaust into the shop when you start! Bitte knalle die Auspuffgase nicht in den Laden, wenn Du startest!«.

Wer einmal sah, was sich in Alaska alles in der Luft bewegt – bald jeder zweite Holzfäller ist sein eigener Pilot! –, der hat keinen Zweifel in der von AP am 4. 7. 90 verbreiteten Nachricht, daß »innerhalb von 30 Stunden über Alaska 12 Privat- und Zubringerflugzeuge abgestürzt (sind)«. Wirklich aufschlußreich ist die ganze Meldung: »Wie US-Behörden gestern mitteilten, kamen dabei zwei Menschen ums Leben. Damit erhöht sich die Zahl der seit 1. Juni abgestürzten Flugzeuge auf 35, die der Getöteten auf 17. Die Unfallursachen sind noch nicht bekannt. Als Ursache in Frage kommen nach den Worten eines Sprechers Fehler der Piloten, technische Probleme, schlechtes Wetter, drängelnde Passagiere und mangelnde Kenntnis der Region. Bei der amerikanischen Luftfahrtbehörde sind 219 Zubringer- und 9000 Privatflugzeuge in Alaska registriert, prozentual weit mehr als in den anderen US-Staaten.«

Daß mir diese Geschichten gerade jetzt in Afrika einfielen, hatte seinen Grund. Bei aller Hochstimmung war mir nämlich beim Einsteigen aufgefallen, daß der Pilot, nicht wie üblich und von mir schon viele Male miterlebt, über den kleinen Hahn unter den Tragflächen das sich durch nächtliche Abkühlung in den Benzintanks gesammelte Kondenswasser abließ. Diese Beobachtung nicht gleich angemahnt, sondern bewußt ignoriert zu haben, bleibt mir eine Warnung fürs ganze Leben! Nun, wer klugmeiert als Laie schon gerne, noch dazu gegenüber einem prominenten Piloten, mit kleinkarierten »Ich-weiß-was«-Fragen?

Das Leben ist nur ein Moment

Wie immer im afrikanischen Busch sind wir beim Start, obwohl vorher überhaupt niemand zugegen schien, im Nu von einer Horde aufgeregt quasselnder Einheimischer, insbesondere Jugendlicher, umringt. Nach einigen Fehlzündungen springt der Motor flott an. D. S. testet die Instrumente und beschleunigt die Drehzahl. Nach kurzem, holprigem Anlauf hebt die Maschine mit Vollgas glatt ab. Braves Flugzeug! Guter Start!
Urplötzlich, am Ende der kurzen Piste, gerade als wir den Waldsaum wieder erreichen, vielleicht vierzig Meter hoch in der Luft sind und ich mich entspannt zurücklehne, beginnt der Motor kläglich zu husten. Er verliert sofort an Drehzahl und Kraft. Ich spüre, wie die Maschine vorne einknickt und trotz verzweifelter Schalt- und Steuermanöver des erkennbar aufgeregten Piloten, im Steilflug nach unten abschmiert. Mensch, wir stürzen ab!, durchfährt es mich im Bruchteil der nächsten Sekunde. Noch im Absturz zurre ich den armseligen Sitzgurt enger, verschränke instinktiv die schützenden Arme vor meinem Gesicht und warte, jeden Muskel meines Körpers für den zu erwartenden Aufprall zum Zerreißen angespannt, völlig verkrampft in mich verkeilt und trotzdem unendlich hilflos, auf den großen Knall.
Und wie war's mit den sogenannten letzten Gedanken?, wurde ich später oft gefragt. Wie ging's mit der Angst? Welches waren deine Reaktionen auf die drohende Katastrophe?
Heute, mit dem notwendigen Abstand zu diesem Absturz, ist darauf natürlich leichter zu antworten. In den wenigen Sekunden zwischen »Himmel und Erde«, dachte ich – was man eigentlich annehmen würde –

Erfolg nach aufregenden Stunden. Heutzutage sind die Schutzbestimmungen genau zu beachten.

Im Regenwald. Selbst hier ist auf die einheimischen Spurenleser Verlaß.

weder an meine Familie, auch nicht an mich, weder an mein Leben oder meine Gesundheit. Mein Gehirn hatte vermutlich keine Zeit, derartige Fragen zu stellen oder aufzuwerfen, und Antworten hierzu waren sowieso nicht gespeichert. Es war, wie Schiller erkannte: »Das Leben ist nur ein Moment, der Tod ist auch nur einer«. Ich war in einen rasenden Strudel geraten und lauerte angespannt – das trifft die Situation ganz genau! –, ohne irgendein Rezept zu haben, wie ein gefangenes Raubtier, auf eine eher zufällige Chance, dem Inferno zu entkommen. Ich verließ mich auf das große Wunder! Dann kam der Knall!

Zu einem Paket von Muskeln und Anspannung verschnürt, registrierte ich fast fotografisch, wie Holz splitterte, Zweige und Laub ins Cockpit flogen und die Propellerblätter gestaucht wurden. Wie wir später rekonstruierten, hatte das Flugzeug den Wipfel eines Baumes rasiert und sich dort mit dem Fahrwerk so verfangen, daß der Gleitflug der Maschine schlagartig auf null heruntergebremst wurde. Von da an habe ich einen bis heute noch nicht ganz aufgehellten Blackout! Alle Sinne waren abgeschaltet. Ohne daß ich D.'s prophezeiten »letzten Meter« und den Aufprall auch nur im geringsten mitbekam – obwohl sich die Maschine seitwärts überschlagen hatte und mit eingedrückter Kabine auf dem Rücken lag, das total verbeulte Fahrwerk himmelwärts gerichtet –, obwohl wirklich einiges geschehen war, setzte mein Denken erst wieder Sekunden (?) nach dem harten Aufschlag ein. Noch immer höre ich in mir die drei deutlich herausgepreßten, ersten Fragen: Lebst du noch? Blutest du? Tut dir etwas weh?

Ehe es zu den Antworten kam, versetzten mir ein unüberhörbares Plätschern und der Geruch von Benzindämpfen einen bisher noch nie erlebten Energieschub. Aus den Tanks fließt Benzin!, durchfuhr es mich siedendheiß, jetzt explodiert die Maschine! Ab diesem Augenblick war ich in hellster Panik und wie besessen auf Flucht und Überleben programmiert! Erst jetzt wurde mir bewußt, daß durch mein »Sich-Einkrallen« der windige Sitz aus der Verankerung gerissen worden war, wodurch er sich mit mir in der

Die Maschine überschlug sich, knallte auf die Erde und – ein Wunder! – explodierte nicht.

Sekunde des Aufpralls so drehte, daß ich wieder aufrecht in Flugrichtung saß, das Kabinendach zu meinen Füßen. Plötzlich fühlte ich, daß mein rechtes Bein nach rückwärts hinter den Sitz gedreht und irgendwo im Gestänge der mickrigen Kabine eingeklemmt war. Der Ausbruch, das Entkommen aus dem drohenden Blitz einer Explosion blieb eine Angelegenheit von Bruchteilsekunden! Mit aller Kraft stemmte ich die verbeulte Kabinentüre auf, brachte den Kopf durch den eingedrückten, kümmerlichen Rahmen des Unglücksflugzeugs und war im nächsten Augenblick im Freien. Dabei hatte ich solche Kraft entwickelt, daß ich mich beim Losreißen des eingeklemmten Beines sogar aus dem fest verschnürten, hohen Tennisschuh befreite.

Eins zu tausend

Dann stand ich ungläubig staunend wieder im hellen Sonnenlicht, war noch am Leben und mußte plötzlich laut lachen! Eine innere Befreiung, die wohl nichts anderes hieß, als »Verdammt, das war knapp! Juché ich lebe noch!« Wie lange ich in gehörigem Abstand zum Wrack verharrte, die Benzindämpfe roch und jeden Augenblick, wie selbstverständlich, auf den Knall wartete, weiß ich nicht. Dabei dachte ich keine Sekunde an meinen eingeklemmten Begleiter, obwohl dessen rechter Arm leblos aus der Kabine hing. Leicht geschockt, dachte ich nur an mein Massel, war dabei aber weder aufgewühlt noch in besonderer Erregung. Ich war nur grenzenlos erleichtert, mit dem Leben davongekommen zu sein. Scheinbar reicht das in den ersten Minuten nach einem solchen Dusel! Da denkt man nicht, was einem noch alles fehlt, sondern nur daran, was man doch eigentlich alles hat – vor allem das schöne, eigene Leben!

Im Nu war die Maschine von neugierigen Schwarzen umringt, die in der Wildnis Afrikas bekanntlich überall sofort wie Pilze aus dem Boden wachsen, wenn sich irgend etwas ereignet. Noch immer nicht an den Piloten denkend, forderte ich zunächst einen der herumstehenden Burschen auf, meine Kamera aus dem Flugzeugwrack zu angeln – als ob das in dieser Situation wichtig gewesen wäre! Dann begann ich seelenruhig einige Aufnahmen zu schießen. Erst jetzt überkam es mich blitzartig: Der Pilot ist noch im Flugzeug! Er wurde – inzwischen wieder bei Bewußtsein – gleich von einigen Afrikanern herausgeholt und mit bösen Verletzungen im Gesicht und am Kopf, mit Knochenbrüchen und zahlreichen Prellungen, in die nächste Hütte gebracht, notdürftig versorgt und – allerdings erst am nächsten Tag – in ein Militärhospital geflogen.

Die Maschine war, wie durch ein Wunder, auch später nicht explodiert. Der Sechser im Lotto, eins zu tausend! Ich selbst hatte nicht eine einzige Schramme abbekommen! Ausgenommen eine Stauchung des rechten Zeigefingers – meines »Abzug«-Fingers! Das nahm ich als gutes Omen.

Einige Tage später zwang ich mich, mit einem neuen Piloten in ein anderes Kleinflugzeug einzusteigen und verdrängte sofort die erste aufsteigende Flugangst sowie alle schlimmen Gedanken und Erinnerungen. Dabei schaute ich dem Piloten gleich von Anfang an genauer als beim letzten Start, auf die Finger: »Denn hinderlich wie überall, ist stets der eigene Todesfall«. Schließlich ist diese Meinung des guten Wilhelm Busch ebenso unstreitig wie die ungemein lebensnahe Philosophie meines Unglückspiloten, wonach nur der letzte Meter heikel sei. Ich will keinem widersprechen!

Doch die Frage »Ist diese Auslandsjägerei nicht doch recht gefährlich?«, möchte ich mit der schlimmen Nachricht beantworten, die mich gerade erreicht, als ich diese Zeilen schreibe: Der Welt bester Freikletterer, Wolfgang Güllich, der führende Sicherheitstechniker dieses großen Sports, zu Hause in den Steilwänden aller Hochgebirge der Erde, ist eben, Ende August 1992, im Alter von 31 Jahren, ganz banal auf der Autobahn München-Nürnberg tödlich in seinem Pkw verunglückt.

Wer Pech haben soll, erstickt an einer Gräte! Verständlicherweise habe ich diese Erkenntnis bei jeder Jagd vor Augen, eingedenk des optimistischen Sprichworts: »Von der Wiege bis zur Bahre, sind die schönsten Lebensjahre«.

Die unberührte Busch- und Baumsavanne Ost-Zaires. Ein Elefanten- und Rotbüffel-Eldorado!

Auf Braunbär
im Kaukasus

Im wilden Reich des »Michail Iwanowitsch«

Sergej scherte meine Aufregung keinen Pfifferling. »Auf diese Weise wird ein Bärenfell gewaschen«, lacht er, um dann nachzustoßen: »So nah' kam hier noch kein Bär heran! In der nächsten Sekunde hätte ich mein Magazin geleert!«

Teufel, legt der Bursche einen Zahn vor! Nicht zu fassen, daß der hinter ihm herkläffende Hundebastard – alles andere als ein kraftstrotzender Saupacker! –, dem Bären solche Beine macht! Noch ein paar Fluchen, überlege ich, und der Brocken erreicht den vor mir zu Tal schießenden Bergbach. In Panik schafft er spielend den Sprung übers gurgelnde Wasser – und dann sitzt er mir auf der Büchse! Bei dieser Distanz muß das Fünf-Zentner-Paket unbedingt im Feuer liegen! Dazu bedurfte es nicht der Ermahnung Brehms nach einem sofort tödlich Schuß, »denn Meister Petz kämpft, wenn er nicht anders kann und vielleicht schmerzhaft verwundet wurde, mit Todesverachtung um sein gefährdetes Leben, läßt sich auch, nachdem er einmal den Schützen angenommen hat, nicht beirren«.

Welche Spuren eine blitzschnelle Umarmung, Gebiß und Krallen dieses Raubwildes hinterlassen, war mir vor einigen Jahren in Erzurum, im Nordosten der Türkei, bewußt geworden. Dort wurde einer der angesehensten und erfolgreichsten Bärenjäger, nach dem Versagen der zweiten Patrone seines Schrotgewehrs (!), von einem in der Gegend sattsam bekannten, alten »Schlagbären« angegriffen. Der Bär warf ihn brutal zu Boden, zerschmetterte ihm den Kiefer, verletzte seinen Nacken und zerbiß ihm die Schultern sowie die schützend vor dem Gesicht gekreuzten Arme und Hände. Der halbskalpierte Jussuf verdankt sein Überleben vermutlich nur dem Umstand, daß er halb ohnmächtig, leblos liegen blieb. Er erinnert sich, daß der Braunbär, während er sein Opfer mit Zweigen und Laub zudeckte und mit Losung markierte, ihn immer wieder abschnüffelte. Gerade so, als wollte er sich vergewissern, seinen Widersacher tatsächlich erledigt zu haben. Als Stunden später die vom unbewaffneten Begleiter eiligst herbeigerufenen Retter eintrafen, verdrückte sich der Bär mit ärgerlichem Grollen ins Gewirr der Felsen, wurde verfolgt und zur Strecke gebracht. Jussuf war schwerverletzt davongekommen, verbrachte viele Monate in Spezialkliniken in Ankara und ist heute, verständlicherweise, einer der verbissensten Bärenjäger weit und breit.

Diese Geschichte, die mir der Türke persönlich während einer vor Jahren an der jenseitigen Küste des Schwarzen Meeres

Ähnliche Totenhäuser, wie hier in Nordossetien, finden sich häufig im Kaukasus.

versiebten Bärenjagd erzählte, – damals jagte ich nahe der Stadt Artvin, im Daglari-Gebirge – war mir gerade wieder durch den Kopf gegangen. Die dort gesammelten Erfahrungen sind eine unauslöschliche Erinnerung. Das Ergebnis war fatal gewesen. Doch im Augenblick beschäftigt mich ein wuchtiger Kaukasus-Bär, welcher mit weit ausholenden Sätzen – den nach Luft ringenden Fang halb geöffnet – schnurstracks auf uns zuetzt. Im turbulenten Auf und Nieder des heranstürmenden Großwilds, bringe ich die 9.3 × 74 Bockdoppelbüchse – sie ist längst gestochen, das Variable auf 1.5 heruntergedreht – nicht einen Herzschlag lang auf dem Wild zur Ruhe. Machtvoll ausgreifend, von seinen muskulösen Vorderarmen mit spielerischer Leichtigkeit über jedes Hindernis gehoben, nähert sich das mit wehrhaftem Gebiß und imposantem Nacken ausgestattete Raubwild schneller als mir lieb ist. Die schweren Schulterblätter im überwölbten Widerrist treiben es wie stählerne Getriebestangen voran. »Strelaj! Schieß«, zischt in hellem Aufruhr mehrmals der kaukasische Jagdführer Sergej. In der nächsten Sekunde erreicht der Bär, gegenüber auf der anderen Seite des Flusses, die flache Böschung und bremst ruckartig – den giftig hinter sich belfernden Hund schon fast im Pelz! Um Schwung zu holen, lehnt er sich weit zurück, schaut voll Wut und Entsetzen nochmals kurz um, und setzt zu einem gewaltigen Katapultsprung aufs Gegenufer an, um seinen Verfolger abzuwimmeln. Dabei übersieht er, vollkommen auf den lästigen Peiniger hinter sich fixiert, die am anderen Ufer lauernde, tödliche Bedrohung. Nur noch zehn Meter entfernt, erwarte ich ihn, die Büchse im Anschlag. Mitten im Sprung, bereits über dem Wasser und mit allen Vieren buchstäblich »zwischen Himmel und Erde«, bricht mein Schuß.

»Der weiß, wo der Honig ist«

Was gestern für völlig ausgeschlossen galt, sollte sich also doch noch erfüllen? Es grenzte an naive Vermessenheit, für eine Bärenhatz im Russischen Kaukasien, dem Land zwischen Schwarzem und Kaspischem Meer, welches neben dem Kaukasusvorland, dem Großen und Kleinen Kaukasus, auch die Transkaukasische Beckenflucht und das Armenische Hochland umfaßt – doppelt so groß wie die Bundesrepublik und in seiner Vielfalt selbst im Vielvölkerstaat UdSSR einzigartig – nur drei Jagdtage vorzusehen und dabei auf Erfolg zu spekulieren. Der Versuch, bei dieser Reise nachzuweisen, daß im wildreichen Rußland innerhalb von 10 Tagen, noch dazu in drei voneinander getrennten Revieren, jederzeit erfolgreich auf Braunbär, Keiler und Elch geweidwerkt werden könne, war sowieso hirnrissig.

Nun, ich hatte mich auf dieses waghalsige Unternehmen eingelassen, jetzt mußte ich durch. Spätestens während des Anflugs auf die »russische Schwarzmeer-Riviera«, beim Rundblick von der Ferien- und Industriestadt Sotschi, hinüber zu den fernen Faltengebirgen des Schwarzmeerkaukasus, der mit über 1500 Kilometer Länge größer ist als der Alpenbogen, überkamen mich dann doch etwas mulmige Gefühle. Nicht nur wegen des für die Jahreszeit ungewöhnlich warmen, spätsommerlichen Lüftchens – immerhin kam zu Hause heute abend der Nikolaus! –, sondern weil die kulissenartig hintereinander gestaffelten, schneebedeckten Gebirgszüge mahnten, daß von dort so leicht kein dicker »Michail Iwanowitsch« zu holen war.

Zum Zeitpunkt unserer Landung ahnte niemand, daß sich etwas tiefer im Süden des Landes, gerade im Innersten der Vulkanberge des Armenischen Hochlandes Unheimliches anbahnte. Begleitet von gewaltigem Geschiebe und leisem Grollen hatte sich im Erdinnern ein gigantischer Druck entwickelt, der sich zwei Tage später, kurz nachdem ich nach Belorußland abgeflogen war, weite Landstriche Armeniens in ein entsetzliches Erdbeben stürzte und Tausende von Menschen um ihr Leben und um Hab und Gut brachte. Randbeben hatten sogar unser Jagdgebiet erreicht. Hätte sich meine Bärenjagd nur um einen Tag hinausgezögert, wäre ich sicherlich für einige Zeit festgesessen. Angesichts solch verheerender Katastrophen sind Jagd und Tourismus verständlicherweise völlig nebensächlich.

Hier lebt man von Vieh, Weide und Jagd.

Wir jedenfalls konnten noch ungehindert ins Jagdgebiet aufbrechen. Entlang mediterraner, von prächtigen Zypressen, Eukalyptus und Zedern gesäumter Alleen, verließen wir am späten Nachmittag das altehrwürdige Sotschi. Nach mehrstündiger, teils abenteuerlicher Fahrt durch wilde Schluchten, über verwegene Paßstraßen, vorbei an schmucken Bergdörfern, erreichten wir in einer bequemen Tschaika-Limousine das Gebiet der Jagdwirtschaft Krasny Poliana. Eine Stunde später lagen die malerisch subtropischen Vorberge hinter uns; jetzt ging's hinein in die rauhe Welt des Kaukasus. Überall erinnerten romantisch zwischen weitläufigen Buchenwäldern und Gebirgsflüssen gelegene Rast- und Campingplätze, daß diese Gegend zur Sommerzeit stark besuchtes Ausflugsziel der Einheimischen ist. Auf halber Höhe, umgeben von meist steil abfallenden »Dolomit«-Felswänden und schroffen Gebirgshorsten, begrüßte uns an einer Straßenkreuzung ein überlebensgroß in Stein gehauener, hoch aufgerichteter Braunbär. Wir hatten den wilden Medowejwka, den »Großen Bärenfluß«, das Reich des schlauen »Medwed«, »der weiß, wo der Honig ist«, erreicht!
Schlagartig gerieten wir in neblig feuchtes Spätherbstwetter. Die Temperatur lag jetzt bei +5°C. Schwarze, schwerbeladene Wolken in den Tälern verhießen nichts Gutes. In den abseitigen Nordhängen lag Schnee. Unzählige links und rechts aus den Bergen führende, tief eingegrabene Lkw-Spuren verrieten, daß hier hemmungslos Holzabbau betrieben wird. Unübersehbare Kahlschläge und durch Erosion längst verkarstete Hochflächen unterstrichen, wie wenig zimperlich hierbei vorgegangen wird. Weiter oben, auf etwa 1500 Metern Höhe, erwartete uns in einem blitzsauberen OAS-Allrad die Jagdgenossenschaft; gutgelaunte Draufgänger, Nachfahren der kämpferischen Tscherkessen, der Karatschaier, der Tschetschenen oder einer der vielen anderen Völkerschaften Kaukasiens.
Sie brachten uns, auf teils frisch geräumten Schneestraßen, ins Jagdhaus.
In der klamm-feuchten, lange nicht mehr bewohnten Behausung wurde es, insbesondere nachdem sich der aus dem Kanonenofen qualmende Rauch verzogen hatte, allmählich gemütlich. Nach einem herzhaften Abendbrot mit georgischem Weißwein, herrschte eine erfreulich entspannte und kameradschaftliche Stimmung. Von den insgesamt 4000 Traubensorten der Welt werden über 500 in Georgien angebaut; die Weinwirtschaft zählte, bis sie durch die unsinnige Anti-Wodka-Kampagne Ende der 80er Jahre fast zerstört wurde, zu den führenden Erwerbszweigen der Region. Es war offenkundig, daß man auch im fernen Kaukasien nach einem guten Essen – wie Oscar Wilde frotzelt – jedem vergibt, »selbst den eigenen Verwandten«. Sogar einem Jagdgast, für den die Holzarbeiter als Treiber in die Berge abkommandiert werden, um durch Regen und Matsch zu stampfen und einen Bären auf Trab zu bringen.
Der Plan für den nächsten Morgen stand schnell fest. Gedacht war an eine Drückjagd, wobei die Treiberwehr ihr leises Murren, wegen nur eines Jägers einen solchen Aufwand veranstalten zu müssen, erst allmählich aufgab. Während des letzten Luftschnappens, kurz vor Mitternacht, bemerkte ich mit Entsetzen, daß es in Strömen regnete. Bei plötzlich einsetzendem Frost, den auch Sergej nicht ausschloß, war morgen früh an eine Bärenjagd, die zwangsläufig »über Stock und Stein«, auf felsige Klippen und entlang steiler Abgründe führt, natürlich nicht zu denken. Aus der Bärentraum!, dachte ich voll Skepsis und

schlief, nicht nur, weil mir die schweren Felldecken fast den Brustkorb eindrückten, ausgesprochen schlecht ein.

Kein Tölpel

Beim Abmarsch im Morgengrauen hätte ich einiges für gute Gummistiefel gegeben. Auf einem ausgetretenen, von Schneematsch, murigem Schlamm und Regenlachen gefüllten Jäger- und Holzfällersteig, ging es gleich von der Hütte weg ziemlich steil nach oben. Bleischwere Wolken hingen tief im Dach des Buchenwaldes. Die Sicht war so trübe wie die allgemeine Stimmung. Wie sollten acht Treiber mit zwei mickrigen, nach meinem Dafürhalten zur Bärenjagd völlig ungeeigneten Hunden, noch dazu bei solchem Mistwetter und in einer derart unwirtlichen Urwald- und Felsenwelt, überhaupt etwas bewerkstelligen? Schließlich ist ein ausgewachsener Braunbär kein Tölpel! Mit allen Wassern gewaschen, verduftet er, ehe man von seiner Nähe überhaupt etwas ahnt.

Überall finden sich frische Spuren. Starke Keilerfährten und tief eingegrabene, stattliche Trittsiegel bringen unser Blut immer wieder in Wallung: Kaspische Edelhirsche! So bezeichnet man das hier beheimatete, endenreiche, starke Hirschwild. Es ist Nachfahre des im vorigen Jahrhundert mit europäischem Rotwild gekreuzten, schwergewichtigen, meist höchstens zwölfendigen, asiatischen Maral. Der edle Kaukasier, mit seinem vielendig kronenbildenden, bis zu sechzehn Kilo schweren Geweih, steht bei erfahrenen Hirschjägern weltweit ganz oben auf der Wunschliste. Vor etwa fünf Jahren streckte mein Freund Heinz, im Anschluß an eine Turjagd – kaum 100 Meter von meinem Standort entfernt –, einen ganz kapitalen »Kaukasier«, mit über 13 Kilo Trophäengewicht.

Unser Aufstieg zieht sich hin. Fortwährend fällt Naßschnee von den Bäumen. Der Boden ist so aufgeweicht, daß einem die Brühe teilweise von oben in die Bergschuhe läuft. Wir rackern uns unverdrossen bergauf, ohne auf irgend ein anderes Lebewesen zu treffen. Später, als der hundertjäh-

Reifer Kaspischer Edelhirsch aus den Buchenwäldern des kaukasischen Berglandes.

rige Buchenbestand in unbewirtschafteten Urwald übergeht, breiten sich, ähnlich den Latschen der Alpen, vor uns üppige Felder baumgroßer Rhododendren aus. Ihre dichten, mit daumengroßen Knospen besetzten Blattkuppeln sind von schwernassem, bei leisester Berührung abrutschendem Schnee bedeckt. Das verlangt einiges an Eifer und Überwindung. Hätte jetzt einer zur Umkehr geblasen, ich wäre vermutlich sofort mit von der Partie gewesen! Wenn einem die Nässe fast überall auf die Haut rückt, und man sich erst auf dem Weg zu stundenlangem Anstand befindet, »wirft der Mensch in seinem Zorn«, wie Eugen Roth sarkastisch meint, »sehr leicht die Flinte in das Korn«.

Kurz darauf elektrisiert uns eine ganz heiße, kerzengerade durch verwucherte Rhododendren führende, mit herrlich langen Krallen deutlich in Schnee und Pampe eingegossene Bärenspur. Wie immer besitzt der Abdruck des Hinterlaufs die verblüffende Ähnlichkeit mit der nackten Sohle eines Menschenfußes. Die eindrucksvollen Pranken nehmen es mit denen des Grizzly Nordamerikas auf und unterscheiden sich kaum von den Maßen ihrer von Spanien über Osteuropa und die Türkei bis nach Sibirien verbreiteten Verwandtschaft. Die weit verzweigte Sippe bringt vier bis sieben Zentner auf die Waage – das hinterläßt Spuren!

Erstaunlich übrigens, wie sich das in vielen europäischen Ländern jahrzehntelang geschützte Großraubwild – sei es in Italien oder bei unseren osteuropäischen Nachbarn, von der UdSSR gar nicht zu sprechen – inzwischen vermehrte. So sehr, daß heute vielerorts staatlich genehmigte Bestandsregulierung mit der Büchse unumgänglich ist. Das von der EG verhängte und über CITES hinausreichende Einfuhrverbot für alle osteuropäischen Braunbären – ausgenommen den russischen »Michail Iwanowitsch«! –, bedroht diese Bestände wieder, da seinetwegen Schadbären und Überpopulation nicht mehr von ausländischen Jagdgästen gegen harte Devisen herausgenommen, sondern von den einheimischen Bauern zur Schadensbegrenzung selbst rigoros »kurzgehalten« werden.

Geschichte und Geschichten

In höchstem Maße aufregend waren gerade die jüngsten Meldungen von der russischen Halbinsel Kamtschatka. Dort sollen Riesenbraunbären mit einer Schulter-Widerristhöhe bis über eineinhalb Metern und dem Gewicht bis zu einer Tonne beheimatet sein. Trotz des einzigartigen Vorkommens – bei zwei Besuchen hatte ich dort über 150 Bären aus der Luft gezählt – wurde uns hier der sprichwörtliche Bär aufgebunden! Die Meinung des russischen Bärenforschers Nikolai Wertschagin, der nach Auskunft der Fachpresse glaubt, daß es sich um Nachkommen eines legendären Großbären handelt, der vor zehntausend Jahren den hohen Norden Asiens und Amerikas bevölkerte, konnte mir vor Ort niemand bestätigen.

Jedenfalls beflügeln solche Nachrichten die Jägerphantasie! Gerade der Bär – bis zum Bekanntwerden des afrikanischen Löwen sicher der wahre »König der Tiere« und Gegenstand unzähliger Kulte, Mythen und Legenden in Europa – fasziniert den Menschen bis in unsere Zeit. Seine Kraft und Ausdauer, die so gar nicht zu dieser gemütlich plumpen Erscheinung paßt, seine wütende Verteidigung und kompromißlose Angriffslust bei Verwundung oder Hunger, flößt der Bevölkerung auch nach Erfindung von Pulver und Blei noch Angst und Respekt ein. Gnadenlose Verfolgung war an der Tagesordnung. Hartig unterstreicht dies um 1812 in seinem »Lehrbuch für Jäger«: »Da aber der Bär ein gefährliches Raubthier ist, so verdient er in cultivirten Ländern keine Schonung«. Vor allem dann, möchte man ergänzen, wenn Meister Petz sich nicht wohlgesittet mit Pflanzen, Gräsern, Beeren oder Eicheln begnügt, sondern sich am Vieh der Bauern vergreift. Mit welcher Kraft er dabei ans Werk geht, insbesondere wenn er auf den Geschmack kommt und zum »Schlagbären« von Weidevieh wird, ist vielfach beschrieben und wird auch heute noch durch aktuelle Vorfälle in Osteuropa bestätigt. Schlau und gerissen, beileibe kein einfältiger »Tanzbär« – zu dem er nur »durch Zuckerbrot und Peitsche« gemacht und als widerliches Zerrbild des Menschen vorgeführt wird – gibt es auf der nördlichen Hemisphäre kein Wildtier, dem man in ähnlicher Weise »die Kraft von zwölf Männern« zutraut und vergleichbare Ehrfurcht entgegenbringt.

Aufschlußreich ist die verbürgte Nachricht aus einem baltischen Revier um die Jahrhundertwende. Dort war ein starker, vermutlich vom Bären vorher schon müde gehetzter Elchbulle, in ein mit Schlamm gefülltes Flußbett gestürzt und bis zum Hals eingesunken. Als ein Waldarbeiter mit vom Dorf herbeigeholter Hilfe zurückkehrte, war der Schaufler bereits aus dem Schlick gezogen und beiseite geschafft. Man folgte der Spur und fand zur allgemeinen Überraschung, gut einen halben Kilometer entfernt, einen schmatzenden Bären bei der Elchmahlzeit. »Berechnet man das Lebendgewicht des Hirsches auf nur 700 Pfund«, schreibt Oberförster Krementz, »so kann jeder sich die Kraft beurteilen, die nötig war, den Hirsch aus der Grube zu ziehen und so weit fortzuschleppen«.

Kein Wunder, daß bereits vor 2000 Jahren Kaiser Caligula mit Schaukämpfen von Bären gegen Hunde und Gladiatoren – bis zu vierhundert Bären sollen damals in der Arena gekämpft haben! – seinen Untertanen auch diesen schaurigen Nervenkitzel bot. Und Tschudi erzählt von restlos verquerten Bärentreiben in Graubünden, bei denen sich noch im 18. Jahrhundert Bergjäger, als Mutprobe, von Bären annehmen ließen. Dabei suchten sie den Koloß zu umarmen und preßten, um Begleitern einen exakten Schuß zu ermöglichen, den eigenen Kopf fest unter die Kehle des Tieres. Gleichzeitig versuchten sie, das Wild durch einen Stich mit dem Waidblatt zu töten. Über die Erfolgsquote dieses makabren Spielchens – zugunsten des Bären oder des Menschen – ist wenig überliefert. Fest steht, daß man den Bären seit eh und je – in Bayern kam der letzte Brummer 1835 zur Strecke – gnadenlos verfolgte. Und nicht nur, weil seine Keule einen saftigen Schinken abgibt und seine Haut »dauerhaftes Pelzwerk ist, das gewöhnlich zu 15–25 Gulden verkauft wird«! Der Braunbär wurde – schon immer der Hohen Jagd zugehörig – bei uns vermutlich nie wegen seines Fleisches gejagt. Denn »Wildpret kann man es nicht nennen, es wird nur von armen Leuten gegessen, soll aber schlecht schmecken«, schrieb schon Hartig. Bären wurden und werden verfolgt, weil sie leichtsinnigerweise in ihrer Leutseligkeit und Neugier dem Menschen, seinem Vieh, den Kartoffeln und dem Getreide oft zu nahe kommen. Vor allem, weil gerade bei diesem Räuber – hier hat Ortega y Gasset sicher recht –, »eine gewisse Seltenheit des Wildes für das Jagen wesentlich ist«. Und seine herausfordernde Wehrhaftigkeit!

Dies zählt wohl auch bei meiner Pirsch auf den einzelgängerischen Kaukasier, dessen frischer Tatzenabdruck uns eben in Fahrt brachte. Ob es gelingt, diesen Heimlichtuer, der sich kurz vor der Winterruhe noch schnell volludert und sich Feist zulegt, einzuholen und zu überlisten? Als alter Optimist – bekanntlich versetzt der Glaube Berge! – schließe ich natürlich überhaupt nichts aus. Wenn uns keine falsche Luft verrät – der Bär, ein ausgesprochenes Nasentier, wittert Menschen kilometerweit – könnte es leicht klappen. Schließlich »hat ein hungriger Bauch keine Ohren«, und mit dem Gesichtssinn des »Schweinsäugigen« ist es bekanntlich nicht weit her!

Mir ist unvergeßlich, wie sich vor Jahren in den alaskanischen Wrangells, keine zwanzig Meter entfernt, vor uns ein Grizzly – wie der Leibhaftige persönlich! – blitzschnell aus dem herbstlich verfärbten Buschwerk aufrichtete. Erschreckt vom lauten Schnauben und Blasen der bergaufkeuchenden Pferde, fuchtelte er, auf's höchste erregt und voll Ungewißheit mit den Zähnen klappernd, mit seinen Vorderarmen, »wie mit der Stange im Nebel«, in unsere Richtung. Er witterte eine unbestimmte Bedrohung, hatte uns schemenhaft sicherlich auch erfaßt, konnte uns aber – da wir vor Schreck und Überraschung erstarrten – trotzdem nicht richtig einordnen. Die Folge war, daß er sich wie ein Stein fallen ließ, in einem engen Bogen wegschlich und sich in guten Wind brachte. Plötzlich im Bilde, richtete er sich erneut auf und nahm uns, aus weniger als zwanzig Metern Entfernung, voll an. Aufregende Erinnerungen!

Inzwischen versuchten wir voll Tatendrang, den Kaukasier, quer durch den widerwärtig verfilzten Rhododendron, einzuholen. Ähnli-

che, allerdings schon in roter und weißer Blütenpracht prangende Riesenbüsche säumten Anfang der 80er Jahre, in etwa 3500 Metern Höhe, während der Blauschafjagd im Himalaya Ostnepals, meinen Pfad.
Mehr zufällig fanden wir plötzlich schwarze, mit roten unverdauten Beeren durchsetzte, frische Losung. Interessant, daß Aristoteles schon vor 2000 Jahren in Erfahrung gebracht hatte, daß der Bär, vor und nach der Winterruhe, seine Eingeweide durch Genuß der für den Menschen tödlich giftigen Aaronpflanze, sowie durch Äsen säurehaltiger Moosbeeren, reinigt und gesund hält.
Die weit ausholenden Schritte des Paßgängers, der bergauf sowieso schneller ist als bergab, bestätigen uns, daß der Braune jetzt auf Tempo macht. Vermutlich schöpfte er schon Argwohn: Alte Vögel sind schwer zu rupfen!

Ein Kläffer mit Löwenherz

Dann trennen wir uns. Jeweils vier der kaukasischen Begleiter, alle mit Schrotgewehren bewaffnet, entfernen sich. Sie umschlagen von zwei Seiten einen riesigen, dicht bewaldeten und von mächtigen Zyklopenmauern begrenzten Bergkessel, durch dessen Talgrund der Mzymta, ein Nebenfluß des »Großen Bärenflusses« schießt. Da hinab steigen wir. Sergej voraus, der Dolmetscher Wassili hinter mir, so stolpern und rutschen wir, auf gefährlich glitschigem Laub und über steil abfallende Geröllhalden hinweg, den schwer zugänglichen Tobel hinunter. Im Gegenhang, direkt vor uns, öffnet sich eine schnurgerade, von der Klamm bis hinauf zum Grat des Bergrückens verlaufende, schrotschußbreite Schneise. Gut dreihundert Meter lang. Ein ideales Schußfeld, sofern das aus Süden und Norden von Treibern und Hunden angestoßene Raubwild nicht in panischer Flucht diese offene Fläche überfällt.
Die Taktik ist klar: Während wir vom Flußtal aus die Schneise kontrollieren, versuchen die beiden Treiberflügel aus einigen Kilometern Entfernung das Wild auf die Bühne zu drücken. Eine andere Bejagung ist in dieser schwer zugänglichen Fels- und Buschwildnis überhaupt nicht denkbar.
Doch wie überall im Leben, so gilt auch bei der Jagd, daß letztlich nicht der ausgeklügelte Plan sondern das meist launenhafte Glück entscheidet.
Unten am Fluß angelangt, suche ich mir im steilen Hang einen sicheren Stand, beseitige sofort alles störende Gestrüpp und habe schnell den gewünschten Rundblick. Sergej bezieht mit seinem Armee-Karabiner einige Meter über mir Stellung, der Dolmetscher steht seitlich. Bis hinauf zur Mitte des offenen Korridors haben wir ideale Draufsicht und freies Schußfeld. Weiter oben beeinträchtigen tonnenschwere Felsquader die Sicht.
Außer dem monotonen Gurgeln des Bergbachs ist nichts zu vernehmen. Die Ruhe geht an den Nerv. Selbst Krähen und Greife halten sich bei diesem Wetter bedeckt. Die Spannung ist mit Händen zu greifen. Kein Wunder, immerhin gehört die Bärenjagd, wie Brehm schreibt, »zu dem gefährlichen Waidwerke«.
Die Situation ähnelt jener in den Bergen des türkischen Artvin, nur daß ich mich damals hoch oben in einer Falte des Bergkamms verschanzt hatte und die Treiber vom Tal heraufdrückten. Am liebsten würde ich das seinerzeitige Desaster vergessen! Zunächst schien alles in Butter. Ich hatte den Bären, der in wilden Fluchten auf dem Grat des Gegenhanges, jede Deckung ausnützend, mit weit ausholenden Sätzen nach oben stürmte, freihändig mit meinem Glücksschuß über den Bergkamm in die abseitige, nicht einsehbare Gegenschlucht »geblasen«. Sofort tauchten Zweifel und Fragen auf, die jedoch schnell durch das aus den Bergen ertönende Triumphgeschrei der mit Äxten und Messern bewaffneten Treiber beantwortet waren: Der lag! Er mußte liegen, weil wir es so wollten!
Bald darauf, als erste Augenzeugen am Sammelplatz eintrudelten, gab es lange Gesichter. Der schwerkranke Pelzträger war, wie sich herausstellte, von einigen Übereifrigen, im ersten Wundbett aufgemü-

Den kenne ich doch? ▷

det worden und schleppte sich nun auf einer schnell versiegenden Schweißspur, über Stock und Stein, bergauf, um sich dort in den unzugänglichsten Schroffen auf Nimmerwiedersehen zu verklüften. Unvergeßlich, mit welcher Schlauheit uns der Bär während der zweitägigen Nachsuche ausgetrickst und vor immer neue Rätsel gestellt hatte. Ein echtes Fiasko! Aber Schluß damit!

Ich fragte mich gerade, wie die Treiber vorher wohl über den reißenden Mzymta gekommen sind, als aus der Ferne das dumpfe Echo eines Hebeschusses ertönte: Die Hatz war eröffnet!

Keine Sekunde länger

Im Zentrum des trichterförmig uns umgebenden, gigantischen Bergszenarios hoffen wir inständig auf Dianas und aller Ortsheiligen Gunst. Über dem Glucksen des vorbeirauschenden Bergbachs liegt die bei abgestellten Jagden immer wieder erlebbare, spannungsgeladene Stille: Wie im Theater, kurz bevor sich der Vorhang hebt!
Inzwischen ist eine Stunde verstrichen. Meine Begleiter hocken teilnahmslos, den Kopf in die Hände versenkt, im Hang. Nicht gerade ein Bild strahlender Zuversicht!
Kein Zeichen von den Treibern oder den Hunden. Da schleichen sich leicht, vor allem wenn der Blick unentwegt eine kahle, wie ausgestorbene Schneise hochwandert, Zweifel ein. Sauber abgestellt und tüchtig getrieben, müßte diese Strategie eigentlich längst zum Erfolg führen. Vorausgesetzt – und hier liegt ein großes Fragezeichen – das Spielchen wird nicht zu oft »uraufgeführt«. Schließlich ist Wild in dieser rauhen Gegend dünn gesät und brave Trophäen nie Allerweltsware. Ein Trost ist, daß Jagdwirtschaft in der UdSSR vorwiegend noch immer der Fleischversorgung gemäß Plansoll dient, wobei Trophäenqualität zweitrangig ist. Trotzdem, »steter Tropfen höhlt den Stein«, ständige Beunruhigung ist der Tod jeder Wildbahn!
Da! Im Gegenhang erste Rufe. Die Treiber! Jetzt ist auch Sergej wieder voll dabei und tippt begeistert in den offenen Gegenhang:

Aufgepaßt! Jeden Moment kann der Hauptdarsteller ins Rampenlicht treten!
Die Stimmen der Treiber – vermutlich verständigen sie sich, um Linie zu halten und sich gegenseitig Mut zu machen – werden deutlicher. Ihr Radau ist gewaltig. Sie stehen kurz vor dem Saum der Schneise. Doch es ist alles umsonst! Nachdem auch Sergej die Schultern hängen läßt, wird klar, daß nicht mehr viel zu erwarten ist. Während ich mein mißtrauisches »Weiß-Gott-wie-oft-die-Freunde-diese-Gegend-durchbürsteln!« noch für mich behalte, taucht weit oben am Waldrand der erste Treiber auf. Dann der nächste. Bald darauf einer vom Norden her, schließlich der Rest. Einer der beiden Hunde, an seinem Strick angeleint vermutlich durch das ganze Treiben gezogen, entsprach genau meinen bösen Vorahnungen. Da tritt Sergej betreten und etwas schuldbewußt an mich heran, vertröstet aufs nächste Treiben und deutet auf meine 9.3 × 74: Bitte entladen! Ende des Treibens!
Da ich einerseits die Pleite nicht wahrhaben will und mich andererseits irgendwie stört, daß während der langen Zeit keine einzige Kreatur, weder ein Reh noch ein Stück Rotwild im riesigen Trieb auftauchte oder durchwechselte, widersetze ich mich und lege noch ein paar Minuten zu.
Gerade, als der Dolmetscher sein eindeutig zum persönlichen Schutz vor einem Bären mitgebrachtes Messer wegstecken will und dem Jagdführer meinen Vorbehalt übersetzt, daß vermutlich deshalb kein Wild in den Hängen war, weil sich ein Bär herumtreibt, ertönt der kurze helle Hetzlaut des bisher noch nicht aufgetauchten, zweiten Vierbeiners. Direkt aus dem Dickicht im Gegenhang! Also, wer sagt's denn? Der spitzohrige Kläffer ist auf eine heiße Spur gestoßen! Würde er sich sonst, während die Treiber schon auf der Schneise palavern, im »Feindesland« noch so ereifern? Die nächsten Minuten könnten dramatischer nicht sein! Während die auf der offenen Strecke versammelten Treiber wild gestikulierend herunterfuchteln und uns gerade lauthals auf einen heranstürmenden »Medwed« aufmerksam machen – als ob er zu übersehen wäre! – prescht ein kugeliger Bär in langen Fluchten durchs offene

Druckjagd auf Sauen. Durch diese riesigen, offenen Bergwälder zieht kapitales Schwarzwild.

Gelände talab. Er ist keine fünfzig Meter mehr vom Gebirgsbach und von uns entfernt! Der kleine, wild belfernde Wolfsspitz, ohne jede Scheu oder Respekt vor dem Brocken, knapp hinter ihm. Ein schneidiger Kerl!

Vorher, ein Stück weiter oben, als der Pelzträger erstmals auf der Bildfläche erschien, hätte ich ihn gut abfangen können; doch da stand die Treiberwehr zu nahe, um gegen eine verirrte Kugel gefeit zu sein. Aber jetzt war im holprigen Auf und Ab des ungestüm zu Tal stürmenden Bären das Ziel auch nicht für den Bruchteil einer Sekunde festzumachen. »Strelija! Schieß!«, faucht Sergej hinter mir aufgeregt, als der Vier- bis Fünf-Zentner-Koloß das Flußufer erreicht, sich zum Sprung weit zurücklehnt und dann – den lästigen Verfolger schon fast im Pelz – zum Katapultsprung übers gurgelnde Wasser ansetzt. Keine fünfzehn Meter von mir entfernt! In derselben Sekunde überholt das Fadenkreuz – in der Aufregung fand ich überhaupt keine Zeit, das Zielfernrohr abzunehmen; ehrlich gesagt, hatte ich daran auch gar nicht mehr gedacht – den in der Luft schwebenden Körper aus der Rückenlinie heraus. Über den Sehern angelangt, bricht der Schuß.

Gebremst durch den Gegenschub des 19-Gramm-Geschosses, hing der tödlich im Nackenansatz getroffene Brocken einen Augenblick lang – wie ein Turmspringer alle Viere von sich gestreckt – förmlich in der Luft, und stürzte wie ein Senkblei in

den brodelnden Fluß. Er hatte das rettende Ufer knapp verfehlt!
Im Aufschlag verfärbten sich die türkisgrünen Fluten des Gebirgsbaches in helles Rot, und während die Treiberwehr mit begeistertem »Schampanski, schampanski!« in lauten Jubel ausbrach, hatten die reißenden Wasser ihre wuchtige Fracht schon meterweit talwärts gespült. Gerade so, als sei sie ein wertloser, alter Sack! Der Bär überkugelte sich fortwährend und tanzte wie ein Ball auf dem Wasser – mal auf dem Rücken, mal zuvorderst, dann zuoberst. Unmittelbar darauf, gedreht durch die wilden Wasserwirbel, verfing er sich – gottlob! – an einem aus der Strömung ragenden Felspfeiler. Sergej, jetzt von seinen Sorgen als Jagdführer befreit und seines Erfolges sicher, scherte meine bibbernde Aufregung keinen Pfifferling. »Auf diese Weise wird im Kaukasus ein Bärenfell gewaschen« lacht er, um dann mit Ernstmiene nachzustoßen: »So nah' haben wir hier noch keinen Bären kommen lassen! In der nächsten Sekunde hätte ich mein Magazin leer gemacht!«. Dabei deutete er siegesbewußt auf seinen Armeekarabiner, während der Dolmetscher zur Bekräftigung mit dem Küchenmesser mutig durch die Luft fuhr.

Verfluchte Technik

Später, nachdem die Gratulationswelle in Erwartung der wohlverdienten »Schampanski-Feier« mit Händeschütteln und freundschaftlichem Auf-die-Schulter-klopfen abgeebbt war – ein Zeremoniell, das ich übrigens bei keiner Jagd mit echten Freunden missen möchte; selten ist Begeisterung ehrlicher, sind Empfindungen glaubhafter wie in diesem Augenblick! – wurde beratschlagt, wie der von den wilden Fluten umspülte, den riesigen Felsblock buchstäblich »umarmende« Bär an Land gehievt werden kann.
Kurz entschlossen durchqueren drei Burschen in voller Montur – durch ein schäbiges Seil von der Mannschaft am Ufer gegen die Strömung gesichert –, ohne mit der Wimper zu zucken, den eiskalten Fluß. Wenn das keine Draufgänger sind, dann gibt es keine! Teilweise bis zur Brust im Wasser, befestigten sie das Seil mühsam am Hinterlauf des Bären. Nach einiger

Die zurecht stolzen russischen Treiber freuen sich mit dem Gastjäger – auch auf das fällige Fest.

Schinderei gelang es ihnen schließlich, den schweren »Fisch« an Land zu ziehen, während ich am Ufer vor Wut einem Herzinfarkt nahe war. Entgegen jeder bisherigen Erfahrung, hatte ich diesmal nur eine Kamera dabei, und die gab gerade ihren Geist auf! Es reichte genau für eine Aufnahme, dann war Feierabend. Ich verfluchte die Technik, wünschte meine altmodische Zweitkamera mit Handaufzug herbei und mußte zähneknirschend als Zaungast mitansehen, wie sich eine einzigartige Bildreportage in Luft auflöste. Ärger und Enttäuschung mit der Kamera hätten mir beinahe die Freude an dieser aufregenden Jagd genommen! Schließlich verewigen selbsterlebte Fotos unwiederbringliche Erinnerungen, die, wenn alle »inneren Bilder« längst verblaßt sind, das immer wieder belebbare Archiv eines Jägerlebens darstellen. Es ist erstaunlich, daß man trotz der offensichtlichen Bedeutung der eigenen Erlebnisfotografie, einem persönlichen Urlaubs-Drehbuch oft so wenig Aufmerksamkeit schenkt. Jedenfalls hatte sich wieder mal bestätigt, daß ausreichend Filmmaterial und eine Zweitkamera oberstes Gebot sind. Aber wie alle Gebote, wird auch dieses nur mangelhaft befolgt. Sergej verstand meinen Kummer und war bereit, den Bären versorgt und gut verblendet bis zum nächsten Tag in den Bergen zurückzulassen, um mir mit seiner – wie sich herausstellte – schon recht betagten Kamera zumindest noch einige »Tatort-Fotos« zu ermöglichen. Ein großzügiges Trostpflaster, das den Begleitern zusätzliche Arbeit brachte.

Danke, wir sind satt

Meine Begleiter interessierte jetzt natürlich vorrangig der versprochene »Schampanski«, den wir dann auch gemeinsam mit allen möglichen Spezialitäten, angefangen von Soleiern, über geräuchertem Speck, bis hin zu eingelegtem Paprika, selbstgebackenem Brot und süßen Preiselbeeren, auf den Weg alles Irdischen brachten.
Als während des feucht-fröhlichen Abends auch die Bären-Geschichten der Kaukasier immer phantastischer wurden, setzte ich unter Anleihe beim alten Münchhausen eins drauf, indem ich zur allgemeinen Erheiterung, und unter Hinweis auf die Nähe meines Bären, dessen Wolfsjagd erzählte. Bekanntlich kam dem Lügenbaron ein furchterregender Isegrimm nach einem Schuß so nahe auf den Leib, daß ihm nichts weiter übrig blieb, als ihm die Faust in den Rachen zu stoßen, und zwar so weit hinein, daß er ihn bei den Eingeweiden packen und sein Innerstes zuäußerst kehren konnte, ihn wie einen Handschuh umdrehte und zu Boden schleuderte. Das war der Augenblick, wo das mit Händen zu greifende Jägerlatein wieder in ein zumindest glaubhaftes »Jäger-Russisch« umschlug. Höhepunkt wurde die gegen Mitternacht in einer riesigen Pfanne mit frischer Butter, viel Zwiebeln, Pfeffer und Salz zubereitete und mit großem Hallo kredenzte Bärenleber. Nicht zuletzt wegen des feucht-fröhlichen »Vorlaufs«, fielen wir wie die Raben über diesen deftigen Schmaus her und verputzten ihn in kürzester Zeit. Als mir am Ende des zünftigen Mahls auffiel, daß sich Sergej und der am Abend ebenfalls anwesende Forstdirektor auffällig zurückgehalten hatten, wurde mir allerdings etwas heiß: Die feinen Herren hatten galant mit einem »Danke, wir sind schon satt!« auf Bärenleber verzichtet. Diese Schufte! Auch wenn ich ihnen nicht ganz glaubte, war ich dann doch etwas beruhigt, als sie tausend Eide schworen, vorher im Dorf beim Veterinär die Leber gewissenhaft auf Trichinose untersucht zu haben.
Obwohl wir das Restrisiko ausgiebig mit Wodka herabschraubten, und ich mir wegen meines nicht mehr ganz »jugendlichen Leichtsinns« gelegentlich an den Kopf griff, war mein Gewissen erst zu Hause, nach eingehender Lektüre eines Ärztlichen Ratgebers, Kapitel »Trichinose und ihre Symptome«, wieder einigermaßen im Lot. Da soll noch einer sagen, die Pirsch auf Bären sei gefährlich! Die eigentliche Gefahr für Leib und Seele liegt – und das gilt nicht nur für Bärenjäger! – weit mehr in routiniertem Übermut und »jugendlichem Leichtsinn«. Dagegen ist selbst ein leicht »angegrauter« Bärenjäger nicht gefeit!

Seite 176/177: Die Hubertuskapelle in Riding, Ausdruck lebendiger Jagdtradition

Auf Fuchs und Ente in Bayern

Und – ich denke ich träume! – auf dem
äußersten Ast, gut fünf Meter über dem
Fluß, liegt flach hingeduckt, den Blick
auf uns gerichtet, ein Fuchs! Ein leibhaftiger Rotfuchs, hoch in einem Baum?
Von so etwas hat man noch nie gehört!

Ich gehe seit weit über 40 Jahren auf Treibjagden. Und nicht nur in unserem schönen Landkreis. Ich kenne mich auch sonst einigermaßen in der Jagd aus, habe recht viel gelesen und schon unzählige »absolut wahre« Jagdgeschichten mehr oder weniger glaubwürdiger Waidkameraden gehört: Je später am Abend, desto »wahrer«!

Ehe ich jedoch die nachfolgende tatsächlich »absolut wahre« Begebenheit von der letztjährigen Nikolaus-Treibjagd erzähle, schwöre ich gleich vorweg, »die Wahrheit, und nichts als die Wahrheit« zu sagen und biete – um die letzten Zweifler zum Verstummen zu bringen – gestandene Augenzeugen an: Was hier berichtet wird, bezeugen, auch wenn es noch so unglaubhaft klingt, neben einem ehrsamen Hegeringleiter und einem leibhaftigen Jagdmagazin-Redakteur, ein halbes Dutzend weitere Grünröcke, und natürlich ich selbst. Dies rein vorsorglich!

Echt bayrischer Löwe

Die nachfolgende Geschichte ist ebenso wahr – wenn auch nicht so sensationell! – wie die von vielen Zeitgenossen nicht weißblauen Geblüts sicherlich mit heimlichem Neid aufgenommene, neueste »Wahrheit« aus Bayern: Nun steht fest, daß der selbstbewußte, bayerische Löwe schon vor 40 000 Jahren im schönen Freistaat brüllte und somit keine Erfindung kraftmeierischer Provinzfürsten von »Anno Tobak« ist. Wie die Tierärztin Carin Gross kürzlich in ihrer

Am Schwarzen Graben. Hier lohnt es besonders zur Ranz auf den »Roten Freibeuter« zu warten.

Der Tatort. Dem schlauen Füchslein wurde die alte, schräge Weide zum Verhängnis.

Dissertation an der Ludwig-Maximilians-Universität München bewies, hat ein in Siegsdorf im Chiemgau gefundener Löwenschädel unwiderlegbar dieses imposante Alter. Gleichzeitig wurde anhand des für das weißblaue Traditionsbewußtsein außerordentlich wichtigen Skelettfundes nachgewiesen, daß die bisherige Annahme, das Gebiet am Alpenrand sei während der Eiszeit vor etwa 25 000 Jahren noch menschenleer gewesen, nicht haltbar ist. Jetzt ist bewiesen, daß im seinerzeit vermutlich schon fast ebenso schönen Bayern, bereits verwegene Jäger umherstreiften. Leider keine Vorfahren der Bajuwaren, aber sicher so etwas Ähnliches.

Obwohl Löwen nachweislich in Europa schon vor 400 000 Jahren auftraten, noch dazu mit außergewöhnlichen Körpermaßen, und die Großkatzen vor der letzten Eiszeit bekanntlich von Spanien bis Rußland und von Südschweden bis Norditalien lebten, freut es einen bayerischen Patrioten, daß der wissenschaftlich mit Rasterelektronenmikroskop »auseinandergenommene«, bayerische Ur-Löwe, mit Sicherheit von Jägern erlegt und mit Steinwerkzeugen am gemütlichen Lagerfeuer abgefieselt wurde.
»Um Fleisch essen zu können, mußte der Mensch seit altersher die Muskulatur von den Knochen der Tiere ablösen, und wenn er das Mark der Knochen nutzen wollte, bedurfte es der Zerstückelung derselben«, schreibt Frau Doktor und weist anhand der scharfen Schab- und Kratzspuren auf der Knochenoberfläche des Löwenschädels eindeutig nach, daß diese in grauer Vorzeit nur durch Steinwerkzeuge entstanden sein können. Wer mehr an Beweis will, »daß die Spuren am Löwenskelett von Siegsdorf durch Menschen verursacht worden sind«, der informiere sich am Universitätsinstitut. Was übrigens nichts daran ändern wird, daß die standesbewußten Bayern an diesem wissenschaftlichen Nachweis nicht mehr rütteln lassen! Schließlich ist auch das eine »Wahrheit«. Quod erat demonstrandum! Diesen Hinweis auf andere echt bayerische »Wahrheiten« vorab, damit jedem Leser die Zweifel an der nachfolgenden Begebenheit anläßlich meiner Nikolaus-Treibjagd vergehen!

Da, wie gleich verständlich wird, eine Fotodokumentation fehlt und mir auch in der Literatur, außer Berichten über gelegentliches Weidmannsheil auf Füchse in hohlen Kopfweiden in Schottland, nichts ähnliches begegnete, wird das Jagderlebnis vom 8. Dezember, »Tatort Strogenlauf«, zwischen Urtlbauer und Zaglmühle jetzt erzählt.

Zu Beginn dieser Treibjagd ist traditionsgemäß eine Streife auf die (hoffentlich!) im Schilfgürtel der Strogen aufliegenden Enten geplant. Sie sind auch heuer noch völlig unbejagt. Schon von der Hauptstraße aus erkennen wir ein stattliches, auf dem leichten Wellengang schaukelndes Entengeschwader. In Verbindung mit dem seit vielen Jahren schönsten Treibjagdmorgen – beinhartes, mit weißem Schnee überzuckertes, gefrorenes Land, die Bäume in vollem Rauhreif – schlägt die erwartungsvolle Vorfreude schnell in spannungsgeladene Aufgeregtheit um. Ob wir, insbesondere bei diesem hohen Wasserstand, so nahe herankommen, daß zumindest einige aus unserer illustren Gesellschaft Funken reißen können? Großes Fragezeichen, da am schilflosen Westufer, außerhalb des Wassers, bereits zwei wachsame Erpel herumdackeln! Knappe hundert Meter vom leider nicht sonderlich dichten Schilfgürtel entfernt, beziehen wir, in Schrotschußabstand zueinander, Stellung und schleichen tief gebückt, wie Indianer auf dem Kriegspfad, dem Strogenufer zu. Lautstarkes Geschnatter signalisiert uns, daß die Stockenten-Sippe weit auseinandergezogen im Wasser aufliegt. Die erste Nervosität? Jetzt wird's kritisch! Doch es klappt – fast! Von den gefiederten Ruderern unbemerkt, kommen wir so nahe heran, daß wir gut hinlangen können. Als ich mich aus dem wenig komfortablen Schleichgang aufrichte, um ein Auge aufs Wasser zu riskieren, fällt mein Blick rein

»Indianer« auf Kriegspfad. Halten die Enten?

zufällig auf die vor mir über das Flüßchen hinausreichenden Äste einer mächtigen Weide. Und – ich denke ich träume! – auf dem äußersten dicken Ast, gut fünf Meter über dem Wasserspiegel, liegt, flach hingeduckt wie ein Leopard, den Blick auf uns gerichtet, ein ausgewachsener Fuchs! Ein leibhaftiger Rotfuchs, in luftiger Höhe auf einem Baum? Von so etwas hat man noch nie gehört!

Bös' verrechnet!

In der Sekunde zwischen Erkennen und Reagieren – ob meine Nachbarn das rote Schlitzohr ebenfalls schon entdeckten? – höre ich von nebenan aufgeregt fragen: »Sehen Sie das? Gibt es so etwas überhaupt?«.
Kaum habe ich gesagt: »Der Bursche gehört Ihnen!«, da kniet der junge Jäger Fritz schon im Schnee. Im Maßnehmen bricht der Schuß, dem harten »Paff« folgt der klatschende Aufschlag des Rotrocks im Wasser.
In diesem Augenblick gehen nach allen Seiten Dutzende von Enten ab: Für sie bedeutet das bittere Schicksal des roten Freibeuters die letzte, schnelle Chance! Fassungslos und völlig abgelenkt vom »Fuchs im Baum«, verschlafen zumindest wir »Baumfuchs«-Jäger die schnell abstreichenden Ruderer. Trotzdem treiben am Schluß, wie ein Geleitzug, eine gute Handvoll bunter Schneckerlträger mit ihrem roten Widersacher bachab.
Dann kommen die Hunde zu ihrem Vergnügen, und die Jäger haben ihre Sensation: Ein scheinbar kerngesunder Fuchs – oder doch tollwütig? –, der mindestens zehn Meter weit auf einen keinesfalls besonders schräg geneigten Baum klettert und deckungslos über dem Wasser seine Verfolger aushält, das gab es noch nie! Ein gutes Beispiel, das zeigt, wie schnell man eigentlich die Klugheit des Schlaumeiers alleine schon dadurch überbewertet, daß man selbst die Dummheit der Hühner seinem Trick-Konto zugute bringt.
Reinecke schien sich allerdings bös' verrechnet zu haben: Seine »Luftbrücke« reichte nur gut bis zur Mitte des Wassers,

Schlau und gerissen. In diesem Fall reichte das nicht!

außerdem zögerte er zu lange. Ein Sprung aus dieser Höhe auf das gegenüberliegende, rettende Ufer war ihm wohl zu gewagt. Er vergaß, daß man nötigenfalls auch als schlaues Füchslein seinen Pelz, selbst bei fünf Grad minus und eiskaltem Wasser, naß machen muß, wenn man seine Haut retten will!

Ein Rätsel bleibt, weshalb der Schlaumeier, bei seinem waghalsigen und sicherlich überhasteten Manöver, die teilweise direkt unter ihm rudernden Enten nicht in Panik versetzte und herausstieß. Vielleicht hatte er hier sein Revier und die Gründler wußten: »Wo der Fuchs sein Lager hat, da raubt er nicht«. Oder aber, sie waren schlichtweg ebenso verblüfft wie wir Jäger: Ein Fuchs auf einem Baum erschien wohl auch ihnen eher als Hexerei denn als Wirklichkeit! Jedenfalls war eine Bedrohung durch »Baumfüchse« in ihrem Fluchtverhalten nicht vorprogrammiert.

Nach dieser abenteuerlichen Begebenheit und einer anschließend noch recht bunten Strecke, war für mich wie für die meisten Jäger bereits die »Zeche« bezahlt. Dieses Erlebnis konnte nicht mehr überboten werden! Höchstens durch das weitere Massel des braven Baumfuchs-Jägers, der einige Triebe später noch einen zweiten roten Schleicher an den Galgen brachte. Nun, mir war das ganz recht! Dem Revier tat es gut und die Treiber lachten sich ins Fäustchen. Die schlauen Treibjagd-»Füchse« dachten ans abendliche Jagdgericht und ahnten, daß »Baumfüchse« ausgesprochen rar und deshalb für einen Erleger nicht gerade billig sind. Sie hatten recht behalten!

Was wäre Jagd ohne Freunde und Geselligkeit!

Seite 182/183: Vier auf einen Streich! Erfolg auf Saiga in der kasachischen Steppe.

Als Gast des roten Adels

Auf Saiga und Keiler in Kasachstan

Während der ersten Spazierfahrt in Breschnews Jagdwagen, dessen Windschutzscheibe nach links geöffnet werden konnte, und wo ein samtüberzogenes Bänkchen als Schießauflage montiert war, wollte mich der Direktor gleich zweimal aufs Eis führen.

Ich war vor allem auf einen Sibirischen Rehbock scharf. Den hatte ich, trotz verschiedener Anläufe, noch nie vor der Büchse. Eine echte Chance ergab sich Anfang der 90er Jahre in Kasachstan, etwa 60 Kilometer von der Hauptstadt Alma Ata entfernt. Nach der aufregenden, international ersten Gastjagd auf die pfeilschnelle Saigantilope in der unendlichen Sari-Arka westlich von Zelinograd, wo ich nach vielen vergeblichen Versuchen plötzlich den Dreh heraus hatte und aus einer anstürmenden Herde von einigen Tausend Saigas, in weniger als einer Minute vier brave Bullen in die herbstliche Grassteppe legte, sollte die Jagd auf einen kapitalen »Sibirier« den Abschluß der Reise bilden.

Die Steppe bebt!

Ob sich die Tage auf Saiga noch überbieten ließen? Die Gastfreundschaft der kasachischen Jäger, die langen Abende in den gemütlichen Jurten – alle, die Hirten, die

In 1800 m Höhe. Das Eisstadion von Alma Ata.

Funktionäre und die Gäste auf dicken Teppichen um den flachen, runden Tisch versammelt –, waren zusammen mit der schmucklosen Melancholie dieser grenzenlosen Grassteppe kaum mehr auszustechen. Insbesondere wegen des einzigartigen Jagdabenteuers und des schönen Erfolgs. Wir hatten mehrmals Riesenherden von mehreren tausend dieser Steppenbewohner gesehen, gegen ihre »kollektive Aufmerksamkeit« jedoch bisher in der deckungslosen Landschaft keine faire Chance. Beim leisesten Verdacht, bei jedem Versuch, zumindest auf Ansprechnähe heranzukommen, setzten sich die Verbände unverzüglich in Bewegung und hetzten mit 60–70 km/h und ohne je zu verhoffen, bis zum fernen Horizont davon. Kein Wunder, schließlich werden sie von Mensch und Wolf ständig verfolgt und gnadenlos bejagt. Trotz des Millionenheers, das in Kasachstan, nach konsequenter Vollschonung von 1917–1946, wieder die Steppe bevölkert, blieb die ramsnasige Saiga, bis heute eines der unbekanntesten Wildtiere der Erde. Für mich längst ein Grund, auch ihr einmal nachzustellen. Das war jedoch leichter gesagt als getan. Schließlich wollte ich in einer sauberen Pirsch zum Erfolg kommen und nicht einen über Lkw-Einkesselung mürbe gewordenen Bock strecken. Durch mehrmalige Fehlpirschen und die durch Mißerfolg gesammelte Erfahrung schlau geworden, entwickelte ich schließlich eine eigene, tatsächlich erfolgreiche Taktik, für die ich noch heute volle Urheberschaft beanspruche.
Als wir weit draußen, am Ende der brettebenen, höchstens knöchelhoch Grasdeckung bietenden Steppe erneut eine unübersehbare Versammlung der impalagroßen Renner entdeckten, blieb ich mutterseelenalleine zurück. Die beiden Begleitjeeps umschlugen mit kilometerweiten, vorsichtig kalkulierten Bögen die Herde und »tippten« sie durch ihr Auftauchen leicht an. Langgestreckt auf dem Rücken im Gras liegend, verfolgte ich, wie sich das Geisterheer langsam in Bewegung setzte, schneller wurde und plötzlich auf mich zustürmte. Zuerst hörte ich das leise, dann ein immer deutlicher werdendes Trommeln tausender flüchtiger Schalen und spürte, daß die

»Wie die Wasser der Sintflut«. So beschreibt der Dichter Aitmatov die Saiga der »Sari Arka«.

Wolke voranstürmender Antilopen ganz nahe war. Die Steppe bebt!, dachte ich und zwang mich, nur ja nicht zu früh aufzuspringen. Voll Vertrauen, daß die Springflut sich vor mir noch teilen würde, selbst wenn sie auf Schußnähe heran sei, behielt ich die Nerven!
Erst dann, als ich über die schüttere Grasnarbe hinweg, bereits die ersten Lauscher und einige alabasterfarbene Spiralhörner gewahrte, sprang ich mit angeschlagener Büchse in die Hocke, anschließend in den Stand. Umgeben von einer tobenden, vor mir nach zwei Seiten abfließenden Flut vorbeifliegender Leiber, fand ich mich nach kurzer Schrecksekunde schnell zurecht. Um mich herum Hunderte von hornlosen Geißen, Kitzen und – wesentlich dünner gesät!

Begrüßung in der gemütlichen Jurte, dem traditionellen Nomadenzelt Zentralasiens.

– Böcken. Einige kapitale, viel Kroppzeug! Mitgerissen vom aufgeregten Prusten und Blasen der entsetzten, teils auf fünfzig Meter nahen Saiga und eingehüllt von einer dicht aufwirbelnden Staubwolke, suchte ich mein Glück. Da! Inmitten des Gewoges, fliegt aus dem Hintergrund ein starker Bock auf mich zu – deutlich besser als seine Kumpane! Weit vorhalten!, befehle ich mir noch, dann peitscht die Kugel über die wogende Herde hinweg. Als ich ungläubig staunend erkenne, daß der Ramsnasige lautlos in der nachdrängenden Flut versinkt, überkommt mich inmitten dieses Infernos eine Art Rappel. Einige Minuten später lagen drei weitere Böcke in der Steppe – der Spuk war vorbei!
Ob dieses Erlebnis jetzt im Revier Karachingil noch überboten werden konnte?
Das Sensationelle an diesem weiteren Besuch war natürlich, daß die Pirsch in einem Revier des großen Breschnew stattfand, welches im Sinne der Reformen Gorbatschows für betuchte ausländische Jagdgäste geöffnet werden und Devisen bringen sollte. Natürlich waren meine Frau und ich vor allem auf die bisher von keinem Fremden besuchte Privatresidenz eines »roten Zaren« gespannt. Karachingil umgaben sicherlich aufregende Geheimnisse.

Auf Breschnews Spuren

Durch zwei nicht mehr besetzte Doppelposten mit Schrankenabsperrung, ging es auf gepflegter Asphaltstraße durch einen mit Stachel- und Elektrodraht gesicherten, etwa drei Meter hohen Betonplattenzaun. Dann waren wir im gut 300 Hektar großen Jagdrefugium Breschnews und seines Clans. Links und rechts der Straße, entlang einer von Laubwald, künstlichen Wassergräben, Maissäckern und parkähnlicher Bebuschung bedeckten Landschaft, fielen uns als erstes unzählige vertraut äsende Fasane ins Auge. Bald darauf tauchte eine aus mehreren Gebäuden bestehende Kleinsiedlung auf. Dezent, etwas seitlich zurückgenommen, standen neben einem langen, von bombastischem Säuleneingang und Terrassenbalkon beherrschten, weiß getünchten Flach-

Das komfortable Jagdschloß in Karachingil, Breschnews gepflegtes Refugium.

Diese Idylle des »roten Zaren« bevölkern hauptsächlich Fasane, Sauen und Sibirische Rehböcke.

bau – davor Springbrunnen und gepflegte Blumen- und Rosenrabatten – eine Reihe von Wirtschafts- und Mannschaftsgebäuden. Deutlich erkennbar, ein unterirdischer Kommandostand, dessen Ventilationstürme hoch über den First ragten. Dazu gehörte auch ein atombombensicherer Bunker mit eigener Energieversorgung und einem riesigen Funk- und Sendemast. Im Krisenfall konnte von hier aus perfekt gesteuert und regiert werden. Ansonsten störte nichts die Jagdidylle!

Das hochtechnische Umfeld überraschte uns nicht. Erstaunlich war das Flair des Jagdschlosses und die zur Erbauung der Hausherren und ihrer Gäste vorgehaltenen jagdlichen Einrichtungen. Nach eingespieltem Protokoll wurden wir von der »Dienerschaft« auf der Treppe zum großen Portal empfangen. Dort begrüßte uns, allerdings mit leicht versteinertem, etwas süß-saurem Lächeln, der knapp 45-jährige Direktor dieses Staatsbesitzes, umgeben von seinen livrierten Domestiken. Wertvolle Orientteppiche in der geräumigen, elegant ausgestatteten Eingangshalle bedeckten hochglanzpoliertes, versiegeltes Eichenparkett. Im Raum und an den Wänden verteilt, befanden sich beachtliche Wildpräparate aus allen Regionen der UdSSR. Sie stammten aus der eigenen, auf dem Gelände untergebrachten, relativ modernen Werkstatt. Vom Präparator erhielt ich später als Geschenk ein aus Plastik geformtes Schädelmodell für meine Saigapräparation zu Hause. Schließlich hatte ihr meine Reise gegolten!

Eine breite, elegant geschwungene Treppe führte nach oben in die Gemächer. Parterre gelangte man über eine mehrflügelige, mit Kristallfenstern gefüllte Sprossentüre in den Salon, von dort in den Speisesaal. Dunkel gehaltene Schleiflackeleganz, Lüster an den Decken, alte Bilder – zum Teil große »Werktätige- und Helden-Schinken« –, aber auch edle Gobelins sowie schwere, dichte Vorhänge vor den großen Fenstern vermittelten, zusammen mit riesigen, teils exotischen Topfpflanzen und gefälligen Glasvitrinen voll wertvollen Porzellans und Nippés, den Eindruck von neoklassizistischem Pomp. Ähnliches kannte man aus Ulbrichts und Honeckers DDR!

Mit dieser kapitalen Steinbocktrophäe in der Satteltasche, kann man frohgemut nach Hause reiten. Die Bergjag

Ehe es zu der dann gründlich versiebten Pirsch auf Sibirischen Rehbock kam, wurde gespeist; in einer Güte, die jedem westeuropäischen Festmahl zur Ehre gereicht hätte. Auf feinstem Porzellan, mit ziseliertem, schweren Silberbesteck, Damastservietten und hochstieligen, geschliffenen Kristallgläsern in drei Größen, wurde eine Tafel gerichtet und eine Speisenfolge mit Getränken kredenzt, die schnell verdeutlichte, daß man in der roten Politschickeria sehr wohl wußte, was echte Gaumenfreuden und

... m wilden Süden Kasachstans, verlangt Zähigkeit und jagdliches Können.

Eßkultur sind. Wie überall der kleine Unterschied zwischen den »Gleichen« und den »Gleicheren«: Auch sie predigten Wasser und tranken Wein!

Nach einem opulenten Mittagessen begaben wir uns auf asphaltierten Gehwegen zu einem Verdauungsspaziergang ins Gelände und standen plötzlich vor einem großen, künstlich angelegten Weiher, durch dessen kristallklares Wasser Geschwader flinker Forellen schossen. In der Mitte des etwa 600 m² großen Fischteiches sprudelte, aus etwa 150 Metern Tiefe haushoch in die Luft gepumptes, sauerstoffreiches Grundwasser. Gefüttert wurden die Fische natürlich nicht mit gewöhnlichen Pellets, sondern mit Fischbrut, die in einem nebenan ausgehobenen Becken gezüchtet wurde. Kein Wunder, daß ich vergleichbar köstliche Forellen wie jene, die wir innerhalb von zehn Minuten zu unserem Vergnügen gefischt hatten und am Abend vorgesetzt bekamen, vorher nur selten gespeist hatte. Dasselbe galt übrigens für die auf Karachingil selbst gemosteten, naturreinen Fruchtsäfte oder für die hausgemachten Marmeladen, für den Honig und das feine Gebäck. Auf meine naive Frage, ob solche Säfte nicht zum Export verkauft würden, antwortete der meist schweigsame Direktor höchst amüsiert: »Aber nein, das trinken und essen wir schon selbst!«

Höhepunkt für meine Frau und mich war selbstverständlich das Privileg, in der Drei-Zimmer-Suite Breschnews, mit Ausgang zur großen Südterrasse geschlafen, am wuchtigen Kirschbaumschreibtisch eines der zu seiner Zeit mächtigsten Männer der Welt gesessen, in dessen Badewanne geplanscht und über Macht und deren Vergänglichkeit sinniert zu haben. Puschkins seherisches Wort »Glaub' Freund, einst wird er sichtbar, der Stern des schönsten Glücks', und Rußland wacht aus seinem Schlafe auf …«, galt hier jedenfalls für einige Auserwählte der Nomenklatura schon lange vor Gorbatschows Glasnost. Da war man jedenfalls nicht, wie überall sonst in der UdSSR, den ganzen Tag mit dem »Beschaffen« beschäftigt. Auch nicht mit der in Kasachstan lebenswichtigen Bejagung des Millionenheers der Saiga-Antilope, das »wie die Sinflut« die endlose Steppe durchzieht. Hier wurde gern gefeiert und zum reinen Vergnügen gejagt.

Boykottiert

Uns begeisterten und überraschten insbesondere die phantastischen Bestände an Schwarzkitteln und Sibirischem Rehwild, sowie die zu deren Bejagung errichteten, heizbaren Kanzeln, mit Liegestatt und Telefon. Bei der ersten Pirschfahrt bestätigte sich mein Eindruck aus der Begrüßung: Der Verwalter, ebenso wie der aus Alma Ata angereiste Minister, ein alter Freund und Begleiter des verstorbenen Staatschefs, betrachteten das von den Reformern diktierte Vorhaben, durch Nutzung von bisher privilegiertem Staatseigentum Devisen ins

In dieser Kanzel läßt sich auch im sibirischen Frost gut auf Rehbock und Keiler warten.

Land zu holen, als glatten Einbruch in ihre ureigenste Privatsphäre! Verständlich, wenn man sich vor Augen führte, an welchen Pfründen dieser »rote Landadel« bisher kostenlos saß!

Während der ersten Spazierfahrt in Breschnews Jagdwagen – ein aufgemotzter OAS-Allrad-Geländewagen –, dessen Windschutzscheibe auf der Beifahrerseite nach links geschoben und geöffnet werden konnte, und wo ein samtüberzogenes Bänkchen als Schießauflage über dem Handschuhfach montiert war, wollte mich der Herr Direktor gleich zweimal aufs Eis führen.

Einmal versuchte ich einen in drei- bis vierhundert Metern Entfernung nahe eines Windbruchs stehenden, kapitalen »Sibirier« anzupirschen. Ich hatte noch nicht mal die halbe Strecke hinter mich gebracht, als der Natschalnik – wie mir meine zurückgebliebene Frau berichtete – ohne Grund aus dem Wagen stieg und die Türe dermaßen laut zuschlug, daß der Bock in heller Panik flüchtig wurde. Einen späteren Versuch, mir ein Bein zu stellen, konnte ich gerade selbst noch vereiteln. Der Herr Direktor hatte in der Nähe eines weitflächigen Sumpfgebiets einen »ganz chorocho« Bock durch einen Graben wechseln sehen und stoppte sofort. Sein »Schießen Sie, der ist super!« noch im Ohr, kam ich auf gut 80 Meter an den hoch aufhabenden Recken heran. Gottseidank ließ ich, nachdem ich nochmals das Glas zur Hilfe genommen hatte, den Finger gerade. Ein klassischer Kindermord! »Genuß ist erst möglich«, sagt man, »wenn man auch mal verzichtet!«

Angenehme »Pflichtübung«

Nachdem ich anschließend – mit dem Hinweis auf das kasachische Sprichwort »Wann die Gäste kommen, hängt von ihnen ab, wann sie gehen, von dir« – Tacheles sprach und drohte, die Jagd bei diesen offensichtlichen Boykott-Manövern abzubrechen, ging man in sich. Obwohl es am Spätabend nicht mehr für einen der so heiß begehrten Rehböcke reichte, konnte ich im letzten Büchsenlicht wenigstens noch einen am Rand eines Maisfeldes bre-

Wenigstens reichte es für einen braven Keiler.

chenden Schwarzkittel auf die Schwarte legen. Seine 22 cm langen Waffen und der hautnahe Einblick in die eigentlich kleine, biedere Welt eines wirklich Großen dieser Zeit, erschienen mir jedoch als guter Ausgleich für mein auch diesmal unvermeidbares Rehbock-Pech. Irgendwann wird es schon klappen!, tröstete ich mich und schluckte den anfänglichen Ärger über diese letztlich doch recht angenehme »Pflichtübung« schnell hinunter. Für das Revier Karachingil des Jahres 1989 hatte jedenfalls die jagdtouristische Zukunft noch nicht begonnen. Trotz aller großen Ideen schien der kluge Nikolaj Gogol gerade hier recht zu behalten: »Rußland hatte schon immer einen Überfluß an Reformen, wobei sich nie etwas geändert hat«.

Ich wünsche Rußland, daß sich bis zum Ende unseres Jahrtausends Gogols Meinung doch noch als Irrtum erweist! Ich schwor jedenfalls bald wiederzukommen, um in Südkasachstan auf die gewaltigen Steinböcke zu jagen, von denen erst wenige Europäer Kenntnis haben.

Die Katze läßt

das Mausen nicht!

Jagd auf Puma in Argentinien

Ein Dutzend schwarzer Rabengeier signalisierten schon von weitem: Dort liegt das gerissene Kalb! Wir hatten den Kill kaum erreicht, als die Hunde plötzlich aufjaulten und mit Karacho Richtung Westen davonstoben!

Jetzt war was los! Auf meinen Hinweis, daß Puma, wie die meisten Großkatzen, nur jedes zweite Jahr aufnehmen – weshalb »Females« strikt zu schonen sind! –, platzte León, »der Löwe«, lauthals heraus. »Da sind wir aber besser!«, lachte er schallend zu seiner Frau hinüber, »bei uns klappt das alle neun Monate!« Ohne auf die leicht säuerliche Reaktion seiner Frau einzugehen, stieß die fröhliche Runde mit argentinischem Rotwein erneut auf die rundum erfolgreiche Pumajagd von heute früh an: »Salud!« Es gab wirklich etwas zu feiern! Mein Weidmannsheil bereits am zweiten Tag, im etwa 10 000 Hektar großen Jagdgebiet, glich einer kleinen Sensation. Schließlich ging es nicht auf Spatzen! Selbst Francisco, der Veranstalter dieser über drei riesige Estancias führenden, 350 Kilometer nördlich von Santa Fé, im südlichen Zipfel der Provinz Santiago del Estero gelegenen Jagd, war skeptisch gewesen. Nur mit Vorbehalt beugte er sich dem mir anders nicht möglichen Termin. Jetzt Mitte Januar lag Argentinien in hochsommerlicher Agonie. Eine Hitze von landesweit fast 35 Grad schloß vernünftige Pirschjagd nahezu aus. Hinzu kam, daß bisher kaum gekannte, schwerste Regenfälle zwei Wochen vorher das ganze Land unter Wasser setzten, Flüsse über die Ufer trieben und Niederungen in unüberwindbare Sümpfe verwandelten. Nun, jetzt waren wir da, voll Tatendrang und braver Wünsche! Außerdem gab uns die einige Tage vorher unter gleich »extremen« Bedingungen südlich von Buenos Aires mit Bravour abgeschlossene Jagd auf die begehrenswerte Hirschziegenantilope recht. Auch dort klappte es wider Erwarten am zweiten Tag. Während León, der Wortführer der zur »Siegesfeier« geladenen Gauchos und Campesinos, die volle Platte »Cordero« – den traditionell mit großer Kunst gegrillten Asado, in diesem Fall ein eigens für den Abend geschlachtetes, leckeres Milchlamm – weiterreichte und mit »Aplauso por el cazador! Gratulation dem Jäger!« erneut die Jagd und den Jäger hochleben ließ, gerieten wir bald ins Fachsimpeln und in die dabei unvermeidbare, wortreiche Erinnerung an die letzten beiden Tage.

Auch dieser Nandú ging auf das Konto des Puma. Das Maß war jetzt voll.

Die schwarzen Geier verrieten uns von weitem, wo der Riß des Räubers versteckt war.

Geier bringen's an den Tag

Die »Hermanos« Aguirre, die Brüder Domingo, Hector und León – sie beteiligten sich mit ihren fesch herausgeputzten Frauen und einem knappen Dutzend Sprößlingen begeistert an unserer kleinen Fiesta –, lachten nur über meine Zurückhaltung. »Der Puma schadet uns das ganze Jahr«, so Domingo, der Verwalter der gepflegten, eigens für die Jagdgäste auf dem Landgut errichteten »Hunting Lodge« lapidar, »also können wir ihn das ganze Jahr bejagen«. Klar. Die Katze läßt das Mausen nicht! Diese Logik überzeugte umso mehr, als León erklärte, daß die heute in aller Frühe gestreckte Großkatze – der Puma ist über ganz Nord- und Südamerika, auch in allen Gegenden Argentiniens verbreitet – im Gebiet der drei Viehzucht treibenden Estancien, alleine in den vergangenen zwölf Tagen vier Kälber, eine Ziege und zwei Nandús geschlagen hatte. Das Zahlenspiel klang mir im Hinblick auf das schier undurchdringliche, meist von Dornbusch und Akazien besetzte Rückzugsgebiet des Puma arg vordergründig. Deshalb faßte ich nach: »Die Kälber und die Ziege, das leuchtet mir ein. Die gehen euch ab! Aber wie wollt ihr in dieser Wildnis die vom Puma geschlagenen Nandú entdecken?« Schließlich wußte ich, daß der im Vergleich zu seinem afrikanischen Vetter vielleicht ein Drittel kleinere, straußverwandte »Rhea americana« in dieser Gegend selten – ich habe überhaupt keinen freilebenden gesehen! – und ungemein aufmerksam ist. »Ganz einfach«, meldete sich León und strich sich nach einem kräftigen Schluck mit dem Handrücken durch seinen rabenschwarzen Schnauzer, »die Geier verraten uns spätestens am zweiten Tag die Schandtaten des Räubers! Und dann geht's wie heute früh!«.

Jetzt stach mich der Hafer! »Mal ehrlich, was wäre passiert, wenn ich heute nicht zufällig in der Gegend und auf einen Puma scharf gewesen wäre?«, wollte ich wissen, obwohl ich die Antwort auf meine scheinheilige Frage längst wußte. »Wir hätten in jedem Fall auf dich gewartet!«, grinste Hector süffisant und bestätigte, was Großkatzen überall in der Welt widerfährt, wenn sie sich am Weidevieh vergreifen. Es ergeht dem Puma und dem Jaguar Argentiniens nicht anders wie dem Geparden des

südlichen Afrika oder dem Bären und Wolf in den Staaten der GUS: Sie werden gnadenlos mit Eisen und Blei, nötigenfalls auch mit Gift bekämpft, sofern – und dies müssen sich verantwortliche Wildbiologen und Artenschützer immer vor Augen halten – dem Farmer und Viehzüchter nicht für die Schonung und Duldung dieser »Räuber« auf seinem »Wirtschafts«-Raum, mittels legal erteilter Abschußgenehmigung ein entsprechender Schadensausgleich gewährt wird! Im Klartext: Wer bei immer geringerem Lebensraum der freilebenden Tierwelt, insbesondere die ungewisse Zukunft der weiträumig jagenden Großkatzen sichern will, darf den »Rendite«-Aspekt nicht ignorieren. Dabei ist es zweitrangig, ob jemandem diese Konsequenz paßt oder nicht! Hier geht es weniger um ideologische Rechthaberei, als um praktische Umsetzung unbestreitbarer Wahrheiten zu Gunsten von Fauna und Flora unseres Planeten.
So weit wollte ich jetzt beim Asado und in dieser geselligen Runde aber gar nicht ausholen. Das war ein einzigartiger Tag gewesen, voll Aufregung und Erlebnis, der wurde gefeiert! Basta!
Noch gestern, bei der ersten Morgenpirsch über das längst wieder steinhart verbackene Land – tief eingegrabene Fährten des rehartigen Brocket-Deer und der aggressiven, 30 bis 40 Kilo schweren Pekari, dem Schwarzwild der »Neuen Welt«, belegten recht ordentliche Vorkommen – fanden wir nirgends die Handschrift eines Puma. Auch nicht bei der Abendpirsch, die nur unter einem aufgesprayten Autan-Schirm möglich war. Links und rechts des Weges schwirrten überall rebhuhngroße Perdiz ab. Wildtauben kreuzten, in ständigem Hin und Her zwischen Busch und Wiese, unseren Weg und immer wieder strichen endlose Schofe langhalsiger Enten über uns hinweg. Eine Lust für Flugwild-Fans! Einmal querte eine schüsselgroße Tortuga unseren Pfad – die gemächliche Schildkröte läßt sich bei dieser Hitze noch mehr Zeit! – und ringsum lagen zirpende, teils daumengroße, fliegende Grillen im Wettstreit mit ganzen Litaneien quackender Frösche. Hocherfreut waren wir, als es uns gelang, ein wieselflink den Weg entlang wetzendes, gut igelgroßes Gürteltier zu schnappen.

Das durch seine ledrigen »Scharniere« bewegliche, mit Kettenpanzer geschützte und bei Gefahr sich zu einer Kugel verwandelnde »Mataco«, wie das »Quincho bola« von den Einheimischen genannt wird und dessen größte Vertreter über einen Meter lang werden, nahmen wir zum vorübergehenden Studium und für eine kurze »Hollywood-Karriere« mit in die Lodge. Daß es in seinem Panzer gegrillt wie ein Spanferkel schmecken soll, nahm ich nur mit Widerwillen zur Kenntnis. Gelb- und rotleuchtende Mininelken, prachtvolle Disteln und scharfkantiges, selbst vom Rind verabscheutes Riedgras, spiegelten die einerseits üppige, zum anderen aber doch recht trockenkarge Halbsteppe wider. Im Gegensatz zu den südlichen Regionen Argentiniens mit ihrer einzigartigen Pflanzen- und Vogelvielfalt – dort, im »Antilopen-Land«, erfreuten uns vor allem auch die nektarsaugenden, senkrecht in der Luft stehenden, zerbrechlich

Bitte freundlich! Portrait eines Gürteltieres.

wirkenden Kolibris – wirkte die in der Sonne schmachtende, trotzdem sattgrün leuchtende Buschlandschaft irgenwie eintönig. Selbst die Greife, die andernorts, wie bei uns zu Hause die Türkentauben, Telegrafenleitungen und Weidezäune bevölkerten, scheinen augenblicklich in günstigere Jagdgebiete abgewandert zu sein.

Und in dieser Gegend sollte ich Weidmannsheil auf Puma haben? Noch dazu in »Fair chase«, ohne Auto und sonstigen Firlefanz. Zweifel waren angebracht!

Doch während des spät, sehr spät angesetzten Abendessens, zu dem vor allem frisches Bier in Literflaschen kredenzt wurde, kam die Wende!

Kurz vor Mitternacht tauchte León, der älteste Bruder des Verwalters auf und berichtete aufgeregt über ein, mit Hilfe der Rabengeier noch am Abend entdecktes, vom Puma frisch geschlagenes Kalb.

»Wenn ihr Lust habt, organisiere ich morgen früh eine Jagd«, meinte er völlig unbeteiligt; ganz nach dem Motto: Natürlich muß es nicht sein! Ich habe schon meinen Puma gejagt!

Während der nächsten Stunde wurde ein Schlachtplan entwickelt. Wir sollten gegen fünf Uhr früh mit der Kutsche – die ist der Räuber gewöhnt! – querfeldein zu einem vom Puma-Kill etwa zwei Kilometer entfernten Wegkreuz fahren, »mit Kugel- und Schrotgewehr«. Leider sagte er nichts von Gummistiefeln!

Tango, Jagd und Weltverständnis

Die Nacht war schwül und erfüllt vom Gezirpe der Zikaden sowie dem Getuckere des Stromaggregats, auf das wir wegen der angenehmen Deckenventilatoren nicht verzichten wollten. Gegen vier Uhr früh, bei einem kurzen Blick aus dem gottlob mit Moskitogitter gesicherten Fenster, verfolgte ich den lautlosen Gleitflug einer uhugroßen Eule und verstand, weshalb sich die mehr als zwei Fäuste großen, mit durchhängen-

Unterwegs mit dem Estanciero. In diese Wildnis ziehen sich Puma und Pekaris gerne zurück.

dem Bauch kaum zum Springen mehr fähigen Erdkröten, nur im sicheren Schatten der Hausmauer bewegen.

Zur vereinbarten Zeit verließen wir auf der gestern noch schnell zusammengeschusterten, leicht baufälligen Kutsche die Estancia – ein aufregender Tag begann. Nach einstündiger, gemütlicher Fahrt im klapprigen Fuhrwerk, kilometerlang über erst kürzlich für die Jagdgäste gemähten Farmwegen, erreichen wir bei aufgehender Sonne das Nachbargut. Der holprige Trip über knochenharte, ausgebrannte Wege und verwilderte Schneisen – in der Gegend dominieren Steineichen und Akazien, die mächtigen Eukalyptusbäume Mittel-Argentiniens fehlen vollkommen –, war wenig aufregend. Ausgenommen dann, wenn wir uns den oft bis sechs Meter breiten und mindestens zwei Meter hohen, über den Weg gespannten, imposanten Spinnweben näherten. Sie machten in Ausmaß und Reißfestigkeit jedem Tennisplatznetz Ehre! Wir befanden uns geographisch auf der Südspitze Afrikas, die Ähnlichkeit der Vegetation war augenfällig. Argentinien liegt jetzt im Januar, wo natürlich niemand außer uns jagt und jeder ans Meer oder aufs Land flüchtet, im Halbschlaf. Wohl auch deshalb war das altehrwürdige Palace-Hotel Alvear in Buenos Aires wenig belegt und im weltberühmten Tango-Lokal »Viejo Almacén«, welches erst um 23.00 Uhr seine Pforten öffnet, leicht ein Platz zu finden. Meine Frau und ich erlebten dort auch diesmal wieder einen unterhaltsamen Abend mit stilechter Tango-Musik und virtuosen Tanzdarbietungen. Ein Besuch der traditionellen Tango-Etablissements von Buenos Aires gehört zum Pflichtprogramm einer Argentinien-Visite! Das gleiche gilt für einen Besuch von »Recoleta«, dem Bohemien- und Restaurantviertel von Buenos Aires sowie die Reise zu den 2000 km im Norden liegenden Iguazú-Katarakten, den größten Wasserfällen der Erde. Abzuraten ist in jedem Fall vom Besuch des »berühmten« Punta del Este im nahen Uruguay. Dieses hochgejubelte, »exklusive« Feriengebiet mit Spielcasinos und Sandstränden, hat außer stolzesten Preisen nichts zu bieten, was den touristisch diesbezüglich bereits vom Mittelmeer verwöhnten Europäer vom Sitz reißen könnte. Anders ist es mit den vielen sonstigen touristischen Urlaubsprogrammen und den einzigartigen

Die Ureinwohner hinterließen in den Felshöhlen Patagoniens viele aufschlußreiche Spuren.

5000 Jahre alt. Mystische Felszeichnungen aus der Frühgeschichte Südargentiniens.

Gänsejagd in Patagonien. Ein Mekka für Wasserwildjäger aus Europa und den USA.

Jagdreise- und Kombinationsmöglichkeiten Argentiniens. Das Land bietet neben exzellenten Niederwildjagden auf Partridge, Taube, Ente, Hase – insbesondere auf Wildgänse in Patagonien! – vor allem gut organisierte Pirschen auf reife Rot-, Axis- und Damhirsche. Außerdem recht gute Saujagden und erlebnisreiches Weidwerk auf Puma, Wasserbüffel und die von vielen als die schönste aller Antilopen bezeichnete, um die Jahrhundertwende aus Indien eingeführte Hirschziegen- oder Blackbuck-Antilope. Kurzbesuche des Jagdgastes in Patagonien oder Feuerland, in entlegene Andenregionen und bekannte Winterski-Zentren, wie etwa Bariloche oder in die Sumpf- und Dschungelregionen des südlichen Mato Grosso und Paraná, zeigen erst das wahre Ausmaß, die Vielfalt und die außerordentliche Schönheit dieses großen, weitgehend noch unbekannten Landes.

Auslandsjagd ist gerade auch hier weit mehr als nur ein fragwürdiges Unterfangen »schießwütiger Exzentriker«! Sie wurde inzwischen zum einzigartigen, für jedermann erschwinglichem Privileg und zur großen Chance, fremde Jagdtraditionen, entlegenste Landschaften, kaum bekannte Wildtiere und kameradschaftliche Menschen kennenzulernen sowie Freunde zu gewinnen. Da lohnt sich selbst die 10 000 km-Anreise für den Europäer.

Wer sonst, als ein Jagdgast der 5000 Hektar großen, gepflegten Estancia »La Corona«, 200 Kilometer südwestlich von Buenos Aires, tafelt beispielsweise am Abend nach der Jagd, umgeben von feiner Kultur und dem Kunstsinn alteingesessener argentinischer Estancieros? Wer genießt schon nach erlebnisreichem Pirschtag, unter jahrhundertealten Bäumen im privaten Park, samtigen argentinischen Rotwein und den köstlich zubereiteten »Puchero«, das aus mindestens sieben Zutaten bestehende, pichelsteinerartige Nationalgericht der Argentinier? Welcher Alltagstourist diskutiert schon am Abend, als Gast weltoffener, traditionsbewußt politisch und ökonomisch denkender Großgrundbesitzer, die international schwierigen Fragen um Wirtschaft und Umwelt, Naturschutz und Artenerhalt? Gerade Einsichten und Erkenntnisse, ein Vergleich der eigenen Probleme mit jenen des Erdballs, schärfen das Bewußtsein. Insbesondere das eines modernen Jägers! Die ständige Konfrontation mit den Konflikten zwischen Ökologie und

Die Hirschziegenantilope, ein »Zugereister« der Pampa, gilt als eine der schönsten Antilopen.

Ökonomie, zwischen fortschreitender Vernichtung des Lebensraums der freilebenden Tier- und Pflanzenwelt bei ungehemmter Bevölkerungsexplosion und gleichzeitig fortschreitender sozialer und wirtschaftlicher Verelendung, insbesondere in den Drittländern – den eigentlichen Wildnis- und Wildrückzugsgebieten der Erde! –, befähigt zu oft wichtigen Einsichten. Lebensqualität für Mensch und Tier läßt sich nur vergleichen, wenn man weiß, daß die Bundesrepublik 1989 dreimal soviel Energie pro Einwohner verbrauchte wie Argentinien oder daß bei uns 1989 pro 1000 Einwohner 429 Pkw zugelassen waren, im Vergleich zu 129 in Argentinien oder nur sechs auf den Philippinen.

Das verlassene Nest eines Nandú.

Natürlich verdient der Estanciero durch die Jagd auf seine Antilopen! Womit sonst soll er sein Pampashirsch-Reservat finanzieren? Es hilft als eines der ganz wenigen, quasi als Gen-Bank, dem totalen Aussterben dieser höchst bedrohten Art – von der um 1900 jährlich noch 100 000 gegerbte Decken exportiert wurden – vorzubeugen. Wie sonst sollte er das Hunderte von Hektar große Lagunen-Gebiet als einzigartiges Wasservogel-Reservat unterhalten und schützen, wenn sich nicht zumindest kostendeckende »Rentierlichkeit« aus diesen Bemühungen ergibt?

Es darf doch nicht wahr sein

Genau diese Überlegungen bewegten gestern Abend, gut tausend Kilometer weiter nördlich, auch den fleißigen Campesino León, der mich zur Jagd nach Pinto auf den für ihn inzwischen recht kostspieligen »Schad«-Puma eingeladen hatte. Obwohl er diesbezüglich schweigt, ist klar, daß der, wie jedes Mitglied seiner Sippe höchst territoriale Einzelgänger – ein exzellenter, mit feinstem Gehör, bestem Geruchssinn und hervorragendem Gesicht ausgestatteter Nachtjäger! – bereits das erste von ihm geschlagene Kalb nicht überlebt hätte! Da der Viehzüchter und seine Gauchos jedoch von meinem Besuch Wind hatten, ließ man dem Übeltäter im Hinblick auf die bei Jagderfolg zu erwartende beachtliche Abschußprämie von über 2000 Dollar – was dem Gegenwert von mindestens zehn Kälbern entspricht! –, sein »räuberisches« Treiben durchgehen. Diese Gedanken wurden León und seinen Brüdern später nachdrücklich eingebleut. Sie kapierten, daß jedes für den eigenen Suppentopf »nur so nebenbei«, geschossene Rebhuhn, jede Ente und jedes Pekari letztlich dem Gebiet fehlt und jedes geschonte Stück Wild der Anziehungskraft des Reviers und dem Erfolg eines Jagdgastes zugute kommt. Ein zufriedener Jäger ist spendabel, kommt wieder und schickt Freunde! »Euch bringt das in Zukunft nicht nur interessante Abwechslung, sondern auch ein beachtliches Zubrot«, ermahnten wir die im Stillen sicherlich schon mitrechnenden Aguirres. Das in Aussicht stehende

Holzkohlen-Meiler, ein guter Nebenverdienst.

Geld stimmte sie zumindest nachdenklich! Als die Morgensonne bereits das Land überflutete und den kühlen Frühwind, schneller als gewünscht und zum großen Vergnügen der Moskitos, aufheizte, waren wir am Treffpunkt. Freudig begrüßt von den Campesinos und ihren mittelgroßen, struppig gefleckten Wolfshunden. León saß bereits auf dem einzigen, unsere Jagd begleitenden Pferd. Er war, wie alle anderen Helfer, nur mit einem Messer bewaffnet. Ich verstand die Geste! Minuten später ging es zu Fuß ins endlos weite, seit Jahrzehnten vermutlich gerodete, nur noch mit einigen schattenspendenden, einzelstehenden Akazienbäumen durchsetzte Weideland. León, der Vorreiter bestimmte das Tempo und wußte, daß er hoch zu Roß den besseren Teil der Partie gewählt hatte. Insbesondere, als wir bald darauf endgültig die Buschregion verließen und ins offene Land hinausstakten. Das vor zehn Tagen von unvorstellbaren subtropischen Regengüssen unter Wasser gesetzte Land war in eine dichte, brackig riechende Luftwolke gehüllt. Der Salado überflutete noch eine Woche später kilometerbreit seine Umgebung, setzte Straßen, Brücken und Gehöfte unter Wasser, so daß wir bei der Anreise siebzig Kilometer Umweg in Kauf nehmen mußten. Ein Zeichen, daß das Regenwasser im dichten Lehmboden nicht versickerte, während das Gras in der Tageshitze allmählich verfaulte. Es war die reinste Lust im Schlamm, teilweise knöcheltief durchs stinkende Grasland zu marschieren, insbesondere nachdem innerhalb von zwei Minuten das Wasser bereits in den Schuhen gluckste! Dieser Mief, das verriet seine beleidigte Miene, war nicht gerade nach dem Geschmack des auf Eleganz getrimmten, in spanischen Reitstiefeln angetretenen Jagdführers. Er hatte seine Automatik-Flinte vorsorglich bereits mit Doppelnullern geladen. Ich trug seinen handlichen, mit vierfachem Zielfernrohr versehenen Repetierer, eine Patrone ebenfalls schon im Lauf. »What's the use of an unloaded rifle? Was nützt ein ungeladenes Gewehr?«, hatte mich in ähnlicher Situation vor einem Jahrzehnt schon der gute Bob Daniels in Alaska gefragt.

Nach einer Viertelstunde Schlabbermarsch erreichten wir ein mit magerem Strauchwerk besetztes, kaum nennenswert ansteigendes Plateau. Ein Dutzend schwarzer Rabengeier – die höchstens kolkrabengroßen »Jote« zeigen bis auf den typischen Geierschnabel, den nackten grauen Kopf und die gespreizten Schwingpennen, wenig Ähnlichkeit mit ihren aasfressenden Verwandten Afrikas und Asiens – signalisierten schon von weiten: Dort liegt das zuletzt gerissene Jungrind! Wir hatten den Kill noch nicht mal erreicht, als die eher gelangweilt vor dem Pferd suchenden Hunde plötzlich aufjaulten und mit Karacho Richtung Westen davonstoben. Es darf doch nicht wahr sein!, jubelte ich innerlich, eine heiße Pumaspur am zweiten Jagdtag?

León stieg sofort vom Pferd und beriet sich mit Paco, dem Jagdführer. Es ist Eile geboten! Die Hunde sind fast schon außer Sichtweite! Wohin die Reise wohl geht? Hoffentlich nicht in tieferes Gewässer! Die Gefahr ist groß, daß der Cougar, sobald er seine Verfolger endgültig mitbekommt, versucht, sie mit List und Tücke abzuschütteln. Der Schlaumeier weiß: Wasser radiert die Witterung und seine Spur aus! Allerdings, und das war beruhigend, hatte ich in Britisch Kolumbien erlebt, daß der Puma kein langatmiger Läufer ist und im Falle einer Verfolgung schnell versucht, sich lautlos zu verdrücken, nötigenfalls durch Flucht auf einem Baum. Sich unbemerkt wegzustehlen, wie seinerzeit in Kanada, als der verfolgte Räuber aus 25 Metern Höhe, von einem Baumwipfel in einen anderen und von dort in einen Gebirgsbach sprang, wo wir seine Spur erst eine Stunde später wieder fanden, wird ihm in diesem Gelände nicht gelingen.

Ich bin auf der Hut

Offen war, welchen Vorsprung die zentnerschwere, etwa zwei Meter lange – davon 80 cm buschiger Schwanz –, ungemein geschmeidige und nach dem Jaguar zweitgrößte Katze der westlichen Hemisphäre, eigentlich hatte. León, der seinem Pferd gerade die Sporen gab, um mit seinen Hunden gleichzuziehen, würde dem Raubwild mit den vielen Namen – neben Puma nennt man es in Nordamerika Cougar, Berg- oder Silberlöwe, es lebt in Savannen, im Dschungel, oder wie in den Anden, in Gebirgen bis zu 4500 Metern Höhe –, schon Paroli bieten!

Wir versuchen mit aller Kraft mitzuhalten. Eine äußerst ungnädige Sonne erweckte bald ganze Wolken schwirrender und stechender Plagegeister. Trotzdem blieben wir dem in der Ferne gut sichtbaren Reiter auf den Fersen.

Wir vergaßen das stinkende Wasser, die quälenden Moskitos und die patschnassen Füße vollends, als ich im Glas, einen knappen Kilometer entfernt, León aufrecht im Sattel an einer einzelstehenden, sich dunkel gegen den Horizont abhebenden Akazie sah und – das Gelbe vom Ei! – die geifernden Hunde Standlaut bellen hörte! Inzwischen war mehr als eine halbe Stunde vergangen. Die Großkatze hatte bisher gut drei Kilometer im sumpfigen, von kleinen Grasinseln durchsetzten Gelände zurückgelegt. Auf Trab gebracht von den wütenden Farmhunden, die dieses Geschäft sicherlich nicht zum ersten Mal verrichteten.

Die Argentinier unterhalten sich laut quasselnd und gestikulieren wild nach vorne. Ich verstehe ihr vom Spanischen durch Sprachunterschiede und Dialektfärbung sowieso schwieriges Gerede noch schlechter als sonst. Sie lassen nicht nur jedes »s« weg, sagen statt »izquierda« nur »iquierda«, statt »buenos dias« nur »bueno dia«, nennen das Pferd statt »caballo« eher »cabascho«, und machen mir damit – unabhängig von den üblen irregulären Verben des Spanischen – das Leben noch schwerer! Weil aber jeder weiß, worum es geht und wir dem Schauplatz sehr schnell näher kommen, ist sowieso jedes Wort überflüssig! Die Spannung wächst! Bin ich froh, daß meine Frau der allgemeinen, am Vorabend geäußerten Skepsis widerstand und trotzdem mitkam. Da gelingt ihr vielleicht eine aufregende, sogar eine dramatische Fotoreportage! Bald darauf sind die Hunde zu erkennen. In ihr wütendes Gekläff mischen sich die anfeuernden Rufe Leóns: Beeilt euch! Die Katze erholt sich und springt vielleicht in der nächsten Minute! Tempo! Tempo!

Diese Befürchtung treibt auch mich voran. Das wäre schlimm. Der Tanz mit ungewissem Ausgang begänne von neuem! Und dann sind wir bei den zwei einzelnen, frei in der Landschaft stehenden, höchstens sieben Meter hohen Akazien. León sitzt bewegungslos auf seinem Pferd, gut zwanzig Meter vor dem Baum. Die Hunde berennen den Stamm wie Berserker und belfern wütend nach oben. Interessant ist, daß der Puma instinktiv den wesentlich dichter belaubten der beiden Bäume als Zuflucht wählte – zu meinem Leidwesen! Die argentinischen Begleiter bleiben in züchtiger Entfernung. Paco folgt in größerem Abstand, während ich die undurchdringliche, nirgends auch nur einen Spalt Einblick gewährende Baumkuppel absuche. Langsam das Gewehr im Halbanschlag, umkreise ich die Akazie, wobei ich den Begleitjäger auffordere, nicht hinter mir, sondern seitlich mitzugehen: Ich möchte nicht, daß ich im Eifer des Gefechtes, vielleicht weil die Katze urplötzlich springt, seine Bleibatzen abbekomme!

Da ich weiß, daß der Puma »generally harmless to man« ist, allerdings, wie im SCI-Record-Book steht, auch schon »attacks to human« vorgekommen sind, bin ich auf der Hut. Dabei fehlt – das sei hier eingeräumt – die schier unerträgliche Anspannung einer Löwen- oder Leopardenjagd! Hierin liegt der wesentliche Unterschied zu anderer Großwildjagd. Höhepunkt und Reiz einer Hatz auf den Puma bestehen vor allem in dessen Ausfährtung und Verfolgung, und weniger im kalten

Abschluß! Ganz anders als beim Löwen oder Leoparden, den man nur selten offen angeht, meist bewußt am eigenen oder vorgelegten Kill erwartet – vor allem den Leoparden! – und oft mit echtem Risiko für Leib und Leben streckt.

Doch diese Gedankenspiele zählen im Augenblick nicht. Ich brenne darauf, endlich den höchstens vier Meter hoch im Baum und keinesfalls weiter als zehn Meter von mir entfernt lauernden Räuber, zumindest als Silhouette oder dunklen Fleck, im Baum auszumachen. Dabei möchte ich ungern eine in verzweifelter Panik blitzschnell und überraschend aus dieser geringen Höhe hechtende Großkatze an den Hals bekommen!

Während die Hunde fuchsteufelswild weiter giften, umkreise ich Schritt für Schritt und aufs Äußerste konzentriert, den hundsgemein dichten Kugelbaum. Weder mit dem Zielfernrohr noch mit dem Fernglas gelingt mir auch nur der kleinste Einblick. Näher heran traue ich mich, bei aller Begeisterung, fast nicht mehr: »Vorsicht ist der bessere Teil der Tapferkeit«! Nebenbei jagen mir allerlei Fragen durch den Kopf. Dabei geht es längst nicht mehr um die moralische oder rechtliche Legitimation dieser Jagd. Ich habe eine staatliche Lizenz, damit sind Trophäenexport und -import nach den CITES-Bestimmungen geregelt und ohne Hindernisse durchführbar. Viel wichtiger wäre zu wissen, ob es sich bei dem in die Enge getriebenen Puma auch wirklich um eine »He cat« und nicht um ein, zwar ein Drittel kleineres, im Eifer des Gefechts jetzt aber kaum zu identifizierendes Weibchen handelt. Obwohl die während der Verfolgung durch den Sumpf gelegentlich entdeckten Eindrücke auf einen reifen »Felis concolor« schließen lassen, bleiben Zweifel.

Macho! Un rico macho!

»Pronto! Schnell!«, treibt León, als ich unmittelbar auf seiner Seite versuche, den Puma ausfindig zu machen. Und dann, gerade als ich direkt durch den Baum in die Sonne schauen muß, glaube ich eine kurze flüchtige Bewegung mitzubekommen. Ich trete zwei weitere Schritte vor, und

Den Räuber hat es erwischt! Nach drei Kälbern und zwei Nandú in 12 Tagen war »Jagd vorbei!«

Am Abend wurde mit gegrilltem Lamm, argentinischem Wein und deftigen Sprüchen gefeiert.

sehe plötzlich, daß sich der Puma aus seiner Deckung unmerklich nach unten bewegt. Die Ouvertüre zu einem Ausbruchsmanöver? Ich höre die aufgeregt hinter mir flüsternden Begleiter – sie haben also auch etwas mitgekriegt – und riskiere noch einen Schritt. Ist das sein Haupt? In diesem Augenblick bringe ich den Stachel des Vierer-Absehens halbschräg auf der nach wie vor stark verdeckten Schulter zur Ruhe – hätte ich das Zielfernrohr doch heruntergenommen sollen? – und lasse fliegen. Noch ehe der Schuß verhallt ist, fällt die tödlich getroffene Katze leblos aus dem Geäst und stürzt direkt in die wütende Hundemeute. Aufgeschreckt durch den peitschenden Knall, werden im weiten Umkreis wahre Geschwader dunkelfarbiger Enten und schmutzig grün-weißer, krächzender Kakadus hoch. Die Jäger lachen laut auf und fühlen sich so befreit wie ich mich selbst. Dabei wahren sie respektvollen Abstand zum gestreckten Wild und lassen mir den Vortritt. Ich wehre die Hunde ab und erkenne, daß der Puma bereits im Baum auf die letzte Reise ging. »Bueno tir! Prima!«, meint León anerkennend beim Studium des Einschusses und hilft mir, den zentnerschweren Brocken am Baum hochzuhieven. »Macho! Un rico macho! Ein schönes Männchen!«, stellt er mehrmals fest und scheint ebenfalls froh, daß es einen reifen Kuder erwischt hat.

Wie immer dauert es, bis sich die aufgeregte Begeisterung gelegt hat und die Gratulationsrunde mit Händeschütteln und Schulterklopfen beendet ist: Nur Jäger können ermessen, welche Gefühle während der ersten Minuten nach so einer Pirsch den Nimrod und seine Begleiter bewegen! Dann gehts an die Arbeit. Ehe die Helfer beginnen, das Wild zu versorgen, gilt es, insbesondere bei einer Kostbarkeit wie dieser Pumajagd, einige Erinnerungsfotos zu schießen. Man tut gut daran, nichts dem Zufall zu überlassen. Schließlich sind packende Erinnerungsfotos noch nach Jahrzehnten eine jederzeit abrufbare Neubelebung einzigartiger Augenblicke des Jägerlebens. Meine Fotoregie hatte ich bereits lange vorher festgelegt, wobei Schweiß und triefendes Pathos ebenso vermieden werden, wie heldenhafte Großmannssucht: Beides wirkt so lächerlich wie falsche Haare auf der Brust! Im übrigen lohnt sich die Mühe, auch für Nichtjäger zumutbare, vom Respekt gegenüber der Kreatur bestimmte Bilder zu knipsen. Das hindert niemand, die mit Anstand gestreckte Beute ins rechte Licht zu rücken – sich selbst natürlich auch!

Gemeinsam mit den Argentinos zwänge ich zunächst den von seiner Flucht noch patschnassen Puma in eine Astgabel. Später hängen wir ihn an seinen Hinterläufen in den Baum und zum Schluß – nach alter Safaritradition, aber auch aus Gründen des anschließenden, kilometerlangen Transports – wird die Beute auf einer durch die verschnürten Vorder- und Hinterläufe geschobenen, von zwei Campesinos geschulterten Stange, aus dem Gelände getragen.

Das Pferd schied als Lastenträger aus. Es zitterte und scheute bereits beim Anblick des grimmigen Räubers. Es ließe sich jederzeit eine gestreckte Antilope, ein borstiges Pekari oder einen geweihbewehrten Rothirsch aufbuckeln.

Zu guter Letzt

Nachdem die Fotos im Kasten waren, erläuterte ich meine Präparationswünsche. Gerade bei auserlesenem, seltenem Wild lohnt es sich immer, selbst bei der scheinbar simplen Deckensalzung, dabei zu sein. Eine verkorkst präparierte Trophäe bleibt ein Ärgernis ein ganzes Leben! Deshalb zwinge ich mich, trotz allem Jagdstreß, ein Augenmerk auch auf diese letzten Verrichtungen einer Jagd zu richten. Die große Feier wird darunter nicht leiden, wie der spätere Verlauf des Puma-Abends zeigte. Daß diese Feier erst nach Mitternacht endete, hing nicht nur am schmackhaft gegrillten Lamm und an der knusprigen Chorizo, der groben Schweinewurst. Auch nicht am Wein und Bier. Ursache war vor allem das international bekannte, in allen Landstrichen der Erde, insbesondere auch hier mit Begeisterung gesprochene, blumenreiche »Latino de Cazadores«. Es machte von Schluck zu Schluck nicht nur den Puma größer und gefährlicher, son-

»Silberlöwe« ein treffender Name. Ende der Jagd! Die Rechnung ging auf – für alle Beteiligten!

Der Nandú ist ein Symbol für den Zauber der vielfach kaum berührten Pampa Argentiniens.

dern auch die aggressiven Pekaris, denen wir am nächsten Morgen in den Melonenfeldern der Estancia auf den Leib rücken wollten. Daß die Moskitos letztlich gefährlicher als jedes Großwild waren, merkten wir erst, nachdem es zu spät war.

Als gegen vier Uhr früh das Stromaggregat abgeschaltet wurde und endlich Ruhe einkehren sollte, begannen die Hähne zu krähen, der Hofhund bellte und irgendwo schrie ein Esel. Unwillkürlich dachte ich an die Bremer Stadtmusikanten und wußte plötzlich nicht mehr so ganz genau, auf welchem Teil des Planeten ich mich befand. Das hing vermutlich mit dem etwas zu häufigen »Salud! Gesundheit, amigos!« zusammen.

> *»Man würde sich wünschen, daß es noch eine Welt gibt die völlig unberührt ist; von der wir nichts geahnt haben; auf die wir keinen Einfluß hätten; wir ihr so unbekannt wie sie uns; durch keine Legende angenähert; nirgends erwartet; und doch verständlich ist, wenn sie uns plötzlich zu Hilfe kommt, uns, den Blickenden, neue Seelen schenkt zusammen mit den Augen, die sie für uns sichtbar machten.«*
>
> (Elias Canetti, Die Provinz des Menschen)

Register

Aboriginal 76, 79
Adler 35, 66, 117
Alpensteinbock 45, 79
Antilope 100
Aoudad 36
Argali 144, 132
Arrui 33, 36
Ausrüstung 51
Axishirsch 90, 199
Bangteng 81
Baobab 109
Barbary Sheep 35
Bharal 97
Blackbuck-Antilope 200
Blauschaf 34, 97, 134
Blizzard 52
Brocket-Deer 196
Braunbär 11, 17, 168
Buschmann 80
CITES 168, 204
Dingo 91
Duiker 106
Eisbär 50
Elefant 100, 106
Ente 180
Eskimo 50, 80
Flußpferd 154
Fotografieren 175, 205
Gams 40, 41
Gans 199
Gazelle 134
Geier 45, 202
Goral 97, 100
Großtrappe 40
Gürteltier 196
Hartebeest 106
Hirschziegen-Antilope 200
Höhenkrankheit 140, 141
Husky 13, 50
Hyäne 106, 112, 116
Iberischer Steinbock 41, 43
Impala 26, 106
Jagdtourismus 38, 77, 83
Jaguar 195
Kaffernbüffel 86, 111, 154
Kamtschatka 58, 61
Kamtschatka-Schneeschaf 69
Känguruh 84
Karibu 51, 65
Kamel 11
Kaukasus-Bär 165
Koala 78
Kolibri 197
Kragenbär 140, 142
Krokodil 84, 156

Kudu 106, 113
Lachs-Kaviar 62
Lechwe 106
Leopard 106, 111, 204
Löwe 106, 119, 178
Mähnenspringer 33
Maral 13, 17
Marco Polo Schaf 11
Monteria 40
Moschustier 11
Murmeltier 141
Nashorn 100, 116
Naturschutz 78, 101
Outdoor-life 83, 93, 130
Pampashirsch 201
Panda, Großer 135
Pavian 109
Pekari 196
Präparation 29, 206
Puku 106
Puma 195
Rehwild 40, 124
Rotbüffel 154
Rothuhn 32, 40
Rotwild 40
Rusahirsch 90, 92
Sable-Antilope 106
Schakal 106
Schneeleopard 135
Schwarzwild 17, 40, 85
Seehund 51
Sibirisches Rehwild 11, 17, 124
Sibirisches Schneeschaf 59
Sibirischer Steinbock 11
Sitatunga 156
Skidoo 52
Steinbock 32, 43, 134
Takin 137
Taklamakan 131
Tiger 100, 137
Topi 26
Trophäe 44
Tüpfelhyäne 116
Waffenein- und -ausfuhr 132
Wallaby 85
Wapiti 11
Warzenschwein 27
Wasserbock 26, 106
Wasserbüffel 76, 200
Weißlippenhirsch 134
Wildebeest 116
Wildesel 78, 148
Wildhund 91
Wildschaf 34
Wolf 11
WWF 51, 78, 110, 135

Welt · Monde · World · Mondo